国家社科基金特别委托项目——推进"一带一路"建设的战略布局和重大举措研究

"一带一路"与粤港澳大湾区建设

主　编　刘德喜
副主编　张士义　李　永

SPM 南方传媒
广东经济出版社

山西出版传媒集团
山西经济出版社

·广州·　　　·太原·

图书在版编目（CIP）数据

"一带一路"与粤港澳大湾区建设/刘德喜主编. —广州：广东经济出
版社；太原：山西经济出版社，2022.7

ISBN 978 - 7 - 5454 - 8310 - 9

Ⅰ. ①一… Ⅱ. ①刘… Ⅲ. ①"一带一路"—国际合作—关系—
城市群—区域经济发展—研究—广东、香港、澳门 Ⅳ. ①F125 ②F127.6

中国版本图书馆 CIP 数据核字（2022）第 056868 号

策 划 人：李 鹏
责任编辑：李 鹏 刘亚平 解荣慧 冯 颖 赵 娜
责任校对：黄思健 李玉娴
责任技编：陆俊帆

"一带一路"与粤港澳大湾区建设

"YI DAI YI LU" YU YUE - GANG - AO DAWANQU JIANSHE

出 版 人	李 鹏
出版发行	广东经济出版社（广州市环市东路水荫路 11 号 11～12 楼）
经 销	全国新华书店
印 刷	佛山市迎高彩印有限公司（佛山市顺德区陈村镇广隆工业区兴业七路9号）
开 本	787 毫米×1092 毫米 1/16
印 张	23
字 数	320 千字
版 次	2022 年 7 月第 1 版
印 次	2022 年 7 月第 1 次
书 号	ISBN 978 - 7 - 5454 - 8310 - 9
定 价	85.00 元

图书营销中心地址：广州市环市东路水荫路 11 号 11 楼
电话：(020) 87393830　　邮政编码：510075
如发现印装质量问题，影响阅读，请与本社联系
广东经济出版社常年法律顾问：胡志海律师

目 录

第六章 "一带一路"背景下世界湾区建设交流互鉴

绪　论

一、"一带一路"倡议与粤港澳大湾区建设概论

（一）"一带一路"倡议的重大意义

"一带一路"倡议是中国提出的重大构想，与此同时，它也是中国为国际社会提供的公共产品，充分展现了中国的大国责任和大国担当。在世界面临百年未有之大变局的当下，国际形势错综复杂，贸易保护主义和单边主义大行其道，陈旧的冷战思维和零和博弈思维沉渣泛起。中国通过"一带一路"倡议展现了人类命运共同体的理念，中国愿意和世界共同应对难题、共享发展机遇。"一带一路"倡议有以下几个方面的重大意义。

一是推动全方位对外开放。改革开放 40 多年来，对外开放一直是中国的基本国策，在中国经济发展中发挥了巨大作用。40 多年来，对外开放的概念与实践也在不断深化、拓展。20 世纪 80 年代，"对外开放"作为中国的对外经济政策拉开帷幕。值得一提的是，1982 年，这一政策被正式写入宪法。随后，80 年代和 90 年代，中国的改革开放政策经历了一个由点到面、逐步拓展的过程。进入新世纪后，中国经过数年艰苦的谈判，于 2001 年正式成为世界贸易组织的成员，从"复关"到"入世"，名称的变化也能体现出当时谈判的持久和艰辛。中国入世推动中国经济贸易迅速发展，更重要的是，中国入世意味着与国际规则接轨，真正融入了全球化的发展浪潮之中。中国将"引进来"和"走出去"相结合，经过入世后 10 年的快速发展，于 2010 年成为世界第二大经济体。党的十八大以来，中国的对外开放水平进一步提高、领域进一步扩大、内涵进一步深化，形成全方位对外开

放的新格局。习近平主席强调，中国开放的大门只会越开越大。在这样的背景下，"一带一路"倡议无疑成为展现中国全方位开放的一个窗口。不仅如此，"一带一路"倡议在由构想到落地的过程中，从"利益共同体"和"命运共同体"的高度去实践，用"五通"推动世界互联互通，真正体现了全方位开放的理念。

二是推动地区合作与共同发展。传承和弘扬丝绸之路精神，有利于推动地区合作与共同发展。"和平合作、开放包容、互学互鉴、互利共赢"的丝绸之路精神薪火相传，推进了人类文明进步，是促进"一带一路"沿线各国繁荣发展的重要纽带，是东西方交流合作的象征，是世界各国共有的历史文化遗产①。"一带一路"倡议由中国提出，但具有国际公共产品属性，从中国及亚太地区出发，辐射全世界。当前，国际局势纷繁复杂，新冠肺炎疫情肆虐全球，全球经济复苏乏力又面临巨大冲击。在复杂形势下，"一带一路"倡议弘扬的丝路精神以及共商共建共享的全球治理观、"五通"等理念有助于推动地区各国消弭分歧、推动合作与共同发展。在这样的背景下，区域经济合作、安全合作、金融合作、文化交流、卫生治理和传染病防治都成为地区合作的重要议题。以经贸合作为例，中国一直提倡多边主义，推动地区多边经济合作步入新高度。亚太经合组织、中亚区域经济合作、中阿合作论坛、中非合作论坛等多边合作机制成为地区合作的标志。正如习近平主席所说，"中国是区域合作的受益者，更是区域合作的积极倡导者和推进者，我们愿意积极推进本地区贸易投资自由化便利化，加快区域经济一体化，携手推动亚太地区发展繁荣"。

三是深化全球合作。"一带一路"倡议不是封闭的，而是一个开放、包容的合作体系，通过寻找最大公约数，在共同利益基础上深化全球合作。这就意味着，任何有意愿加入"一带一路"倡议的国家和地区都可以共享机遇。"一带一路"倡议将为全球发展与合作带来

---

① 国家发展改革委、外交部、商务部于 2015 年 3 月联合发布的《推动共建丝绸之路经济带和 21 世纪海上丝绸之路的愿景与行动》。

新的机遇。一方面，从自身经验出发，中国主张发展是解决一切问题的关键。虽然中国整体经济实力迅速提升，但是由于人口多、底子薄，自身定位依然是"世界最大的发展中国家"。中国尊重多边主义，推动全球合作，倡导用发展来化解矛盾和分歧。另一方面，中国展现了负责任大国形象和大国担当。在"一带一路"倡议中，中国作为发起国，主动承担了很多责任，但并不谋求在其中的主导地位。比如，提供了丝路基金、亚投行等公共产品的资金来源，展现了中国与世界共享发展机遇的大国担当。新时代中国特色大国外交将进一步深化全球合作。党的十九大报告指出，中国特色大国外交要推动构建新型国际关系，推动构建人类命运共同体。"两个构建"的提出明晰了中国特色大国外交的总目标，超越了"你输我赢"的零和博弈和冲突对抗的冷战思维。世界就是一个地球村，各国一荣俱荣，一损俱损，尤其是在面临传染病等非传统安全威胁时，没有一个国家可以独善其身，唯有秉持合作共赢理念，进一步深化全球合作，共建人类命运共同体。

（二）"一带一路"倡议面临的风险和挑战

一是误解、曲解甚至刻意干扰、搅局。今天的世界面临百年未有之大变局，国际格局发生深刻变化。全球化是一把双刃剑，在推动世界发展繁荣的同时，也带来了发展不平衡、不充分等难题。面对发展中遇到的问题，中国提出"一带一路"倡议，致力于通过合作发展来完善国际体系，这符合世界人民的利益和诉求。但是，有一些势力，出于政治私利，误解、曲解"一带一路"，甚至刻意干扰、搅局，这就决定了"一带一路"的建设过程不会一帆风顺。这些问题需要我们早做准备，提高软实力，提升国家话语权，传播好中国声音，讲好中国故事。不但要讲好的一面，也要实事求是地讲问题和难处，争取大多数国家和人民的理解与支持。

二是地缘政治风险。"一带一路"倡议所涉区域广泛，其中，欧亚大陆很多地区都在其中。陆上丝绸之路穿过的地区不乏国际政治中的热点、难点区域，所以，必须加强对潜在的地缘政治风险的评估，争取有效应对。比如，在中亚、中东、非洲的部分地区，由于历史遗留问题、"三股势力"、宗教争端、资源争夺、民族矛盾、大国干涉等多种原因，一直战乱不断。"一带一路"建设要向前推进，必须经过这些地区。那么，如何化解这些地缘政治风险？如何增强政治信任，从而保证"一带一路"建设的顺利推进？这些都是需要我们慎重思考、谨慎应对的问题。

三是法律制度的对接。全球化时代，国际通行规则是各国之间定纷止争的重要依据，其中，法律发挥着重大作用。在"一带一路"建设中，以法律作为框架对各个行为体进行约束、规范有着重要意义。我国已经与加入"一带一路"倡议的部分国家签署了合作备忘录、长期发展规划等各种协议、文件。上述协议和文件的落实需要依靠法律来进行规范，需要各方以法律为依据开展合作。从某种程度上说，"一带一路"的顺利开展需要法律来提供保障。但是，"一带一路"建设在法律的对接和实际操作中还存在不少风险和挑战。首先，各国的法律体系存在差异。由于"一带一路"涉及的国家较多，各国所属法系不同，有大陆法系，有英美法系，还有伊斯兰法系，因此容易导致法律信息不对称，在产生法律问题时，针对适用何种法系以及不同法系之间如何对接容易产生争议。其次，有些"一带一路"沿线国家国内政局不稳，法律设置不完善，中国企业在"走出去"的过程中，会遇到无法可依的情况，自身利益可能受到损失。最后，部分国家的政策或法律存在变数，带来一些不可预料的风险。比如，在市场开放程度、劳工待遇、环保等问题上已经达成的共识会被推翻，换之以对中企更苛刻的标准。

四是文化差异与语言隔阂。"一带一路"倡议已经超越地理意义上的"沿线"含义，成为中国全面开放的象征。目前，参与或有意向参与"一带一路"建设的国家分布广泛，不同国家之间的语言和文化也有较大差异。多元的语言和文化也意味着交流的障碍和隔阂。"五通"中很重要的就是民心相通，要实现民心相通，不同语言和文化之间的顺畅交流就显得尤为重要。文化差异和语言隔阂会阻碍正常的沟通，衍生出不必要的矛盾和冲突。

（三）粤港澳大湾区的外延和内涵及历史使命

从地理概念上看，湾区是由一个海湾或相连的若干个海湾、港湾、邻近岛屿共同组成的区域。"湾区"成为经济现象，并被称为"湾区经济"，大多是利用了"湾"的地理优势——具备与外部连接的港口，再配以"区"——安排和规划符合当地经济发展基本形态和优势的经济活动，使"湾"和"区"有机结合，形成所谓的"湾区经济"。当今世界，发展条件最好、竞争力最强的城市群，多集中在沿海湾区。例如，纽约湾区、旧金山湾区、东京湾区是当前世界公认的三大湾区。湾区不但在其国内经济发展中占有重要地位，而且是带动全球经济发展的重要增长极和引领技术变革的领头羊。世界银行的一份报告显示，全球经济总量中的60%来自港口海湾地带及其直接腹地。

粤港澳大湾区由香港特别行政区、澳门特别行政区和广东省的广州市、深圳市、珠海市、佛山市、惠州市、东莞市、中山市、江门市、肇庆市（简称"珠三角九市"）组成，总面积5.6万平方千米，总人口8000多万，2020年创造经济总量超过11万亿元人民币，约占中国经济总量的12%。据测算，到2025年粤港澳大湾区的经济总量有望增至2.8万亿美元，相当于全球第九大经济体。粤港澳大湾区建设是习近平总书记亲自谋划、亲自部署、亲自推动的重大国家战略，是继美国纽约湾区和旧金山湾区以及日本东京湾区之后，由国家着力打造的世界第四大湾区，是国家建设世界级城市群和参与全球竞争的重要空间载体。

在世界上几个主要的湾区当中，纽约湾区、旧金山湾区和东京湾区都处在单一经济体内，只有粤港澳大湾区是由不同经济体构成的次区域湾区。如今，全球化趋势发生重大变化，新冠肺炎疫情也在改变着世界各国的经济关系，全球供应链、产业链和价值链关系在发生深刻的变化。一些新的全球化趋势可能会改变各国经济的发展模式和基本逻辑，特别是中国国内国际双循环战略和新形势下"一带一路"倡议的实施，都将对粤港澳大湾区建设提出新的挑战和课题。

中共中央、国务院于2019年2月印发实施的《粤港澳大湾区发展规划纲要》（以下简称《规划纲要》）指出："粤港澳大湾区地处我国沿海开放前沿，以泛珠三角区域为广阔发展腹地，在'一带一路'建设中具有重要地位。"《规划纲要》进一步规定，粤港澳大湾区建设的基本原则之一，就是"以'一带一路'建设为重点，构建开放型经济新体制，打造高水平开放平台，对接高标准贸易投资规则，加快培育国际合作和竞争新优势。充分发挥港澳独特优势，创新完善各领域开放合作体制机制，深化内地与港澳互利合作"。粤港澳大湾区建设的战略定位之一，就是"'一带一路'建设的重要支撑。更好发挥港澳在国家对外开放中的功能和作用，提高珠三角九市开放型经济发展水平，促进国际国内两个市场、两种资源有效对接，在更高层次参与国际经济合作和竞争，建设具有重要影响力的国际交通物流枢纽和国际文化交往中心"。

粤港澳大湾区发展意义重大，但如何实现党中央期待的发展目标，则是一个需要付出智慧和努力的现实问题。粤港澳大湾区有着与其他世界著名湾区的区别性特征。它是中国特色社会主义条件下的区域发展蓝图，结构上包含着"一国两制"的城市元素。在外延上，粤港澳大湾区和中国其他地区存在着千丝万缕的联系，与"一带一路"建设也密切相关。因此，粤港澳大湾区有着特有的政经环境和服务于这个政经环境的历史使命，并与"一带一路"建设相互促进、共同发展。

（四）粤港澳大湾区天然具备"一带一路"属性

粤港澳大湾区的许多特点与"一带一路"建设的核心内涵和宗旨高度吻合。

一是粤港澳大湾区与"一带一路"建设都具有外源性特征。选择大湾区作为改革开放的前沿，最重要的考虑之一就是借力港澳。在经济特区建立初期，港澳发挥了外部推动力的重要作用。反过来，21世纪海上丝绸之路的形成和发展，也体现为以海上物物交换打破自足的、单一的、封闭的农耕经济内循环，以外部动力为推动的外源性特点，而这一特点也是"一带一路"的核心要义之一。

二是粤港澳大湾区与"一带一路"建设都具有互补性特征。作为中华文化圈的香港和澳门率先融入世界经济，到了内地改革开放的阶段，港澳在技术、管理和渠道方面已经具备较高的发展程度。此时地理空间的局限、要素价格的高涨，都制约了港澳本地产业的竞争力。而内地具有广大的发展空间、低廉的要素成本，正好需要港澳的技术、资金和经验，两者互有迫切需求。"一带一路"倡议的提出，与前述商品和产能转移的原理一致，路径相反，体现为以内地产品和产能在与港澳密切接合、借助港澳走向世界的同时，寻求独立走向沿线国家的互补性合作之路。

三是粤港澳大湾区与"一带一路"建设都具有复杂性特征。不同经济体之间有财政和关税政策的差异。深圳特区为了弥合这种差异而进行的一线和二线关境设置，属于特殊情形下的探索性措施，同时也增加了湾区合作的复杂性和操作的难度。这种以复杂性换取可行性的成功经验，为"一带一路"沿线国家和众多发展中国家提供了有益的借鉴，成为"一带一路"建设中被广泛采用的做法和带有中国烙印的基本特征之一。

四是粤港澳大湾区与"一带一路"建设都具有替代性特征。粤港澳大湾区是进口替代和出口替代的综合试验场。许多当年国内市场急需的产品，都经历了由进口产品垄断到逐渐被国产产品替代的过程。原先由香港和澳门生产、出口到世界各地的产品，逐渐被内地生产的产品替代。这一过程本身，就是中国内地走向世界的过程，也是"一带一路"建设所包含的基本经济学原理之一。

五是粤港澳大湾区与"一带一路"建设都具有多中心特征。从改革开放初期的香港独大领跑，到穗港深三驾马车齐头并进带动湾区发展，体现了粤港澳大湾区独特的多元驱动、竞争合作的良性运行态势，为"一带一路"建设提供了多元竞合、良性互动、生动活泼的局面。

六是粤港澳大湾区与"一带一路"建设都表现为非对立性、可协商性、单向给予性特征。所谓非对立性，也就是内地与港澳具有共同的政治利益和国家立场；所谓可协商性，是指由于共同的国家认同带来竞争的良性化；所谓单向给予性，说明为了使"一国两制"行稳致远，某些经济行为超越了市场规律的合理性，以国际国内政治利益为主要决定因素，时常表现为一方单方面付出而另一方单方面获利。"一带一路"建设是中国作为负责任的新兴发展中大国抛弃政治、种族和文化歧见，广泛承担国际义务的重要途径，常常伴随着无偿援助、主动分享利益等，超越一般意义上的市场经济行为，受到受援国家和国际社会的普遍认同和赞赏。

二、粤港澳大湾区是"一带一路"建设的强大引擎

（一）粤港澳大湾区是"一带一路"建设的主力军

《规划纲要》明确指出，粤港澳大湾区要成为"'一带一路'建设的重要支撑"。《粤港澳大湾区蓝皮书：中国粤港澳大湾区改革创新报告（2020）》显示，在中美贸易摩擦、全球经济复苏放缓、地缘政治复杂多变等多种不利因素的影响下，2019 年粤港澳大湾区整体经济实现平稳增长，经济总量达 11.62 万亿元。投资、消费、外贸、地产、金融形势也整体稳健。

珠三角九市在大湾区中的经济作用更加明显。珠三角九市贸易结构逐渐优化，加工贸易逐渐向一般贸易转变。贸易伙伴集中在我国香港地区、东盟、欧盟和美国。出口以机电产品、传统劳动密集型产品为主，进口以机电产品、高新技术产品为主。民营企业发展迅速，经济活力不断增强。高端制造基础扎实，经济支柱产业电子信息集群优势明显；城市产业梯度分明，具有协同升级的基础；创新以企业应用为导向，企业创新动能强；对人才的吸引力显著提高。粤港澳大湾区正持续加大对科技创新的投入，引入高等教育资源，打通珠三角九市与港澳和国际人才的链接。

从支柱产业维度看，粤港澳大湾区已经形成了围绕电子信息产业的高端制造业集群，以批发零售、房地产、金融服务业为主导的产业体系，传统制造业如电气机械制造业、石油化工产业、汽车制造

业仍有一定占比。粤港澳大湾区内部工业门类齐全,产业间具有较强的互补性。金融市场规模已达世界级水平。粤港澳大湾区拥有广州、深圳和香港三大金融重镇,正在形成以香港为龙头,以广州、深圳、澳门、珠海为依托,以南沙、前海和横琴为节点的大湾区金融核心圈。2017 年底,粤港澳三地银行总资产合计约 7 万亿美元,超过纽约湾区和旧金山湾区。从资本市场来看,粤港澳大湾区背靠两大交易所——香港交易所和深圳证券交易所,2018 年 7 月,两大交易所的总市值分别为 41994 亿美元和 29449 亿美元,二者之和相当于纽约交易所的 30% 。IPO 方面,2018 年,港交所共有 218 家上市公司首次公开招股(IPO)募集资金 2865 亿港元,荣膺 2018 年全球最大 IPO 市场桂冠,在过去 10 年中 6 次名列全球第一。再融资方面,主要集中于信息技术、可选消费和工业企业等行业;风险投资方面,超过一半的融资方为互联网 IT、电子信息、机械制造、生物技术与医疗健康行业,其中 2/3 的企业处于扩张期、成熟期,未来预计有大批高新技术企业上市。

从核心城市新动能培育维度看,2020 年 10 月 11 日,中共中央办公厅、国务院办公厅印发《深圳建设中国特色社会主义先行示范区综合改革试点实施方案(2020—2025 年)》。这一顶层设计充分体现了我国毫不动摇地坚持对外开放的基本国策,通过进一步深化改革,下放地方行政决策权、立法权,压缩负面清单事项,进一步提升市场准入便利化水平,为深圳未来的发展画出了宏大的蓝图、提供了广阔的空间和强劲的动能。粤港澳大湾区正在以深圳中国特色社会主义先行示范区建设为引领,推动大湾区整体实力再上新台阶。

总体看来,粤港澳大湾区已经具备了充当"一带一路"建设主力军的实力和基本条件,并以中国特色的制度体系建设助力"一带一路"建设。

(二)粤港澳大湾区与东南亚地区的交流与合作

依照《广东省参与丝绸之路经济带和 21 世纪海上丝绸之路建设实施方案》,广东将力争打造成为"一带一路"的战略枢纽、经贸合作中心和重要引擎。广东在"一带一路"建设，尤其是 21 世纪海上丝绸之路建设中具有独特的优势。

作为海上丝绸之路的发祥地之一，广东是中国 2000 多年唯一从未中断海上贸易的省份，并始终与海上丝绸之路沿线诸国保持着频繁密切的经贸联系，为中华文明与世界文明的交流发挥着重要的窗口作用。改革开放以来，广东对东南亚、南亚、南太国家等海上丝绸之路沿线国家和地区贸易实现跨越式发展，并逐步发展成为中国与该区域国家和地区经贸合作量最大的省份之一。推进"一带一路"建设尤其是 21 世纪海上丝绸之路建设，是新时期广东贯彻落实中央部署、增创对外开放新优势的重要举措。

港澳历来是内地通联世界的重要路径。近 100 多年来，香港一直是连接内地与世界工业化进程的纽带。作为世界著名自由港，香港在法律环境、科技研发、金融和物流等领域不仅与国际融为一体，而且具有世界级表现，为中国融入世界发挥了重要的跳板作用。比如，香港有全面和高度发达的海运服务，与"一带一路"沿线 45 个国家和地区有航运往来。又如，香港有国际金融中心的地位和作用。

粤港澳大湾区辐射东南亚中华文化圈。东南亚地区华侨集中，历史上与中华文明有着千丝万缕的联系，对中华文明有着较强的文化认同感。这在很大程度上决定了中国在中华文化圈中具有特殊的中心地位，并且由此促进这一区域的经济合作日益深入，成果丰硕。境外对中国内地投资的主要来源地区是亚洲、欧盟、北美及部分自由港地区。2018 年亚洲 7 个国家（印度尼西亚、日本、马来西亚、菲律宾、新加坡、韩国、泰国）和中国的香港地区、澳门地区、台湾地区对中国内地新设企业数占比 83.3%，实际投入外资金额占比 77.1%。

内地通过港澳，或直接与东南亚、东亚地区国家开展基于文化认同的广泛交流，对"一带一路"建设有着十分重大的意义。

第一，这些国家和地区是中国内地的近邻，是"一带一路"走出去的第一步，也是必经之地，离开这一区域，"一带一路"就丧失了相当大的意义与通达性。

第二，这些国家和地区是与中国内地经济关系极为密切的重要利益相关方，对于稳增长有着至关重要的战略价值。

第三，2020 年 11 月，东盟 10 国和中国、日本、韩国、澳大利亚、新西兰共 15 个亚太国家签署的《区域全面经济伙伴关系协定》("Regional Comprehensive Economic Partnership", RCEP)，决定了中国与该区域经济合作的前途与命运，也应被看作从"一带一路"建设走向人类命运共同体建设的有机组成部分。

（三）粤港澳大湾区对"一带一路"建设的支撑作用

一是发挥自贸试验区作用，完善大湾区城市功能。粤港澳大湾区依托前海、横琴、南沙三大自贸试验片区，重点发展商贸服务、通信服务、工程服务、环境服务、金融服务、旅游服务、运输服务等服务贸易，构建与国际高标准对接的投资贸易规则体系，大力推动高端服务业集聚，打造"总部经济集聚区"。一系列建设成果其实都可为"一带一路"沿线国家的发展提供宝贵经验。总而言之，构筑"一带一路"建设的重要支撑区，既是粤港澳大湾区的战略定位，也是建设国际一流湾区的题中应有之义，更是建立与国际接轨的开放型经济新体制的内在要求。粤港澳大湾区打造更开放的合作平台，将有利于促进国际国内两个市场、两种资源有效对接，在更高层次上参与国际经济合作和竞争，支撑"一带一路"建设，助力中国加快形成全面开放新格局。

二是夯实粤港澳大湾区支持"一带一路"建设的重要制度基础。为促进内地和香港经济的共同繁荣与发展，加强双方与其他国家和地区的经贸联系，双方于 2003 年签署《关于建立更紧密经贸关系的安排》("Closer Economic Partnership Arrangement", CEPA) 主协议。CEPA 是双边经贸关系的基础性文件，此后两地又陆续签署了多份补充协议。据深圳海关统计，2003—2018 年的 15 年间，港产零关税货物先后从深圳关区的文锦渡、皇岗、深圳湾等 7 个口岸进口，享受关税优惠货值由实施首年的 2.6 亿元增至 2018 年的 22.6 亿元，大幅增长了近 8 倍。享受关税优惠进口的商品范围也由实施初期的 39 个 8

位级税号增至 2018 年的 136 个 8 位级税号，大幅增长了 2.5 倍。2018 年享受关税优惠的商品涉及传统制药行业和机电产品、食品、化工、塑料及其制品等 11 类。这说明基于 CEPA 的优惠政策对香港本地产业发挥了明显的稳定和促进作用。

2017 年 6 月 28 日，经国务院批准，内地与香港签署了《CEPA 投资协议》(简称《投资协议》) 和《CEPA 经济技术合作协议》(简称《合作协议》)，两份新协议是双方在"一国两制"和 CEPA 框架下按照世界贸易组织规则做出的特殊经贸安排，其签署和生效无疑是内地与香港之间 CEPA 升级的重要组成部分，势必为两地经贸交流与合作提供更加系统的制度化保障。

《投资协议》是 CEPA 的一个内容全新的子协议，全面涵盖投资准入、投资保护和投资促进等内容，对接国际规则，兼具两地特色，开放程度高，保护力度大，为两地经贸交流与合作提供了更加系统的制度化保障。在投资准入方面，《投资协议》进一步提升了两地间的投资自由化水平。继《内地与香港 CEPA 服务贸易协议》之后，内地在市场准入方面再次对香港采用"负面清单"开放方式，这也是内地首次以"负面清单"方式对外签署投资协议。根据《投资协议》，内地在非服务业投资领域仅保留了 26 项不符措施，在船舶、飞机制造、资源能源开采、金融市场投资工具等方面采取了更加优惠的开放措施。内地与香港互为最重要的投资伙伴，通过《投资协议》，内地进一步扩大对香港的开放，保持 CEPA 作为内地对外开放的最高水平，这直接惠及香港投资者在内地的投资、创业，保持香港的竞争优势，为香港的繁荣稳定发展提供新的空间和创造更有利的条件。需要特别引起重视的是，《投资协议》在事实上从制度和法律层面确立了香港充当粤港澳大湾区乃至整个内地国际金融中心的定位，一切对这一定位的无视或挑战，都将偏离大湾区的总体战略方向，扰乱分工合作的良好秩序，造成不必要的内耗和效率损失。

《合作协议》既包括对 CEPA 及其 10 个补充协议中有关经济技术合作的内容的全面梳理、更新、分类和汇总，也包括根据两地经贸合作实际需要提出的新的合作内容，是 CEPA 在新的历史时期集大成的制度框架体系。《合作协议》的重点内容包括：其一，针对香港业界十分关心的香港参与"一带一路"建设设置了专章，将通过建立工作联系机制、畅通信息沟通渠道、搭建交流平台、改善合作环境、联合参与项目建设和开拓"一带一路"沿线市场等措施，支持香港参与"一带一路"建设。其二，设立了次区域经贸合作专章。内容包括推进和深化两地在泛珠三角区域及前海、南沙、横琴等重大合作平台的经贸合作，共同推进粤港澳大湾区城市群建设，支持香港参与内地自贸试验区建设等，旨在将香港在金融、投资管理、贸易监管等方面的优势与国家改革开放相结合，既为香港经济发展注入新的动力，也为内地深化改革、扩大开放增添活力。其三，在重点领域合作方面，进一步深化两地在金融、文化、中小企业合作、知识产权合作等 14 个重点领域的合作。根据香港经济发展的需求，对金融、旅游、创新科技、商标品牌等领域的合作，在原有基础上进行了务实的修改和更新，完善了合作机制，充实了合作内容。

三是面向"一带一路"的粤港澳大湾区建设应强调法治原则。内地与港澳的衔接问题是粤港澳大湾区有别于其他湾区的特殊性问题。这个问题解决得好，会成为优势和加分项；解决得不好，将成为劣势和减分项。与港澳的对接好不好，法治思维是关键。借粤港澳共同发展的东风，对标港澳，推动内地法治化建设，应是粤港澳大湾区建设的题中应有之义。

广东省在行政审批、投融资、商事登记、园区管理等方面开展了一系列改革尝试，制定了《广东省建设法治化国际化营商环境五年行动计划》，致力形成公平正义的法治环境、透明高效的政务环境、竞争有序的市场环境、和谐稳定的社会环境以及互利共赢的开放环境。

内地为深化粤港澳大湾区合作进行的制度创新和采取的各种举措不能一厢情愿，归根结底要体现到香港和内地经贸合作的制度性框架 CEPA 上来。凡是在实践中证明有效的制度创新，都应尽快纳入 CEPA 框架内，形成稳定、精准的条文内容，以便于推广和遵循，坚决走法治化、规范化之路。

四是面向"一带一路"的粤港澳大湾区建设应寻求建立合理稳固

的国内国际分工合作体系。避免分工不明带来的内耗式的竞争与发挥各自的功能优势是一体两面，具有同等重要性。鉴于以城市为单位的经济主体责任区分还将长期存在，为避免本位主义和政绩冲动引起的内耗，在大湾区内部对城市功能定位进行必要的刚性约束，包括鼓励自我约束显得更为重要。

虽然 CEPA 是中国特色的、覆盖中国内部事务的法律和政策框架，在很多方面并不适用于"一带一路"建设中的具体问题，但 CEPA 所代表的法治精神、规范化管理以及"义在利先"的中国优秀传统文化理念，都应成为中国与"一带一路"沿线国家和地区合作的重要遵循。

第一章

"一带一路"背景下
大湾区建设的总体布局

中共中央、国务院发布的《粤港澳大湾区发展规划纲要》是以粤港澳大湾区五位一体综合效益最大化为考量的。粤港澳大湾区建设与"一带一路"建设是两相叠加、互为因果、相互促进、同等重要的国家重大部署，其总体布局必须考虑如何推进"一带一路"建设，即促进重要基础设施互联互通、提升对外贸易合作水平、加快产业投资步伐、推进海洋领域合作、推动能源合作发展、拓展金融业务合作、提高旅游合作水平、密切人文交流合作、健全外事交流机制等[①]。与此同时，改革开放的新征程、"一国两制"的探索发展、找准在海洋强国战略中的角色定位和建设中国特色社会主义先行示范区等都是粤港澳大湾区建设的题中应有之义。此外，粤港澳大湾区建设还要充分吸取世界其他湾区建设的经验和教训。

无论中外，湾区概念的产生都是建立在以城市为主体、以多城市集群为表现形式的基础上的。因此，对粤港澳大湾区的研究，也不能脱离对区域内城市和城市群特征、优势、分工与合作的观察和思考。综合起来看，以纽约、旧金山和东京为代表的国外湾区的成熟与成功，在很大程度上表现出以市场需求为动力，以城市间相互协同为手段，辅之以民间智库、行业组织、基金资本的积极参与，国家行政干预较少的基本特征。粤港澳大湾区城市群在发展初期表现出某种与国外湾区类似的特征（如"广东四小虎"在改革开放初期的路径选择在相当大的程度上体现了地方政府的自主性），而自中后期开始，则表现出明显的国家意志统领和省域行政协调介入的特征。这

---

① 《中共广东省委 广东省人民政府关于贯彻落实〈粤港澳大湾区发展规划纲要〉的实施意见》(粤发〔2019〕3 号)。

两种模式是由各自的地域格局、政治制度、经济体制和文化理念等方面的差异造成的。不难看出，其中一方的优势，往往在另一方表现为劣势，反之亦然。此外，港澳作为不同经济体纳入粤港澳大湾区，使得粤港澳大湾区体现出许多不同于其他湾区的特点，这或许构成了另一层意义上的中国特色。差异即优势，粤港澳大湾区的上述两点特殊性，将为中国特色大湾区建设和发展注入强大活力和动力，在可预见的未来，随着中华民族伟大复兴的实现，粤港澳大湾区必将全方位超越其他湾区，成为可供世界借鉴的中国经验。

第一节　粤港澳大湾区建设的战略定位和主要任务

一、粤港澳大湾区建设的战略定位和总体目标

（一）粤港澳大湾区建设的战略定位

粤港澳大湾区建设，是粤港澳三地优势互补、协同发展、互利共赢、共同繁荣的区域发展战略。中央对粤港澳大湾区提出了五个方面的战略定位，即：打造充满活力的世界级城市群、建成具有全球影响力的国际科技创新中心、成为"一带一路"建设的重要支撑、成为内地与港澳深度合作示范区、建设宜居宜业宜游的优质生活圈①。

一是打造充满活力的世界级城市群。就是要依托香港、澳门作为自由开放经济体和广东作为改革开放排头兵的优势，继续深化改革、扩大开放，在构建经济高质量发展的体制机制方面走在全国前列、发挥示范引领作用，加快制度创新和先行先试，建设现代化经济体系，更好融入全球市场体系，建成世界新兴产业、先进制造业和现代服务业基地，建设世界级城市群。这是推动粤港澳大湾区战略落地的首要任务。从发展经济学的角度看，一个国家或地区的经济实力和竞争力，实际上是由城市群实力的高低所决定的。在粤港澳大湾区庞大的城市群中，香港、澳门、广州、深圳可以叫作中心城市，它们要发挥辐射带动周边地区的引擎作用。同时，它们在功能定位

---

① 引自中共中央、国务院 2019 年 2 月 18 日印发的《粤港澳大湾区发展规划纲要》。

上又各有分工、各有侧重。比如，香港主要是巩固和提升作为国际金融、航运、贸易中心和国际航空枢纽的地位，推动金融、商贸、物流、专业服务等向高端高增值方向发展，大力发展创新及科技产业，建设亚太区国际法律及争议解决服务中心。澳门主要是建设世界旅游休闲中心、中国与葡语国家商贸合作服务平台，促进经济适度多元发展。广州主要是充分发挥作为国家中心城市和综合性门户城市的引领作用，全面增强国际商贸中心、综合交通枢纽和科技教育文化中心功能。深圳主要是发挥作为经济特区、全国性经济中心城市和国家创新型城市的引领作用，努力建成具有世界影响力的创新创意之都。

二是建成具有全球影响力的国际科技创新中心。就是要瞄准世界科技和产业发展前沿，加强创新平台建设，大力发展新技术、新产业、新业态、新模式，加快形成以创新为主要动力和支撑的经济体系；扎实推进全面创新改革试验，充分发挥粤港澳科技研发与产业创新优势，破除影响创新要素自由流动的瓶颈和制约，进一步激发各类创新主体活力，建成全球科技创新高地和新兴产业重要策源地。依托湾区城市群建设全球科技创新中心，是当今世界城市、经济及科技融合发展的基本规律和客观趋势，是粤港澳大湾区参与全球竞争、实现高质量发展的必由之路。粤港澳大湾区要打造国际科技创新中心，建成全球科技创新高地，还有相当长的路要走，需要在重大科技基础设施、重大科研平台、国际水准的科研团队、国际化创新型教育、开放协同创新、科研体制改革创新供给等方面发力，提升整体科技创新能力。

三是成为"一带一路"建设的重要支撑。就是要更好发挥港澳在国家对外开放中的功能和作用，提高珠三角九市开放型经济发展水平，促进国际国内两个市场、两种资源有效对接，在更高层次参与国际经济合作和竞争，建设具有重要影响力的国际交通物流枢纽和国际文化交往中心。这一战略定位体现了粤港澳大湾区通过打造开放型经济新体制服务国家战略的新使命。粤港澳大湾区是我国开放程度最高、经济活力最强的区域之一，以"一带一路"建设为契机，通过发挥大湾区的综合优势，形成超越"前店后厂"的新时代粤港澳合作的新模式，有利于大湾区进一步深化改革、扩大开放，为探索对外开放新体制发挥示范引领作用。同时，粤港澳携手参与"一带一路"建设，通过区域双向开放，构筑丝绸之路经济带和21世纪海上丝绸之路对接融汇的重要支撑区，有利于提升粤港澳大湾区国际竞争力，为更高水平参与国际合作和竞争拓展新空间。面对新一轮的国际分工与产业竞争，建设一流的营商环境是实现"一带一路"高水平双向开放的基础。在推动粤港澳大湾区打造具有全球竞争力的营商环境方面，需要发挥香港、澳门的开放平台与示范作用，支持珠三角九市加快建立与国际高标准投资和贸易规则相适应的制度规则，发挥市场在资源配置中的决定性作用，减少行政干预，加强市场综合监管，形成稳定、公平、透明、可预期的一流营商环境；也需要加强粤港澳司法交流与协作，为粤港澳大湾区建设提供优质、高效、便捷的司法服务和保障，着力打造法治化营商环境；还要完善国际商事纠纷解决机制，建设国际仲裁中心，支持粤港澳仲裁及调解机构交流合作，为粤港澳经济贸易提供仲裁及调解服务。

四是成为内地与港澳深度合作示范区。就是要依托粤港澳良好合作基础，充分发挥深圳前海、广州南沙、珠海横琴等重大合作平台作用，探索协调协同发展新模式，深化珠三角九市与港澳全面务实合作，促进人员、物资、资金、信息便捷有序流动，为粤港澳发展提供新动能，为内地与港澳更紧密合作提供示范。"内地与港澳深度合作示范区"既是一个重要的定位，也是一个重要的使命，还是一个重要的目标。珠三角和香港、澳门有很强的地缘优势和产业互补特点，三者的深度合作，首先是更加全面的合作，包括经济、社会、文化、生态等方面。其次是不仅涉及"硬联通"，而且包括"软联通"，尤其是体制机制的深度衔接。最后是生产要素的自由流动，即在一定规制下方便、高效的流动，而实现自由流动的一个重要前提是开放。通过粤港澳大湾区建设，对标国际一流湾区，充分发挥粤港澳综合优势，争取对港澳率先开放、更大开放，以开放促改革、促发展，着力破解体制机制障碍，打造高质量发展典范。这就要求借鉴港澳市场经济管理的成熟经验，加快制度创新，充分发挥市场在资源配置中的决定性作用，实现要素便捷高效畅通流动，提升市场一体化水平，助力广东构建推动经济高质量发展的体制机制；发挥港澳科技创新资源及中央政策支持优势，把港澳科研资源优势和广东高新技术产业基础结合起来，争取关键核心技术、关键零部件、重大装备突破，助力广东加快形成以创新为动力和支撑的现代化经济体系；运用港澳的全球商业网络、高水平专业服务、跨国企业驻港机构等优势，携手港澳扩大对外开放，"走出去"开拓国际市场，共同应对外部环境变化，打造对接国际的投资、贸易政策及营商环境，助力广东形成全面开放新格局。

五是建设宜居宜业宜游的优质生活圈。就是要坚持以人民为中心的发展思想，践行生态文明理念，充分利用现代信息技术，实现城市群智能管理，优先发展民生工程，提高大湾区民众生活便利水平，提升居民生活质量，为港澳居民在内地学习、就业、创业、生活提供更加便利的条件，加强多元文化交流融合，建设生态安全、环境优美、社会安定、文化繁荣的美丽湾区。这不仅是粤港澳大湾区建设的条件，也应是粤港澳大湾区建设的结果。从条件上来说，宜居宜业宜游其实就是营商环境，有了这样的营商环境，投资要素、创新要素都会向这里集聚，这里也才能成为发展的高地和创新的高地。从结果上看，粤港澳大湾区建设不仅应给在这里生产生活的人们带来富裕，也应给人们带来幸福，这里不仅是创业之所、居住之地，还是快乐之所、幸福之地，给人带来舒适、安全、方便和开心，是生态安全、环境优美、社会安定、文化繁荣的美丽湾区。

粤港澳大湾区合作基础良好，香港、澳门与珠三角九市文化同源、人缘相亲、民俗相近、优势互补，具有多层次、全方位合作的优势。建设粤港澳大湾区的重要内容之一将体现在，从打造教育和人才高地、共建人文湾区、构筑休闲湾区、拓展就业创业空间、塑造健康湾区、促进社会保障和社会治理合作等六个方面努力，携手打造公共服务体系完善、宜居宜业宜游的优质生活圈，让香港、澳门与珠三角九市居民共享经济发展带来的社会福祉。

（二）粤港澳大湾区建设的总体目标

在以上五大战略定位的基础上，中央还对粤港澳大湾区建设提出了总体目标——建立富有活力和国际竞争力的一流湾区和世界级城市群，打造高质量发展的典范。同时，分两个阶段做出安排，描绘了到 2022 年和 2035 年所要实现的具体发展目标[①]。

到 2022 年，发展活力充沛、创新能力突出、产业结构优化、要素流动顺畅、生态环境优美的国际一流湾区和世界级城市群框架基本形成。区域发展更加协调，分工合理、功能互补、错位发展的城市群发展格局基本确立；协同创新环境更加优化，创新要素加快集聚，新兴技术原创能力和科技成果转化能力显著提升；供给侧结构性改革进一步深化，传统产业加快转型升级，新兴产业和制造业核心竞争力不断提升，现代服务业加快发展；基础设施支撑保障能力进一步增强，城市发展及运营能力进一步提升；绿色智慧节能低碳的生产生活方式和城市建设运营模式初步确立；开放型经济新体制加快构建，文化交流活动更加活跃。

到 2035 年，形成以创新为主要支撑的经济体系和发展模式，经济实力、科技实力大幅跃升，国际竞争力、影响力进一步增强；大湾区内市场高水平互联互通基本实现，各类资源要素高效便捷流动；区域发展协调性显著增强，对周边地区的引领带动能力进一步提升；人民生活更加富裕；社会文明程度达到新高度，文化软实力显著增强，中华文化影响更加广泛深入，多元文化进一步交流融合；资源节约集约利用水平显著提高，生态环境得到有效保护，宜居宜业宜游的国际一流湾区全面建成。

---

① 引自中共中央、国务院 2019 年 2 月 18 日印发的《粤港澳大湾区发展规划纲要》。

二、粤港澳大湾区建设的主要任务

（一）优化城市建设空间布局和建设国际科技创新中心

在明确粤港澳大湾区建设战略定位和发展目标的基础上，中央还从优化城市建设与空间布局、建设国际科技创新中心、加快基础设施互联互通、构建具有国际竞争力的现代产业体系、推进生态文明建设和改善民生、紧密合作共同参与"一带一路"建设等方面，对大湾区建设的主要任务做出具体安排①。

在优化城市建设空间布局方面，主要有四大任务：

一是坚持极点带动、轴带支撑、辐射周边。推动大中小城市合理分工、功能互补，进一步提高区域发展协调性，促进城乡融合发展，构建结构科学、集约高效的大湾区发展格局。

二是发挥引领带动作用，加快同城化建设。发挥香港—深圳、广州—佛山、澳门—珠海强强联合的引领带动作用，深化港深、澳珠合作，加快广（州）佛（山）同城化建设，提升整体实力和全球影响力，引领粤港澳大湾区深度参与国际合作。

三是优化提升中心城市，增强对周边区域发展的辐射带动作用。以香港、澳门、广州、深圳四大中心城市作为区域发展的核心引擎，继续发挥比较优势做优做强，增强对周边区域发展的辐射带动作用。对于广州，主要是充分发挥作为国家中心城市和综合性门户城市的引领作用，全面增强国际商贸中心、综合交通枢纽功能，培育提升科技教育文化中心功能，着力建设国际大都市。对于深圳，主要是发挥作为经济特区、全国性经济中心城市和国家创新型城市的引领作用，加快建成现代化国际化城市，努力成为具有世界影响力的创新创意之都。

---

① 引自中共中央、国务院 2019 年 2 月 18 日印发的《粤港澳大湾区发展规划纲要》。

四是支持重点城市发挥优势，提升城市群发展质量。重点支持珠海、佛山、惠州、东莞、中山、江门、肇庆等城市充分发挥自身优势，深化改革创新，增强城市综合实力，形成特色鲜明、功能互补、具有竞争力的重要节点城市。增强发展的协调性，强化与中心城市的互动合作，带动周边特色城镇发展，共同提升城市群发展质量。

在建设国际科技创新中心方面，主要是深入实施创新驱动发展战略，深化粤港澳创新合作，构建开放型融合发展的区域协同创新共同体，集聚国际创新资源，优化创新制度和政策环境，着力提升科技成果转化能力，建设全球科技创新高地和新兴产业重要策源地。具体有以下四个方面的内容。

一是建设创新体系，共享创新资源。包括：更好发挥内地与香港、澳门科技合作委员会的作用，推动香港、澳门融入国家创新体系、发挥更重要作用；充分发挥粤港澳科技和产业优势，积极吸引和对接全球创新资源，建设开放互通、布局合理的区域创新体系；推进"广州—深圳—香港—澳门"科技创新走廊建设，共建粤港澳大湾区大数据中心和国际化创新平台；加快国家自主创新示范区与国家双创示范基地、众创空间建设，为港澳青年创新创业提供更多机遇和更好条件。

二是参与科技合作，共办科技活动。包括：鼓励粤港澳企业和科研机构参与国际科技创新合作，共同举办科技创新活动，支持企业到海外设立研发机构和创新孵化基地，鼓励境内外投资者在粤港澳设立研发机构和创新平台；支持依托深圳国家基因库发起设立"一带一路"生命科技促进联盟；鼓励其他地区的高校、科研机构和企业参与大湾区科技创新活动。

三是优化资源配置，推动军民融合。包括：加快推进大湾区重大科技基础设施、交叉研究平台和前沿学科建设，着力提升基础研究水平；优化创新资源配置，建设培育一批产业技术创新平台、制造业创新中心和企业技术中心；推进国家自主创新示范区建设，有序开展国家高新区扩容，将高新区建设成为区域创新的重要节点和产业高端化发展的重要基地；推动珠三角九市军民融合创新发展，支持创建军民融合创新示范区。

四是支持重大建设，助力大湾区发展。包括：支持港深创新及科技园、中新广州知识城、南沙庆盛科技创新产业基地、横琴粤澳合作中医药科技产业园等重大创新载体建设；支持香港物流及供应链管理应用技术、纺织及成衣、资讯及通信技术、汽车零部件、纳米及先进材料等五大研发中心以及香港科学园、香港数码港建设；支持澳门中医药科技产业发展平台建设；推进香港、澳门国家重点实验室伙伴实验室建设。

（二）基础设施互联互通和构建现代产业体系

在加快基础设施互联互通方面，主要是通过加强基础设施建设、畅通对外联系通道、提升内部联通水平，推动形成布局合理、功能完善、衔接顺畅、运作高效的基础设施网络，为粤港澳大湾区经济社会发展提供有力支撑。具体有以下五个方面的内容。

一是支持发展高端航运服务业。包括：增强广州、深圳国际航运综合服务功能，进一步提升港口、航道等基础设施服务能力，与香港形成优势互补、互惠共赢的港口、航运、物流和配套服务体系，增强港口群整体国际竞争力；以沿海主要港口为重点，完善内河航道与疏港铁路、公路等集疏运网络。

二是推进错位发展和良性互动。包括：提升广州和深圳机场国际枢纽竞争力，增强澳门、珠海等机场功能；实施广州、深圳等机场改扩建，开展广州新机场前期研究工作，研究建设一批支线机场和通用机场；进一步扩大大湾区的境内外航空网络，积极推动开展多式联运代码共享；推进广州、深圳临空经济区发展。

三是畅通对外综合运输通道。包括：完善大湾区经粤东西北至周边省区的综合运输通道；推进赣州至深圳、广州至汕尾、深圳至茂名、岑溪至罗定等铁路项目建设；有序推进沈海高速（G15）和京港澳高速（G4）等国家高速公路交通繁忙路段扩容改造；加快构建以广州、深圳为枢纽，高速公路、高速铁路和快速铁路等广东出省通道为骨干，连接泛珠三角区域和东盟国家的陆路国际大通道。

四是构筑大湾区快速交通网络。包括：以连通内地与港澳以及珠江口东西两岸为重点，构建以高速铁路、城际铁路和高等级公路为主体的城际快速交通网络；编制粤港澳大湾区城际（铁路）建设规划，完善大湾区铁路骨干网络，加快城际铁路建设，有序规划珠三角主要城市的城市轨道交通项目；加快深中通道、南沙大桥过江通道建设；创新通关模式，更好发挥广深港高速铁路、港珠澳大桥作用；加强港澳与内地的交通联系，推进城市轨道交通等各种运输方式的有效对接，构建安全便捷换乘换装体系，提升粤港澳口岸通关能力和通关便利化水平，促进人员、物资高效便捷流动。

五是构建新一代信息基础设施。包括：推进粤港澳网间互联宽带扩容，全面布局基于互联网协议第六版（IPv6）的下一代互联网，推进骨干网、城域网、接入网、互联网数据中心和支撑系统的IPv6升级改造；加快互联网国际出入口带宽扩容，全面提升流量转接能力；推动珠三角无线宽带城市群建设，实现免费高速无线局域网在大湾区热点区域和重点交通线路全覆盖；实现城市固定互联网宽带全部光纤接入；建设超高清互动数字家庭网络。

在构建具有国际竞争力的现代产业体系方面，主要是深化供给侧结构性改革，着力培育发展新产业、新业态、新模式，支持传统产业改造升级，加快发展先进制造业和现代服务业，瞄准国际先进标准提高产业发展水平，促进产业优势互补、紧密协作、联动发展，培育若干世界级产业集群。具体有以下两个方面的内容。

一是增强制造业核心竞争力。包括：围绕加快建设制造强国，完善珠三角制造业创新发展生态体系；推动互联网、大数据、人工智能和实体经济深度融合，建设具有国际竞争力的先进制造业基地；提升国家新型工业化产业示范基地发展水平，以珠海、佛山为龙头建设珠江西岸先进装备制造产业带，以深圳、东莞为核心在珠江东岸打造具有全球影响力和竞争力的电子信息等世界级先进制造业产业集群；发挥香港、澳门、广州、深圳创新研发能力强、运营总部密集以及珠海、佛山、惠州、东莞、中山、江门、肇庆等地产业链齐全的优势，加强大湾区产业对接，提高协作发展水平；等等。

二是培育壮大战略性新兴产业。包括：依托香港、澳门、广州、深圳等中心城市的科研资源优势和高新技术产业基础，充分发挥国家级新区、国家自主创新示范区、国家高新区等高端要素集聚平台作用，联合打造一批产业链条完善、辐射带动力强、具有国际竞争力的战略性新兴产业集群，增强经济发展新动能；推动新一代信息技术、生物技术、高端装备制造、新材料等发展壮大为新支柱产业。

（三）生态环境保护、改善民生和"一带一路"建设

在推进生态环境保护和改善民生方面，主要是牢固树立和践行绿水青山就是金山银山的理念，像对待生命一样对待生态环境，实行最严格的生态环境保护制度；坚持节约优先、保护优先、自然恢复为主的方针，以建设美丽湾区为引领，着力提升生态环境质量，形成节约资源和保护环境的空间格局、产业结构、生产方式、生活方式，实现绿色低碳循环发展，使大湾区天更蓝、山更绿、水更清、环境更优美。坚持以人民为中心的发展思想，积极拓展粤港澳大湾区在教育、文化、旅游、社会保障等领域的合作，共同打造公共服务体系完善、宜居宜业宜游的优质生活圈。具体有以下三个方面的内容。

一是推进生态环境保护措施。包括：加强珠三角周边山地、丘陵及森林生态系统保护，建设北部连绵山体森林生态屏障；加强海岸线保护与管控，建立健全海岸线动态监测机制；强化近岸海域生态系统保护与修复，推进重要海洋自然保护区及水产种质资源保护区建设与管理；推进"蓝色海湾"整治行动，保护沿海红树林，建设沿海生态带；加强湿地保护修复，全面保护区域内国际和国家重要湿地，开展滨海湿地跨境联合保护。

二是推进合作交流。包括：支持粤港澳高校合作办学，鼓励联合共建优势学科、实验室和研究中心；充分发挥粤港澳高校联盟的作用，鼓励三地高校探索开展相互承认特定课程学分、实施更灵活的交换生安排、科研成果分享转化等方面的合作交流；支持"粤港澳青年文化之旅"、香港"青年内地交流资助计划"和澳门"千人计划"等

重点项目实施，促进大湾区青少年交流合作；发挥大湾区中西文化长期交汇共存等综合优势，促进中华文化与其他文化的交流合作。

三是推进示范区建设。包括：支持大湾区建设国际教育示范区，引进世界知名大学和特色学院，推进世界一流大学和一流学科建设；支持珠三角九市借鉴港澳吸引国际高端人才的经验和做法，创造更具吸引力的引进人才环境，实行更积极、更开放、更有效的人才引进政策，加快建设粤港澳人才合作示范区；探索推进在广东工作和生活的港澳居民在教育、医疗、养老、住房、交通等民生方面享有与内地居民同等的待遇。

在紧密合作、共同参与"一带一路"建设方面，主要是深化粤港澳合作，进一步优化珠三角九市投资和营商环境，提升大湾区市场一体化水平，全面对接国际高标准市场规则体系，加快构建开放型经济新体制，形成全方位开放格局，共创国际经济贸易合作新优势，为"一带一路"建设提供有力支撑。具体有以下三个方面的内容。

一是打造法治化营商环境。支持珠三角九市加快建立与国际高标准投资和贸易规则相适应的制度规则，加强市场综合监管，形成稳定、公平、透明、可预期的一流营商环境；加快转变政府职能，深化"放管服"改革，完善对外资实行准入前国民待遇加负面清单管理模式，深化商事制度改革，加强事中事后监管；加强粤港澳司法交流与协作，推动建立共商、共建、共享的多元化纠纷解决机制，着力打造法治化营商环境。

二是落实对港澳开放措施。落实内地与香港、澳门CEPA系列协议，推动对港澳在金融、教育、法律及争议解决、航运、物流、铁路运输、电信、中医药、建筑及相关工程等领域实施特别开放措施，研究进一步取消或放宽对港澳投资者的资质要求、持股比例、行业准入等限制，在广东为港澳投资者和相关从业人员提供一站式服务，更好地落实CEPA框架下的对港澳开放措施。

三是打造"一带一路"建设重要支撑区。支持粤港澳加强合作，共同参与"一带一路"建设，深化与相关国家和地区基础设施互联互通、经贸合作及人文交流；加快推进深圳前海、广州南沙、珠海横琴等重大平台开发建设，充分发挥其在进一步深化改革、扩大开放、促进合作中的试验示范作用，拓展港澳发展空间，推动公共服务合作共享，引领带动粤港澳全面合作。

同时，也应该清醒地认识到，粤港澳大湾区建设是一项巨大的社会工程，不仅有良好的机遇，也面临诸多挑战。无论就整体层面看，还是从一些具体问题看，推进粤港澳大湾区建设都面临着一些难点，有待科学化解。比如，港澳之间跨行政区域的合作机制未能充分发挥作用、三地缺乏强有力的组织推动企业合作与协调、缺乏关键核心技术抑制企业自主创新积极性、人力资源不足制约产业多元化发展等[1]。

---

① 王鹏：《推动粤港澳大湾区产业多元发展》，《群言》2020 年第 4 期。

第二节 "一带一路"背景下
大湾区中心城市功能定位

一、香港的金融和航运中心功能定位

（一）香港功能定位的深刻背景

从 19 世纪中叶开始，香港就已经成为英国乃至西方列强在远东地区重要的经济支撑。香港从最初的贸易集散地，自然延伸出与商品交换相关的资本流通、货物运输等功能。随着工业化进程的加快，特别是全球化浪潮的兴起，香港于 20 世纪七八十年代进入迅速发展阶段，成为"亚洲四小龙"之一，全球金融中心和国际航运中心的地位逐渐形成。可见香港从一开始就深度参与了国际产业分工，并完全融入世界发展的主流之中。由于香港与英国的特殊关系，香港实行的是英国的法律体系和制度，因此，香港的法律体系与国际接轨的程度是非常高的，具体体现在以下四个方面。

一是法律经验。英美法属于判例法，司法实践中产生过的判例，在后续产生的类似案件的判决中具有很强的指导作用。因此，积累的判例，成为英美法体系下重要的参照体系。香港的司法体系 100 多年来在判例方面拥有了雄厚的积累，为新出现的法律问题的解决提供了良好的经验基础和法律环境。

二是法律事务网络。现代经济行为，特别是金融和航运领域普遍具有跨区域全球分布的特征。在处理各种法律问题时，通常需要协调世界各地涉事方的繁杂事务。几百年来，这种法律事务网络已经高度完善，覆盖全球各个角落。香港作为这一网络中的一个环节，不仅已经长期融入，而且与网络各节点存在着广泛的交互式合作关系，使得香港的法律体系能够保证覆盖全球的高效率运作。

三是司法队伍。香港有着高度专业化的高水平法律事务队伍，这支队伍由多国法律精英共同构成，这就保证了在香港司法体系运转中，能够较好地跨越涉事地区的法律差异，正确理解和适用不同所在地的相关法律。

四是国际认同。香港长期以来是高度便利的国际自由港，居民数量达700多万，其中作为主体的华人过去在经济文化交流上长期与内地区隔，在地理空间上又远离英国，因此并没有形成强烈的主体民族意识，这就大大减少了民族主义可能对司法公正构成的影响。

现代金融与现代航运是几百年来不断发展演进的结果，它们共同的特点就是跨越国家、种族和文化。这一特点注定它们不能被单一国家或民族的利益所左右，不能以单一国家或民族的法律制度为制度。它们运行的基本准则必须遵从一套为各方共同接受的法律体系，这个法律体系就是英美法体系，以及在此基础上形成的国际惯例。

虽然经过两次世界大战，美国逐渐取代英国，坐上了世界强国的头把交椅，但美国与英国在血缘、文化和世界观上的天然联系，使得美国主导下的当今世界体系与英国治下的旧版本存在着诸多继承性。其中最重要的继承之一，就是与大陆法体系相对应的海洋法体系。由于海洋法体系是由英美主导而形成的，因此也被称作英美法体系。人类海洋文明在近代与工业文明交汇重叠，使海洋文明进入今天的全盛时期，这一过程主要是由英美法主导实现的。反过来看，英美法也是在上述文明实践中不断发展完善和趋于成熟的。可以毫不夸张地说，英美法不仅在当今世界体系形成的过程中发挥了至关重要的作用，而且仍然主导着这一体系的运行。

实践证明，"一带一路"建设"走出去"首先要解决的重要问题就是法律适用问题，如果对合作方所在国家和地区的法律环境、立法基础、法理特征、司法体系、运作方法、法条解释等所知不多，就很难从根本上避免纠纷，也就无法确保商业利益和财产乃至人身的安全。在"一带一路"建设过程中，很难寄望于临渴掘井地进行法律事务网络的临时铺排，必须借重现有网络，而香港正是中国接入这一网络的绝佳选择。事实上，"一带一路"建设开展以来，香港的司法队伍已经在发挥重要的支撑作用。改革开放后，虽然香港与内地的交往逐渐深入，但内地的法律是大陆法体系，与香港的英美法体系存在天然的差异。加之依照宪法规定，中国实行人民民主专政，整体法律体系具有比较鲜明的政治性和中国特色，在与世界法律体系对接时不可避免地存在一定的错位。因此，外方与中国内地的国际商业行为，普遍倾向于与香港的法律体系对接，并借助香港与内地的特殊地缘关系、人文关系与经济合作关系，间接进入中国市场。香港作为连接内地与世界的纽带作用之所以长盛不衰，和香港法律所发挥的不可替代的居间作用有着很大关系。而这种优势地位，必将在"一带一路"建设伟大实践中发挥越来越重要的作用。

《规划纲要》为每一个大湾区城市设定了基本定位。综合考量大湾区 11 个城市的禀赋特征、发展现状和未来前景，可以看到，核心城市在大湾区框架体系内承担着非常重要的支撑和引领作用。依照《规划纲要》，香港主要定位于巩固和提升作为国际金融、航运、贸易中心和国际航空枢纽的地位，推动金融、商贸、物流、专业服务等向高端高增值方向发展，大力发展创新及科技事业，建设亚太区国际法律及争议解决服务中心。可以看到，香港在金融和航运领域具备在大湾区城市定位中的特殊优势。

香港与珠三角地区毗邻，有相互的文化认同。香港的教育体系与国际接轨程度很高，特别是高等教育在世界上处于领先地位。香港与世界各地的人才交流自由顺畅，贸易投资自由化便利化程度很高。各类生产要素的跨国跨地区流动障碍较少，配置合理充分。香港与内地长期以来形成了成熟的全方位合作关系。以上这些都使得香港具备独特的发展优势，也使得香港在珠三角地区能够发挥重要的功能作用。更为重要的是，香港现行法律体系的优势，在很大程度上强化了香港在粤港澳大湾区建设中的金融和航运中心的地位。

"一带一路"倡议的提出，为香港传统优势赋予了新的意义和职能，使其在"一带一路"建设中重新具有了独特和不可替代的功能地位。《广东省参与建设"一带一路"的实施方案》特别强调了广东省在21世纪海上丝绸之路，以及东南亚、南亚和南太平洋地区的独特地缘、历史与现实层面的优势地位。香港在过去的100多年里，与世界各国和地区特别是东南亚、南亚和南太平洋地区始终保持着密切的经贸交往，国际航运和金融就是这种交往最重要的体现形式，极大地强化了香港在粤港澳大湾区"走出去"中的跳板和纽带作用，是广东省参与"一带一路"建设的重要组成部分。

（二）香港的金融中心功能定位

香港长期以来都是国际社会公认的、继纽约和伦敦之后的世界第三大金融中心。香港作为国际知名的自由港，高度自由开放，依傍世界第二大经济体中国内地，金融中心的地位得到了强有力的支撑。地处远东，时区的优势又为香港与纽约、伦敦无缝衔接，充当世界金融齿轮中的重要一环提供了便利条件。

据2019年6月12日联合国贸易和发展会议发布的《2019年世界投资报告》，美国是最大的外资流入经济体，流入量为2520亿美元；其次是中国内地，流入量为1390亿美元；中国香港及新加坡分别以1160亿美元、780亿美元排名第三和第四。

商务部外资司2020年1月14日发布的统计信息显示，2018年，中国实际使用外资金额1383.1亿美元，较2017年增加1.5%。截至2018年12月，累计实际使用外资金额达21492.8亿美元。

2018年全年，香港地区生产总值约为3630亿美元，对内地投资额超过899亿美元（见表1-1）。这一方面体现了香港对内地投资势头强劲，另一方面也说明对内地投资中有相当大的比重来自香港以外的国际资本，其中包含了一些在港中资企业特别是金融类企业的贡献。这也在很大程度上反映了香港的国际金融中心地位及其对内地资本市场的影响力。

表 1-1　2018 年中国内地主要投资来源地前 15 位国家/地区情况

国别/地区	数量/家	数量比重/%	金额/万美元	金额比重/%
总计	60560	100.0	13830589	100.0
中国香港地区	39868	65.8	8991724	65.0
新加坡	998	1.6	521021	3.8
英属维尔京群岛	312	0.5	471151	3.4
韩国	1882	3.1	466688	3.4
开曼群岛	151	0.2	406825	2.9
日本	828	1.4	379780	2.7
德国	491	0.8	367428	2.7
美国	1750	2.9	268931	1.9
英国	556	0.9	248164	1.8
百慕大	11	0	216727	1.6
萨摩亚	263	0.4	155421	1.1
中国台湾地区	4911	8.1	139136	1.0
中国澳门地区	1286	2.1	127987	0.9
荷兰	176	0.3	127268	0.9
法国	280	0.5	101107	0.7
其他	6797	11.2	841231	6.1

注：由于四舍五入，各数相加可能与总数略有出入。

2016 年 12 月 5 日深港通正式启动，港交所上市情况空前，在 2018 年以 218 家上市公司、2880 亿港元的融资额成为全球 IPO 市场无可争议的霸主。

广东省商务厅统计数据显示，截至 2017 年底，香港对广东实际投资金额累计已达 2728.5 亿美元，约占广东实际利用外资总额的 2/3[①]。这说

① 陈晓：《去年对港服务贸易进出口比重占全省总额一半》，《南方日报》2018 年 7 月 13 日。

明珠三角的特殊地理区位，使得这一区域在承接香港金融中心辐射功能方面具有显著的优势。

据深圳前海蛇口自贸片区管委会主任田夫介绍，截至 2018 年底，前海累计注册港企总数已突破 1 万家、注册资本突破 1 万亿元，经济总量占前海蛇口自贸片区的 22.96%，纳税占 24.63%，固定资产投资占 34.6%，实际利用外资占 86.39%，前海已经成为粤港合作最紧密最成功的区域之一[①]。

大量的数据、实例和政企人士的一线体验均表明：香港在全国，特别是广东和粤港澳大湾区外资利用方面发挥了巨大的、无可替代的作用。可以预见的是，在今后相当长的时期内，香港的这一功能对粤港澳大湾区建设仍然至关重要。

香港由于土地和劳动力成本过高，在内地特别是珠江三角洲对外开放后，大量产业陆续内迁，形成"前店后厂"的格局。表面上，香港的地区生产总值增速放缓，与内地主要城市的差距逐渐拉大，在客观上造成了人们对香港特殊的功能和地位估计不足。香港体制机制造成的思维方式、行事风格与内地的差异，香港在内地话语权的缺失，都加剧了内地对香港地位和重要性的低估。事实上，香港的金融业始终保持活跃，规模持续增长，对本区域经济的促进作用始终显著，这本身就说明香港的金融中心功能地位并未受其地区生产总值地位下降的显著影响，只是香港的一部分地区生产总值内迁后，体现为内地的国内生产总值而已。这样看来，以国民生产总值视角来看香港，其真实的经济体量要远大于其地区生产总值规模。据此，内地的国民生产总值规模应对等地小于其国内生产总值规模。因此应及时修正对香港功能地位的评估。只有客观全面地认识香港，特别是客观全面地认识其金融中心地位，才有可能在粤港澳大湾区建设中找准香港定位，最大限度地发挥香港的作用。

《广东省参与建设"一带一路"的实施方案》提出拓展金融领域合

---

① 马培贵：《前海：认真落实粤港澳大湾区规划纲要　努力打造大湾区国际化城市新中心》，《深圳特区报》2019 年 2 月 26 日。

作。鼓励有条件的省内金融法人机构走出去到"一带一路"沿线国家投资发展，吸引沿线国家金融机构来粤设立机构，支持双方金融机构建立沟通协调机制，开展业务合作。支持在沿线国家投资的广东企业与当地金融机构开展合作，共同发展。设立广东丝路基金，支持"一带一路"项目建设。在上述战略目标的实现过程中，香港都将发挥独特的居间和促进作用。

对香港金融中心地位客观公正准确的评价，是粤港澳大湾区"一带一路"建设能够更好实施的重要环节，通过对香港在"一带一路"建设所倡导的"资金融通"中应有地位、作用的再认识，或许能够进一步提振信心，把握机会，精准高效地进行金融产业布局，形成港澳与内地合作的新局面。

（三）香港的航运中心功能定位

香港的国际海运业从英国殖民时期开始至今已超过 150 年，一直以来都是香港繁荣与经济增长的动力和重要基础。特别是近代以来，香港成了海上丝绸之路的一个重要节点。随着内地改革开放的持续扩大，香港在 20 世纪 90 年代迎来了航运业发展的高峰期。1997 年，香港以 1440 万 TEU[①] 的吞吐量位居世界第一。与此同时，世界各地来香港注册的船舶也大幅增多，1999 年较上年增幅达 30%，由香港公司管辖的船舶吨位位居全球第五。2005 年香港世界第一大港的地位让位于新加坡，至 2015 年又分别被上海、深圳和宁波超过。2018 年，香港以 1959 万 TEU 的港口吞吐量位列全球第七大港[②]。

概括起来，国际航运中心的主要构成要素包括港、船、货三大块。港是海运的枢纽，包括连接世界各地的航线，高效优质的港口设施及装卸、存储和吞吐能力，重要的补给和服务基地等；船是航运的载体，包括相当数量的船公司，船队的拥有、经营、管理、控制，船舶租赁、

---

① 标准集装箱，英文"Twenty-foot Equivalent Unit"的缩写。
② 李琴：《"东方之珠"已是"黄台之瓜"？香港国际航运中心地位难保？》，《中国船舶报》2019 年 8 月 28 日。

船舶买卖、航运金融等；货是航运的标的物，包括航运信息市场、重要的货物集散和中转、活跃的航运交易等。国际航运中心广泛分布于世界不同地区，世界上几个著名的湾区无一例外地拥有世界级的港口和航运中心。

香港曾为国际第一大港，主要原因之一是香港在内地与世界之间扮演了积极的跳板角色。由于香港港口服务质量好，又位于航运主干航线上，因此国际中转量占港口总吞吐量的65%以上。内地的进出口货物大都在香港进行中转，1997年，香港曾经承接内地约50%的对外贸易运输量。然而，随着内地的逐渐开放以及内地港口的发展壮大，香港作为连接内地与外部世界桥梁的重要性逐渐下降。内地港口不仅更贴近货源地、与货主对接更加顺畅，而且由于投入巨资建设基础设施、进行信息化改造并着力提升运营效率，在货物装卸、港口服务等方面也具备相当强的竞争力。沿海港口运输放开，导致原本挂靠香港的船舶转移到内地港口。据估计，如果粤港澳大湾区以外的货物均不在香港转运，香港每年将损失240万TEU的运输量。虽然香港作为国际重要航运港口已经雄风不再，但是应该看到，在港、船、货三个方面，香港在船和货两个方面的优势仍然十分突出，这或许得益于香港在软实力方面的特殊优势。

香港作为顶级国际金融中心、亚洲重要的国际船舶融资中心，是许多航运企业融资的首选目的地。目前有47家航运公司在香港上市，仅次于纽约和奥斯陆。这使得香港在金融与航运两大领域的交叉点上，具有竞争力的倍增效应。

香港拥有良好的高增值海运服务能力，涉及船舶租赁和海上保险等领域。香港还是重要的国际海运争议仲裁中心。香港在海事保险和海事仲裁领域发挥着区域性中心的作用，吸引了国际海事保险联盟和多家国际仲裁机构在港设立分部。香港目前有800多家与海运服务相关的公司，经营范围包括船舶管理、船务代理、船务经纪、船舶融资、海事保险、海事法律和仲裁服务等。在包括中国内地在内的各类国际航运契约中约定适用法律和管辖权时，香港具有不可替代的优势，而这一优势是内地港口无法比拟的。此外，香港拥有全球知名的几家大型船舶管理公司，如 Anglo-Eastern、Fleet 和 Wallem，因此香港也完全有能力作为亚洲重要的船舶管理中心。

海运业是国际化行业，面对世界众多海运城市的激烈竞争，区域交流与合作显得尤为重要。在海运业国际交流和推广方面，香港每年均举办大型国际海事展览和海运周活动，邀请许多与海运相关的商会、专业团体和学术机构参与，举行内容丰富的海运业交流活动。

近年来，香港与内地的经贸关系持续提升，两地保持着紧密的贸易关系。依据 CEPA 协议，内地对香港实行了多项金融、贸易和物流业的开放措施，以及贸易投资便利化措施。粤港澳大湾区的发展建设，会进一步巩固香港作为国际航运中心的地位，推动香港航运业向高增值模式发展。

保持和发挥香港国际航运中心地位可以从以下几个方面入手：一是港资所属的船队可以选择从内地港口直接前往欧洲港口。例如香港东方海外运营的集装箱船已经广泛采取了这样的做法。二是发挥软实力优势，为全国范围内的航运提供海事领域的各方面服务。三是以港口联盟的形式，整合大湾区港口群，形成以香港为龙头的大湾区高效航运网络。四是香港应努力从吨位大港向价值大港转型升级。

《广东省参与建设"一带一路"的实施方案》提出，要促进重要基础设施互联互通。充分发挥区位优势，深化港口、机场、高速公路、高速铁路和信息国际合作，打造国际航运枢纽和国际航空门户，面向"一带一路"沿线国家，构筑联通内外、便捷高效的海陆空综合运输大通道。香港独特的地缘优势、世界航运大港地位，都将为上述目标的实现发挥重要作用。

对香港国际航运中心地位客观公正准确的认识，是粤港澳大湾区"一带一路"建设能够更好实施的又一个重要环节，通过对香港在"一带一路"建设所倡导的"设施联通"中地位、作用的再认识，或许能够进一步优化中国海运基础设施布局，更高效地解决中国与"一带一路"沿线国家的通联问题。

二、深圳的科技创新研发中心功能定位

（一）坚持以政府为主导、以企业为主体进行科技创新

依照《规划纲要》，深圳主要定位是发挥作为经济特区、全国性经济中心城市和国家创新型城市的引领作用，努力建成具有世界影响力的创新创意之都。综合考量粤港澳大湾区11个城市的禀赋优势后，可以看到深圳在科技研发创新领域具备统摄全局的优势。2012年12月，习近平总书记在考察深圳时强调，要大力实施创新驱动发展战略，加快完善创新机制，全方位推进科技创新、企业创新、产品创新、市场创新、品牌创新。此后，深圳进一步坚持把创新作为城市发展的主导战略。

强化企业创新主体作用，是深圳一以贯之的实践。深圳创新驱动发展模式可以归纳为"六个90%"：90%的创新企业是本土企业，90%的研发机构在企业，90%的研发人员在企业，90%的科研经费来源于企业，专利申请的90%来自企业，重大科研项目、发明专利90%以上来自龙头企业。近年来，深圳制定出台了全国首部创新型城市总体规划，出台了促进科技创新的地方性法规，包括自主创新"33条"、创新驱动发展"1+10"文件、战略性新兴产业及未来产业发展规划等一系列政策文件，从财政金融支持、人才支撑、创新载体建设、科技服务业发展等方面，全面加大对自主创新的支持力度，形成了覆盖自主创新体系全过程的政策链。据2018年11月21日发布的《中国城市创新竞争力发展报告(2018)》，深圳已经形成了具有3万家科技型企业、1617家创新载体，以企业作为主体的创新发展模式。

（二）强调投入和重视人才队伍建设

2020年6月1日，深圳市科技创新委员会公布了2019年度企业研究开发资助计划第一批拟资助企业名单，比亚迪、腾讯、大族激

光、中兴通讯等 10236 家企业将获得 27 亿多元的研发资助。

深圳在科技创新方面的投入呈逐年攀升之势，投入强度居世界前列。2012 年，深圳全社会研发投入占地区生产总值的比重为 3.81%。2017 年，深圳全社会研发投入超过 900 亿元，占地区生产总值的比重达到 4.13%。2018 年，深圳全社会研发投入首次超过 1000 亿元，占地区生产总值的比重为 4.2%。按照购买力平价计算，2018 年，中国的科研投入占国内生产总值的比重为 2.19%，除中国外，科研投入强度排在前 5 位的国家分别是韩国（4.32%）、日本（3.5%）、美国（2.84%）、德国（2.84%）、加拿大（2.34%）。

深圳陆续建成国家超级计算深圳中心、大亚湾中微子实验室和国家基因库，参与国家重大科技基础设施"未来网络试验设施"建设，截至 2019 年底，全市拥有各类创新载体 2260 家，包括国家级 118 家、省部级 605 家。这些载体已成为集聚创新人才、产生创新成果尤其是源头创新成果的重要平台。同时，深圳还采取量身定制的政策措施，截至 2017 年底培育了 93 家集科学发现、技术发明、产业发展于一体的新型研发机构，增强了深圳源头创新的能力。

深圳通过实施"科技金融计划"，引导和放大财政资金的杠杆作用，形成了较完善的科技金融服务体系。截至 2017 年底，已入库银政企合作项目 1089 项，近 300 家入库企业获得银行贷款 50 多亿元，政府累计对入库企业贴息 5600 多万元。对急需资金扶持的重点科技计划项目，深圳还充分发挥市场的作用，以股权投资的方式予以直接支持，共完成股权投资项目 134 项，政府投资 12.1 亿元。科技金融计划打破了政府无偿资助、直接管理项目的传统方式，通过财政资金阶段性地持有股权并适时退出，为鼓励科研提供了金融手段，同时为财政资金保值增值、良性循环开辟了新的路径。

深圳还加大对企业的普惠性支持和事后资助，在全国首创普惠性"科技创新券"制度。创新券是指政府按照财政资金的数量制成一定面额的创新券，由有创新需求的中小企业直接提出申请，管理部门一般按照先到先得或随机分配的方式向这些企业发放创新券，企业用创新券向特定研发机构购买科研服务，服务完成后科研机构或科研人员凭创新券及相关材料到财政部门兑现。

创新驱动的核心是人才。近年来，深圳接连出台高层次专业人才"1＋6"政策、引进海外高层次人才"孔雀计划"等，通过创新科技人才选拔和管理模式，大力引进人才；面向全球引进优质教育资源，推进高等教育开放式跨越发展，构筑人才培养平台；大力优化人才使用环境。

深圳强调充分发挥专家、专业机构在科技计划项目管理中的作用，逐步建立起依托专业机构管理科技项目的制度。《中国城市创新竞争力报告（2018）》显示，2017 年 1—8 月，深圳市科创委已对 4349 个征集项目进行选题评审，678 个生命科学领域的基础研究类项目成果委托广东省技术经济研究发展中心组织专家进行评审，回避"近亲"评审可能带来的问题。

（三）重视源头创新，发挥新兴产业和前沿科技的引领作用

《深圳市 2019 年国民经济和社会发展统计公报》显示，2019 年，深圳全年战略性新兴产业增加值合计 10155.51 亿元，比上年增长 8.8%，占地区生产总值的比重为 37.7%。深圳已成为国内战略性新兴产业规模最大、集聚性最强的城市。

深圳已经成为虚拟现实产业标准的制定者。在 2016 年电气和电子工程师协会-标准协会（IEEE-SA）理事会议上，深圳提交的 5 项国际标准提案获准正式立项，这是该领域首次由中国企业主导国际标准的制定。在超材料、虚拟现实、无人机、人工智能等未来产业领域，深圳企业均在国际标准制定中扮演着重要角色。

目前，深圳已形成梯次创新企业链，一批具有国际竞争力的创新型龙头企业迅速崛起，华为、中兴分别成为全球最大和第四大通信设备制造商；腾讯成为全球十大互联网公司之一；比亚迪成为全球第三大新能源汽车企业；研祥智能是全球第三大特种计算机研发制造商。同时，高成长性的创新型中小企业不断涌现，大疆产品占全球消费级无人机市场 80% 的份额，在全球民用无人机企业中排名第

一；优必选成为全球领先的人工智能和人形机器人企业；超多维为国内最大的裸眼 3D 技术提供商……

深圳重视以源头创新为核心的基础研究，不断推出重大科学项目和科技专项计划，相继规划建设了十大诺贝尔奖科学家实验室、海外创新中心、基础研究机构等，全市科技基础设施演变为集群化态势。其中，格拉布斯研究院、中村修二激光照明实验室等 5 家诺奖实验室已挂牌成立，7 家深圳市海外创新中心正式授牌[①]。

深圳市政府咬定青山、奋发有为的态度，在全社会形成了科技优先、创新光荣的良好氛围，对企业科技创新形成了有力的外部推动和外部引导，使一些企业失去了小富即安、守成求稳的空间，投入到创新发展的大潮流中。

深圳科技创新强调市场机制的作用，以产业具体需求为应用场景，坚持问题导向，使产业与科研形成了相互依托、共同成长的良好局面。深圳在应用型科研上需求大、层次高、成就突出，与基础科研形成了一定的落差。过于强调科技创新的市场化，对科研领域的均衡发展、科研和产业发展后劲的培育都可能产生一定的不利影响，应得到足够的重视。

深圳的科技创新，为粤港澳大湾区其他地区的发展提供了良好的示范。同时，由于深圳产业升级进展迅速，结构优化进程也相应加快，部分产业形成外溢，这就给临近的周边地区特别是处在下一个梯度的珠江西岸地区提供了实现联动的机遇。主要机遇集中在两个领域：一是承接梯度转移，为深圳外溢产能创造良好的条件，特别是相匹配的科技、人才政策环境；二是有目的、有计划、有选择地借力深圳的外溢效应，加快提升原有产业结构。

以深圳为代表的中国前沿科技发展势头迅猛，有助于粤港澳大湾区乃至全中国在"一带一路"建设中打破西方科技垄断，抢占全球产业价值链的顶端和高端，以先进产能的输出，戳破西方强加于中国

---

① 杨勇、闻坤：《打造全球领先的创新之城——深圳全力推进以科技创新为核心的全面创新》，《深圳特区报》2017 年 11 月 7 日。

的以落后产能攫取他国资源的谎言，真诚服务于"一带一路"沿线国家人民，为人类命运共同体建设贡献力量。

三、广州的战略协调中心功能定位

（一）广州功能定位确立的经济和政治要素

依照《规划纲要》，广州将充分发挥作为国家中心城市和综合性门户城市的引领作用，全面增强国际商贸中心、综合交通枢纽功能，培育提升科技教育文化中心功能，着力建设国际大都市。综合广州主要的资源禀赋特征，广州在粤港澳大湾区建设中的核心价值可以概括为战略协调中心。

在中共广州市委十一届五次全会上，时任广州市委书记张硕辅强调，广州要着力形成全面开放新格局，提升粤港澳大湾区核心增长极功能，建设"一带一路"重要枢纽城市，支撑带动全省"一核一带一区"建设，增强国际贸易中心功能，建设国际交往中心。着力优化枢纽型网络城市格局，坚持规划引领，强化国际航运、航空和科技创新枢纽能级，提升国际综合交通枢纽和信息枢纽功能，高水平建设南沙城市副中心。作为国家中心城市和综合性门户城市，同时也是广东省委、省政府（承担《规划纲要》实施主体责任）的所在地，广州负有无可替代的粤港澳大湾区区域发展整体协调的职能。

与粤港澳大湾区其他城市相比，广州发挥区域战略协调中心作用具有巨大的经济体量。国家统计局数据显示，2019年广州地区生产总值为23628.6亿元，虽然略低于大湾区的另外两个城市深圳（26927.09亿元）和香港（世界经济信息网数据显示，2019年香港地区生产总值为3583.06亿美元，约为25009.76亿元人民币），但仍然是我国内地位列第四的城市经济体。此外，广州的特殊政治地位，使得许多中央直属企业的区域总部以及广东省属大型国有企业、大型跨国企业、三资企业、民营企业等选择将总部设在广州，例如以中国工商银行为首的四大国有银行、中国人寿、南方电网、中国石油、中国海洋石油总公司、中建、中铁、广州本田汽车有限公司、广州医药集团有限公司、丰田汽车、摩根士丹利、家乐福、宝洁、香港和记黄埔等。这一豪华阵容强化了广州的经济中枢地位。无论宏观层面还是微观层面，许多决定本区域产业格局和走向的重大战略决策都出自广州。因此，广州应以广佛一体化为契机，积极构筑更大的一体化格局，对发展极城市提供更为高效、更加合理的支撑。

与粤港澳大湾区其他城市相比，广州发挥区域战略协调中心作用具有重要的政治地位。广东省委改革办专职副主任莫晓春在 2020 年 10 月召开的广州深圳"双城联动"论坛的主题发言中说，（广东省）将积极支持广州改革系统集成，以支持深圳同等力度支持广州，推动省直部门将赋予深圳的省级管理权限依法赋予广州[①]。广州和深圳同为副省级城市，但广州是广东省的政治中心，这就使得广州在政策推动和政策获利方面占据着明显的优势。正因为如此，广州应在很多方面发挥其政治优势，积极探索推动政策创新，为大湾区建设不断注入政策红利。例如，率先在南沙自贸试验片区探索更大的政策灵活性和开放度，为域内其他自贸试验片区树立标杆等。

（二）广州功能定位确立的地理、文化和产业要素

广州位于大湾区几何中心地带，既深入内陆，又有南沙临海区域，并且横向连接珠江口东西两个片区。广州在很大程度上发挥着大湾区交通物流枢纽的作用。广州应跳出以本市为中心的思维模式，以大湾区为背景谋篇布局，加大交通物流基础设施建设力度，为大湾区内的要素流动创造更好的条件。结合域内经济核心区城市的需要，通过创新，积极推进组合要素和半成品要素的生产和提供，力争突破要素流动的传统方式，极大地提高要素整合的效率。例如，可以结合一线需要，总结各地技术创新攻关的共性需求，集中力量攻克相关技术的基础理论难题，从而为应用科技研发和企业创新扫清障碍。

---

① 2020 年 10 月 23 日"南方 Plus 客户端"报道。

广州无可争议地是广东省乃至岭南的文化中心。相比于深圳，广州有悠久的文化积淀，集中了优秀的文化教育资源。广州应打好"文化牌"，积极牵头推动域内文化教育的交流，以自身文化资源之所长，补大湾区新兴城市文化资源之所短，强化域内全体人民的文化认同感和凝聚力，为提高人民群众精神生活水平、提升人民群众获得感和幸福感做出应有的贡献。

广州的产业结构有以下几个特点：

一是结构相对完整，门类齐全，优势领域突出。广州既有海洋经济特色，又有内陆经济传统；既有雄厚的制造业基础，又有良好的服务业体系，科技、金融产业也相当发达。

二是基础科研力量比较强。广州拥有众多科研领域的"国家队"和研究型大学。在科技创新研发领域，深圳由于靠近产业第一线，应用型研发优势明显。北京、上海国字号科研机构密集，科研基础设施强，科研队伍水平高，因而基础科研实力雄厚。广州介于两者之间，优势在于应用型基础科研领域。广州市政府清醒地认识到这一点，积极推动科研资源优化整合，着力打造应用型科研平台。例如，作为南沙自贸区科技领域的粤港澳合作重点项目，南方海洋科学与工程广东省实验室（广州）（简称"广州海洋实验室"）于 2020 年 3 月 9 日正式动工。广州海洋实验室将依托天然气水合物钻采船、冷泉生态系统等国家大科学装置，聚焦 8 大海洋科学前沿基础研究、7 大海洋高新技术研发，建设 6 大创新支撑平台，打造 5 个产业孵化中心[①]。凭借着类似于广州海洋实验室的科研项目，广州市成功地树立了具有地域特色的科研优势，把一部分原本来自产业一线的、北上投奔国家队的应用基础科研需求留在了广州；同时把北京国家队基础科研成果向应用领域转化的需求引入了广州，既为上下游两端提供了便利，又为广州奠定了应用型基础科研的优势地位，从而为广东省的发展和粤港澳大湾区的建设建立了有利的科技支撑。

---

① 董晓妍、余丽颖：《总投资约 40 亿元 广州海洋实验室有望成为大湾区海洋科研新地标》，《南方都市报》2020 年 3 月 13 日。

三是商贸服务业发达。广交会历来是中国对外贸易与投资的重要窗口，是世界上规模最大的商品和服务交易会，是中国改革开放的重要象征。广州金融保险、交通运输、现代物流、商务会展、中介服务、文化教育等现代服务业发达，形成了以现代服务业为主的产业结构。

四是三次产业分布合理。2019年，广州市实现地区生产总值23628.60亿元，按可比价格计算，比上年增长6.8%。其中，第一产业增加值251.37亿元，比上年增长3.9%；第二产业增加值6454.00亿元，比上年增长5.5%；第三产业增加值16923.23亿元，比上年增长7.5%。第一、第二、第三产业增加值的比例为1.06∶27.32∶71.62。第三产业对经济增长的贡献率为73.7%。第三产业已成为拉动广州经济发展的重要支柱。对比国内其他主要城市，广州第三产业占地区总产值的比重，仅次于北京和上海，在主要城市中居第三位[①]。

《广东省参与建设"一带一路"的实施方案》提出将广东打造成为"一带一路"的战略枢纽、经贸合作中心，广州市作为粤港澳大湾区战略协调中心，必将发挥上述优势地位，为广东省参与"一带一路"建设、为大湾区更好地发挥"一带一路"建设所赋予的职能做出重要贡献。

四、澳门的休闲娱乐康养中心与合作平台功能定位

（一）国际休闲娱乐康养中心功能

依照《规划纲要》，澳门的主要目标是建设世界旅游休闲中心、中国与葡语国家商贸合作服务平台，促进经济适度多元发展。其核

[①] 《2019年广州市国民经济和社会发展统计公报》，广州市统计局、国家统计局广州调查队于2020年3月6日发布。

心包括世界旅游休闲中心、中国与葡语国家商贸合作服务平台两个方面。同时，作为"一带一路"建设布局的重要节点，以具有特色的休闲娱乐为吸引，有利于澳门充分利用跨文化国际交流平台的地位，为实现"民心相通"发挥重要作用。

大湾区城市定位将澳门定位为国际休闲娱乐中心，与澳门博彩业的高度发达有比较直接的关系。澳门博彩业的兴起、发展和繁荣是香港和澳门在历史进程中形成分工的结果。1553 年，葡萄牙人借口晾晒失事船舶上的货物开始在澳门居住，成为首批进入中国的欧洲人。英国侵占香港后，由于香港的地域面积和港口条件均远远好于澳门，从而逐渐取代了澳门，成为世界航运、金融和贸易中心。澳门实体产业发展的空间很小，因此很早就出现了博彩业。葡萄牙政府早在 1847 年就将澳门博彩业正式合法化，博彩业很快成长为澳门的支柱性产业。1930 年澳门开启博彩专营权时代，2002 年澳门特区政府开放赌权，博彩业也在竞争中快速发展，至 2006 年，澳门博彩业收入首度超越美国拉斯维加斯，成为世界第一。2018 年博彩业在澳门产业结构中占比达 50.5%。

博彩业的繁荣发展给澳门经济带来了巨大收益，推动了澳门其他产业，尤其是博彩业相关产业的发展。博彩业带来的客流量与当地旅游产业形成良性互动，带动了地产业、酒店业、金融业、餐饮服务业等业态的发展。2019 年澳门本地生产总值为 4347 亿澳门元，人均地区生产总值为 645438 澳门元（约合 79977 美元），排名世界第二位。澳门经济受博彩业影响比较直接，澳门特别行政区政府统计暨普查局的统计结果显示，2019 年澳门经济主要受投资及服务出口下跌拖累，全年经济同比实质收缩 4.7%。虽然入境旅客人次上升，但总消费在下跌。其中，博彩业服务出口及其他旅游服务出口分别下跌 4.0% 及 5.7%；货物出口下跌 8.3%[①]。时任澳门特别行政区政府经济财政司司长梁维特说，要更多地拓展中层消费人群，增加旅游

---

① 王晨曦：《2019 年澳门经济实质收缩 4.7%》，新华社，2020 年 2 月 29 日，https://baijiahao. baidu. com/s?id = 16598788908844454393&wfr = spider&for = pc。

产业中的非博彩元素。内地中产阶级是一个非常庞大的群体，澳门应致力于让他们到澳门，发现澳门的其他元素，包括家庭娱乐、文化、艺术等，改变澳门传统形象，做到同一个澳门，不一样的感受，不一样的经验。

2011年3月6日，《粤澳合作框架协议》签署。其中"粤澳合作中医药科技产业园"作为第一个落地项目落户横琴。其后，粤港澳大湾区建设领导小组第一次会议明确提出，支持澳门建设中医药科技产业发展平台。澳门拥有我国在中医药领域唯一的国家重点实验室，具备中医药科研和成果转化的雄厚实力。以横琴粤澳合作中医药科技产业园为契机，积极发展以中医药为引导的大健康产业，推动中医药、保健品、医疗器械、医疗服务、康养服务以及生物医药等领域发展，是澳门的一个重要选项。大力推进中医药走出去，在产业园的牵线搭桥、协调推动下，以岭药业的连花清瘟胶囊和澳门张权破痛油中药厂的张权破痛油已走进非洲莫桑比克等国际市场。产业园中医药海外推广的成功模式，可以简要概括为"以点带面"和"以医带药"。澳门还可借助中医药优势推进康养旅游业发展。如，向横琴开拓打造融合澳门文化、适合澳门居民居住、迎合澳门居民医疗健康需求的保健、养老与休闲结合的旅游项目，开放澳门高端医疗资源准入，为消费者创造更好的医养条件等。

在传统旅游业创新发展方面，可以深化滨海、海岛、游艇和邮轮旅游。广东省2017年试行粤港澳游艇自由行，明确支持横琴创新港澳游艇出入境管理模式，允许港澳游艇在横琴停靠，支持横琴依法开辟国际、国内航线。澳门和横琴应进一步加强协同，优势互补，共同发展。发挥澳门拥有全球收入第一的博彩业龙头产业作用，积极利用博彩业带来的客流量，利用横琴的生态环境优势，以珠海长隆国际海洋度假区为载体，带动优质旅游资源聚集，创新发展休闲旅游、康养产业等，共同打造互联互通的旅游产品，创造具有世界影响力的、共同的文化旅游品牌。

2015年11月签署的《内地与澳门CEPA服务贸易协议》是首个内地以准入前国民待遇加负面清单方式全面开放服务贸易领域的自由

贸易协议，标志着内地与澳门基本实现服务贸易自由化。澳门应借助政策优势，把合作范围扩大到内地全境，以获得最大限度的政策红利。

（二）中国与葡语国家商贸合作服务平台功能

目前，全球大约有 2.6 亿人说葡萄牙语。葡萄牙语在全世界使用人数最多的语言中排名第七。有 8 个国家以及中国澳门地区（68 万人口）把葡语作为官方语言。这 8 个国家分别是：安哥拉（3080 万人口）、巴西（2.1 亿人口）、佛得角（54 万人口）、几内亚比绍（187 万人口）、莫桑比克（2950 万人口）、葡萄牙（1028 万人口）、圣多美和普林西比（21 万人口）、东帝汶（127 万人口）。

葡语国家和地区覆盖欧、亚、非和南美洲，包括重要的金砖国家巴西、欧盟成员国葡萄牙以及中国最重要的能源合作伙伴之一安哥拉，对中国全球化发展、"一带一路"建设、能源安全乃至地缘政治战略都有着十分重要的意义。中国政府历来重视与葡语国家的关系，发挥澳门属于葡语地区这一特殊地位的作用，是我国长期以来所致力的重要工作。特别是近年来，澳门作为中国与葡语国家商贸合作服务平台的作用不断加强。中葡合作平台旗下设立的中葡中小企业商贸服务中心、葡语国家食品集散中心和中葡经贸合作会展中心的建设工作不断取得进展。这 3 个中心作为实体平台，为葡语国家企业和社会提供顾问咨询、商业配对等服务。澳门—葡语国家经贸合作及人才信息网服务平台，强化澳门作为经贸服务平台功能，提供中国与葡语国家经贸及营商法规、中葡双语人才及专业机构、葡语国家食品、中国与葡语国家主要会展资讯等信息[1]。

2003 年中国—葡语国家经贸合作论坛在澳门创立后，澳门联系中国与葡语国家商贸合作服务平台的作用逐步提升，近 20 年来取得

---

[1] 郭军：《澳门建设中葡商贸合作服务平台取得阶段性进展》，中国日报网，2016 年 12 月 2 日，http://caijing.chinadaliy.com.cn/finance/2016 - 12/02/content.27554761.htm。

不少突破性进展，包括建立了中葡合作机制、中葡合作发展基金等。在 2016 年 10 月 11—12 日于澳门举行的中国—葡语国家经贸合作论坛上，中国政府宣布了针对葡语国家的 18 项新举措，涵盖产能合作、发展合作、人文合作、海洋合作以及深化澳门平台作用等。

目前，中葡合作发展基金规模已经超过 10 亿美元，基本具备了在中葡经贸合作中发挥更大作用的能力。为加强澳门与葡语国家企业和相关机构的联系、鼓励更多澳门企业利用该基金开拓葡语国家市场、支持澳门建设中葡商贸合作服务平台提供了金融支持。为更好地协助澳门企业打开内地市场，建设好向内地企业推介以澳门为桥梁的国际市场的商贸服务平台，澳门特区政府先后在浙江杭州、四川成都、辽宁沈阳、福建福州、湖北武汉和广东广州等地设立联络处或代表处，服务范围覆盖内地 31 个省（区、市）。

"一带一路"建设注重联通中国与世界，是中国的重要布局，大部分葡语国家都属于发展中国家，是中国人民团结和争取的重要对象，澳门葡语地区的独特优势有利于这一目标的实现。

第三节 "一带一路"背景下
大湾区各城市的协同发展

一、香港和深圳、澳门和珠海的协同发展

（一）香港和深圳的协同发展

港深关系的历史，是 40 多年改革开放历史的浓缩。中国改革开放之初选择深圳作为首批经济特区之一，重要的考量之一就是就近借重香港地位、学习香港经验、探索中国特色社会主义市场经济发展道路。当年邓小平认定深圳的改革开放是成功的，彼时香港尚未实现回归，深圳刚刚起步体量尚小，因此这一判断是基于内地立场的。如今，深圳以地区生产总值衡量的经济体量已经超越香港，香港也早已于 1997 年回归祖国，因此在讨论中国的改革开放能否从成功走向更大的成功时，必须增添一个香港立场（包括澳门立场，另议）。也就是说，只有香港和深圳共同成功，才能下成功的结论。现在与早期情形最大的不同之处在于，当年深圳之于香港是学生和老师的关系，深圳主要通过向香港输出价值（学费），换取急需的资金、技术、管理经验、市场渠道等生产要素。香港的所得在于获得了更大的发展空间、廉价的劳动力和其他生产资料。这一阶段，双方互有需求，各取所需，具有明确的互补性和互利性。而且在内地开放之初，由于境内外发展水平差距巨大，溃坝效应明显，在遍地黄金的大环境下，双方的粗放式合作掩盖了许多潜在的问题。而近 10 年来，随着深圳的迅速发展，港深之间的差距逐渐缩小，形成了既相

互依赖，又相互竞争，而且竞争烈度快速上升的关系。因此，在大湾区背景下对成功与否的判断，应该转向考察双方能否通过差异化战略定位、合理的分工与合作，确保共同利益最大化和竞争关系良性化。

要发挥大湾区发展极的作用，必须实现港深优势互补。为此，主要应从以下几个方面考虑。

第一，港深各有侧重、优势互补。

《规划纲要》为香港城市功能设定了两个具有全局意义的主要方向：一是国际金融中心，二是国际航运中心。同时为深圳城市功能设定了一个具有全局意义的主要方向，就是科技研发创新中心。这一设定在经济学上的深层次解读，就是在香港和深圳两个经济体之间，从普遍意义上来说，要想培育同等量级的金融和航运生产力，在香港的投入成本会更低，效率会更高；要想培育同等量级的科技研发生产力，在深圳的投入成本会更低，效率会更高。假定这一设定是正确的，那么以大湾区整体作为利益最大化的考量对象，就必须协调包括深港在内的区域内各个成员城市，在上述两个领域里最大限度地让渡金融航运相关生产要素给香港，让渡科技研发相关生产要素给深圳，以避免不必要的内部竞争。

通过降低在大湾区内部竞争中的内耗，提高香港和深圳在外部竞争中的实力。作为回馈，香港和深圳应在大湾区其他 10 个城市各自具有明显竞争优势的领域内，合理让渡要素给对方。如此，大湾区的总体利益将会实现最大化。需要特别说明的是，所谓要素让渡，并非出让方无条件地出让，受让方无条件地获得，而是在城际和大湾区整体综合效益最大化的目标下，建立一整套政策体系和政绩考评标准，寻求一种城市区域间的总体平衡。

此外，由香港的特殊地位及其与内地体制机制的差异所决定，内地向香港的让渡应由政府倡导，同时具备一定的刚性约束力，而香港向内地的让渡则应更多地遵循市场导向的原则，辅以适当的政策协调。带着这样的结论，回看港深合作的相关内容就会发现，有做得很好的部分，也存在许多不足。

第二，港深在科技研发方面的分工合作总体表现较好。

深圳在应用型科技研发、产业化以及高端制造领域不仅成功学习了香港经验，而且吸纳了人才和技术，基本形成了具有深圳特色的世界级的科技高地。深圳在这一领域的成就，得益于其多年发展累积的产业基础。研发特别是高端前沿的应用型研发，通常会带有问题导向的属性，没有相应的产业存在，就不会有实践中相关问题的产生和解决问题的需求。反过来，研发成果离开了体系化的产业基础，也就找不到合适的应用场景，更谈不上广泛的推广和应用。也就是说，深圳获得这样的竞争优势有其深刻的合理性和必然性。香港由于土地等生产要素昂贵，许多产业陆续迁入深圳和内地其他地区。香港产业基础对高端研发的支撑弱化，导致香港许多高等院校和科研机构的力量向深圳转移，客观上支持了深圳作为科技研发中心的地位。

香港在科技领域仍具有强大的实力。人力资本是创新及科技领域的一个基本元素，香港的大学在"QS 世界大学排名"及"泰晤士高等教育世界大学排名"中都有相当不错的成绩，在科学及工程学科方面尤其优秀，为培育香港科技创新人才发挥了重要作用。在研究方面，大学内部的研发支出及研发人员数量均呈上升趋势。此外，越来越多的研究项目可成功转化为商业产品，成为与业界合作的项目，或是以其他形式为社会与经济做出贡献。根据香港投资推广署 2019 年的科技类初创企业调查结果，约 34% 的受访初创企业由非本地人创办。此外，一些受中国内地市场吸引的跨国企业也把研发部门设于香港，原因是海外研发人才较易适应在港生活和工作，而在内地则较难适应。在 2019 年全球创新指数的基础设施排名中，香港在 129个经济体中名列第 4。香港特区政府于 1998 年公布资讯科技发展蓝图，并据此投资发展各项必要的基础设施，包括注资 50 亿港元成立创新及科技基金，创办由政府资助的香港应用科技研究院，建立香港科学园、数码港及 5 所研发中心。据估算，目前香港的大学每年发表约 250 篇具有较高影响力的生物医学论文。此外，香港对国际大规模基因工程项目，以及在确认和定性非典型性肺炎、禽流感等新型传染病方面，都做出了重大科学贡献。

港深在科技方面的合作形势喜人。2017年1月，香港和深圳签署《关于港深推进落马洲河套地区共同发展的合作备忘录》。据此，双方将在占地87公顷的河套地区共同发展港深创新及科技园，预期会吸引港深两地及其他国内外顶尖企业、研发机构和高等院校进驻，并将发展为重点创新科技研究合作基地。广深港科技集群（由广州、深圳、香港的创新及科技业组成）是亚洲一个战略性商业平台及科技交易市场，根据2020年全球创新指数，该集群是世界第二大科技集群①。

第三，摆正港深在金融业方面的地位。

改革开放以来，深圳金融业从零开始，依托外贸金融、政策支持、金融创新、机构积聚、资本市场体系建设、完善金融监管、跨区跨境要素融合等，实现了从量到质的飞跃，基本建成了机构种类较为齐全、服务功能比较完善、对外开放程度较高、金融监管比较规范、具有可持续发展能力的现代金融体系，并成为全国乃至亚太地区重要的金融中心。2019年第26期全球金融中心指数报告（GFCI 26）显示，全球前十大金融中心排名依次为：纽约、伦敦、香港、新加坡、上海、东京、北京、迪拜、深圳、悉尼。这说明深圳在金融领域取得了令人瞩目的成绩。

然而，一种看法认为，深圳将会在不久的将来替代香港的国际金融中心地位。在一份金融产业扩张计划里，深圳也一口气提出了24条金融政策扩权要求，其中包括要求放宽经常项目下外汇出入境监管、资本项目下允许在香港销售以人民币计价的金融产品、扩大深港澳三地基金互认范围至深圳具有优势的领域。尽管深圳地区生产总值已经超越了香港，但在过去的13年里，香港作为"资本跳板"的地位却丝毫没有下降，内地从香港引入的外资常年稳定在50%以上。从全球金融中心指数排名来看，深圳排名第9，而香港的排名仍雄踞

---

① 《香港创新及科技业概况》，香港贸易发展局经贸研究网，2021年3月12日，https://research.hktdc.com/sc/article/MzEzOTIwMDIy。

全球第 3，便是明证。应该看到，深圳金融业的发展在很大程度上得益于香港世界金融中心的辐射作用。深圳在统计学意义上的金融成就，有相当大的比重是在深圳从业的香港金融机构所做出的贡献。虽然深圳为满足自身发展需要而大力促进金融业发展完全是题中应有之义，但还是应建立在自觉服从大湾区基本定位的基础上，处理好深港之间的关系，实现深港在金融业范围内的错位发展。

第四，港深有必要加强在金融科技交叉领域的合作。

泛而言之的金融产业具有全球性、工具性、普适性和同质化的属性，金融的全部价值归根结底都来自它与具体产业、具体项目和具体应用场景的结合。金融体系的上层建筑完全由应用层面的经济基础所决定，任何脱离应用需求奢谈金融中心地位的想法如果付诸实施，都将扭曲金融作为重要生产要素的配置，也必将受到经济规律的惩罚。鉴于香港实体制造业已经大规模向内地转移，香港金融业实际上已经越来越依赖内地实业所提供的应用场景。

目前，深圳金融科技头部企业大多集中在互联网应用、人工智能、大数据等应用科技领域。这就说明深圳在金融发展的思路上正在回归理性和正途，试图发挥科技创新领域优势，让科技与金融相互促进、融合发展。

香港特区政府在 2017 年施政报告中宣布进一步加强对创新科技领域的投资，计划在 5 年内把本地研发总开支在本地生产总值中的占比提升 1 倍，由 0.73% 增加至 1.5%。香港作为国际金融中心，资讯及通信科技领域发展成熟，加上拥有日益有利于初创企业的生态系统，本地金融科技行业近年大幅增长。香港的金融科技初创企业增长迅速，由 2016 年的 138 家增至 2019 年的 456 家。在德勤（Deloitte）发表的《连接全球金融科技：2017 年全球金融科技中心报告》中，香港名列全球最重要金融科技中心第 6 位。目前全球百大金融科技公司中，有 48 家在港营运。香港成为金融科技公司的理想营运地点，其最具影响力的优势领域集中在生物医药、新材料、光纤和超声传输等。在港深双方都具有优势的机器人技术、大数据等领域，双方通过设立高新技术园区、联合实验室等方式，开展了广泛的合作。

以上情形说明香港与深圳积极谋求在金融领域的错位发展，而错位发展的着眼点就是紧紧抓住双方产业结构错位这一特征，认认真真地做好金融工具运用的工作。因为只有在这样的基础上，才谈得上大湾区的金融业上层建筑顶层设计。

第五，认清和解决港深在航运领域的分工合作暴露出的问题。

与金融领域不同，航运具有较强的资产属性、实体性和在地性，港口与货源具有极高的关联性。由于香港制造业已陆续向内地转移，货源地逐渐向内地集中，因此，按照供需关系的要求，内地海运港口建设和发展速度加快。深圳港、广州港、东莞港、佛山港、中山港、江门港、珠海港等港口集群密集分布在珠江口区域，在便利货物运输的同时，也使得货源分散化、港口业务去中心化，使得大湾区内海运港口业务量呈现出内地持续增长、香港持续下滑的局面。与内地相比，在航运业的港、船、货三大要素中，香港在港口端处于弱势，但在船与货两端仍具有较强的竞争力。其中发挥决定性作用的仍然是香港航运业与国际航运业以英美法系为基础的特点相吻合这一特殊优势。

当前，如何在航运领域中明确港深细分优势，加大香港立场在综合平衡中的话语权权重，尽快明确港深功能定位，减少不必要的竞争，对大湾区全局而言都是至关重要的。其中最关键的一点，是要摆正在大湾区背景下深圳海洋中心城市与香港国际航运中心地位的关系。

第六，香港在深圳建设全球海洋中心城市中应有的地位和作用。

为响应党的十九大提出的坚持陆海统筹，加快建设海洋强国，以"一带一路"建设为重点，形成全面开放新格局的号召，深圳市委市政府于2018年9月通过了《关于勇当海洋强国尖兵 加快建设全球海洋中心城市的决定》，规划了深圳建设全球海洋中心城市的未来目标：到2035年，重点提升在亚太地区海洋领域的影响力，基本建成全球海洋中心城市。到本世纪中叶，实现海洋发展达到全球一流水平，全面建成全球海洋中心城市，成为彰显海洋综合实力和全球影响力的先锋。在这一大战略要求下，海洋相关产业，特别是与"一带一路"的通达要求相关的航运业被提升到前所未有的高度，一系列涉及航运业的举措被陆续推出。

2017年，"中国前海"和"中国深圳"船籍港正式获得交通运输部批复设立。以"中国前海"为载体的国际船舶登记制度创新，目的是探索配套开展国际航运税收、融资租赁和各类金融业务，使前海蛇口自贸片区成为各类航运要素聚集、服务辐射效应显著、参与全球资源配置的南方航运中心、国际物流中心和国际航运融资中心。就其设定的目标来看，主要是吸引中资方便旗船舶回归。目前，中资船舶悬挂方便旗的数量超过70%，其中相当一部分是在香港注册、挂香港旗的。按照国际惯例，船舶无论出资方为谁，均以注册港所在国家或地区的法律为遵循，服从所在地海事管理机构的管理，依法向所在地缴纳税收和费用。深圳吸引方便旗船舶回归，就需要在现行税收法规的基础上对税率进行特别调整，而这种操作在客观上会与香港形成竞争，削弱香港在船、货方面的竞争优势。如果能够进行换位思考，鼓励中资船舶在香港注册，支持香港做大船籍港功能，一则可以使香港在注册费、管理费和税收方面获益；二则发挥了香港船运管理和海事法律事务方面的优势；三则避免了内部竞争，促进了大湾区整体在航运领域的利益最大化；四则考虑到国际关系发展变化可能带来的影响，为一些国家可能针对中国籍船舶的限制打压预留了回旋的空间。以上应该纳入思考范围，进行全方位利弊权衡，谋定而后动。

事实上，前海已经积极与香港携手，共同打造在全球有重要地位和影响力的深港国际自由贸易港，为国家海洋强国战略和"一带一路"建设做出贡献。在航运领域，深港各具优势，合作空间巨大。深圳世界海洋中心城市建设，离不开香港的支持与配合，也离不开大湾区其他城市的协同合作，应成为以深圳为主体责任方、由深港和整个大湾区共同承担的光荣使命。

（二）澳门和珠海的协同发展

澳门经济具有鲜明特色，旅游、休闲、中医药等服务业占比较高，人均地区生产总值位于世界前列。澳门经济同时也呈现出博彩业一家独大、经济结构单一的特点。与珠三角其他主要城市相比，珠海的经济体量不大，2019年地区生产总值约为3436亿元。与澳门相比，珠海的实体经济相对比较发达，形成了澳珠服务业 vs 实体经济的大致格局。港珠澳大桥通车，为珠江两岸互联互通创造了更好的条件，为珠海与澳门的合作增加了香港的元素，使澳门作为单一经济体体量不足的问题得到了很大的改善，同时也为港澳合作打开了方便之门。

支持澳门经济适度多元发展是深化粤澳合作的重点。根据《粤澳合作框架协议》2020年重点工作安排，粤澳双方将加快推动在珠海横琴设立粤澳深度合作区，在体制机制、先行政策、合作平台等方面支持澳门经济适度多元发展。国务院正式批复后，国家发改委正式印发《横琴国际休闲旅游岛建设方案》，主导思想体现为既发挥澳门服务业优势，又平衡澳门博彩业占比过高的结构性问题，同时解决澳门发展空间的严重制约问题。在实体产业方面，发挥澳门高校科研优势，结合珠海实体经济发展需求，努力推动澳珠科技研发和产业化合作。澳门4所国家重点实验室在珠海横琴设立分部，共建国际科技创新中心。

澳珠合作从一开始就表现出极强的务实性。依照广东省人民政府和澳门特别行政区政府签订于2011年3月6日的《粤澳合作框架协议》，每年都会由双方议定当年的工作任务，由珠海市根据广东省公布的重点任务进行梳理，列出工作任务一览表，组织指导下属各单位各部门落实。2020年的重点工作共提出了粤澳合作的8大方面73项具体措施。主要包括加快推动在横琴设立粤澳深度合作区，构建粤澳共商共建共管的体制机制，探索更加灵活、开放的合作方式，促进粤澳两地人员和经济便利往来。推动在横琴先行先试实施货物便利通关政策。加快推动澳门中医药产业发展在横琴先行先试政策落地。促进跨境商贸产业合作，推动建设港澳物流园，联手打造中拉经贸合作平台。推进粤澳跨境金融合作(珠海)示范区建设,促进粤澳跨境金融、金融科技的持续发展。

二、广州和佛山以及其他城市的协同发展

(一)广州和佛山的协同发展

广州—佛山是《规划纲要》确定的粤港澳大湾区三大极点之一。广佛同城化的建设,对于大湾区的发展有着重要意义。《中共广东省委 广东省人民政府关于贯彻落实〈粤港澳大湾区发展规划纲要〉的实施意见》(简称《实施意见》)提出,广东省要加快广佛同城化发展,形成一批具有全球影响力的枢纽型基础设施、世界级产业集群和开放合作高端平台,建成具有全球影响力的现代产业基地,打造服务全国、面向全球的国际大都市区。

在《规划纲要》重点提及的港深创新及科技园、中新广州知识城、南沙庆盛科技创新产业基地及横琴粤澳合作中医药科技产业园四个重大战略布局项目中,广州独占两席,表明中央对广州在大湾区科技产业领域的领军地位寄予厚望。根据《实施意见》,广州将发挥其在科技型制造业领域和进出口商贸方面的优势,带动周边地区协同发展。为此,广州市制定的发展目标是,到 2025 年成为珠三角智能制造生产和服务中心。国家中心城市地位进一步增强。形成汽车、石化、电子信息、工业机器人与智能装备、生物医药、新材料等 6 大产值超千亿级,轨道交通、船舶海洋装备、电气楼宇装备等 3 大产值超 500 亿级,新一代信息技术、3D 打印、工业大数据、智能物流、网络制造等若干新兴骨干产业组成的"四梁八柱"产业支撑体系。

目前,广州已发展成为华南地区工业门类最齐全的城市,拥有全国 41 个工业行业大类中的 35 个[①]。但经济发展"大而不强"的问题也

---

① 罗艾桦:《广州:以开放促发展 向开放要活力》,《人民日报》2018 年 10 月 21 日。

困扰着广州。广州明显遇到了制造业发展的瓶颈。主要体现为：一是动力不足。规模以上工业总产值增速有所回落，工业增长已显疲态，2015年前三季度35个工业行业中有10个行业产值下降，30家工业龙头企业有10家产值下降。1—7月，规模以上工业企业实现利润总额同比下降4.2%，企业亏损面为23.17%[①]。制造业整体过度依赖投资驱动。近几年全市工业投资持续低迷，行业龙头企业和新增制造业大项目较少。二是结构落后。节能减排成为硬性指标，劳动力、土地、原材料等价格持续上涨，生产要素成本加大。部分行业不能及时适应新时代要求，成本失控，难以为继；部分行业产能过剩，销路变窄。三是创新不够。与北京、深圳等地比较，广州一线产业自主创新能力仍有一定的差距。四是支柱不强。自主品牌少、超大企业少。

党的十八大以来，广州顺应全面开放对发展模式提出的新要求，坚决摆脱片面追求经济高速增长的旧有思维模式和路径依赖，用开放倒逼、提升发展质量，推动经济由高速增长向高质量发展转换。近年来，广州大力推动制造业转型升级，主要采取了以下四个措施。一是通过技术创新提高广州制造业的全球竞争力，发展高端制造业。二是坚持政策创新。通过构建"1+9"等科技创新政策体系，创新能力明显增强，逐步缩小了与北京、上海、深圳等地的差距。三是发挥区位优势。在以广州为核心的粤港澳大湾区科技创新中心，巨大的创新能量产生于科技与制造业的紧密结合，以及由此产生的快速协同效应。四是加大投入。广州不断改善的创新环境正在吸引高端制造业投资与越来越多的研发机构布局。

广州市通过《广州市加快推进数字新基建发展三年行动计划（2020—2022年）》，推出数字新基建40条，聚焦5G、人工智能、工业互联网、智慧充电基础设施四大领域开展23项重点任务和17条政策措施。广州定位国际一流水准，打造数字新基建城市典范，目前已经启动建设广州人工智能与数字经济试验区琶洲核心片区。在广

---

① 江传福：《关于广州制造业发展的几点思考》，《广东经济》2016年第1期。

佛一体化推进过程中，广州应针对国际国内需求，发挥对接面宽、引导力强的优势，积极广泛对接佛山和大湾区其他城市需求，牵头制定各种产业创新发展目标，并整合广佛两地资源共同推动区域产业目标实现①。佛山的鲜明特征是制造业发展突出，其产业形态主要集中在陶瓷、家电、纺织服装、家居制品、有色金属、钢铁、涂料和塑料制品等领域，并发展出美的、格兰仕、志高、万和、海天、新明珠等知名企业。同时培育出乐从钢材交易市场、大沥二手货交易市场等覆盖全国、世界知名、规模巨大的特色商品集散交易中心②。佛山 2019 年地区生产总值过万亿元，最大的动力来自以制造业为主的第二产业。2019 年，佛山规上工业增加值约占广东全省的14.2% 。这与佛山坚持把制造业作为立市之本的发展战略紧密相关。佛山计划做大做优装备制造和泛家居 2 个超万亿元的产业集群，推动装备制造产业向自动化、智能化方向提升，并做强做精汽车及新能源、军民融合及电子信息 2 个超 5000 亿元的产业集群，加快推动新能源汽车及零配件制造发展。同时，佛山将加快培育智能制造装备及机器人、新材料、食品饮料、生物医药及大健康 4 个超 3000 亿元的产业集群，尽快形成"2 + 2 + 4"产业发展新格局。2017 年，《国务院办公厅关于批准佛山市城市总体规划的通知》明确，佛山为"珠三角地区西翼经贸中心和综合交通枢纽"。可以预见，佛山将在珠江西岸发挥更大的带动作用。佛山的发展成于制造业，问题也因制造业而生。制造业的一枝独秀，让佛山经济结构的均衡性受到影响。第二产业在该市地区生产总值中的占比长期超过五成。以 2018 年为例，佛山第二产业占比为 56.5% 。同期，多数万亿级城市的第二产业占比低于佛山。其中，郑州、武汉、重庆、天津分别为 43.9% 、43% 、40.9% 、40.5% ，而成都、长沙、杭州等地则低于 40% 。这些城市中，第三产业即服务业的占比则普遍超过 50% 。制造业大而不强、

---

① 江传福：《关于广州制造业发展的几点思考》，《广东经济》2016 年第 1 期。

② 赵越：《2019 年，佛山市 GDP 总值突破万亿元大关，经济综合实力迈上新台阶》，《南方日报》2020 年 1 月 2 日。

多而不精的问题，已经明显影响到佛山整体经济发展的提质增速。如何围绕制造业优势，加速培育高端服务业、生产性服务业，是佛山市面临的当务之急。

根据 2017—2019 年广东省制造业企业 500 强综合排行榜，排在第一梯队的深圳入选企业数量分别为 113 家、143 家、115 家，广州分别为 101 家、96 家、81 家，东莞分别为 47 家、37 家、73 家，佛山分别为 58 家、109 家、65 家。广东省制造业协会、广东省产业发展研究院、广东省社会科学院企业竞争力研究中心共同发布的《2019年广东制造业 500 强企业研究报告》显示，500 强企业营收合计达 4.9 万亿元，比 2018 年增加 18.64%，高于 2019 年中国制造业 500 强的增幅（9.67%）；企业平均营业收入 97.98 亿元，比 2018 年提高 18.52%。

可以看到，大湾区制造业总体活跃，制造业龙头企业在珠三角城市群加速集聚，持续强化对经济的支撑带动作用。各市上榜企业数量起伏较大，除深圳历年均保持第一外，其他几个城市排名几经变动。这一方面说明企业竞争日趋激烈，另一方面也说明大湾区制造业处于大洗牌阶段，旧的格局已经打破，新的格局正在形成。

2016 年 2 月发布的《国务院关于广州市城市总体规划的批复》正式同意了《广州市城市总体规划（2011—2020 年）》。该规划提到："在广佛肇经济圈层面，加快广佛肇经济圈建设，重点推进广佛同城化发展。"2017 年 9 月，广州市政府办公厅发布的《广佛同城化"十三五"发展规划（2016—2020 年）》，是指导"十三五"时期广州佛山同城化发展的纲领性文件。

2016 年 11 月 23 日，广州、佛山两市在广州举行工作交流座谈会，谋划推进更高层次的同城化，联手打造"超级城市"。广州与佛山分别是广东省的第一大城市和第三大城市。目前，广佛接壤边界长约 200 千米，市路网衔接较完善。两市土地总面积 11181 平方千米，占珠三角九市的 34.5%，城市人口 1989.5 万人，占珠三角九市的 38.1%。广佛两市文化同根同源，经济互动频繁，分工协作紧密，产业关联度很强，已经形成了配套完善的产业集群，为同城化发展提供了良好的基础。广佛同城化实现后，以 2019 年统计数据为依据计算，可拥有广东省 500 强企业中的 146 家，显著超过深圳，成为大湾区实力企业最集中的区域，成为世界范围内现代制造业中举足轻重的角色。广佛同城化的意义主要在于以下三点。

一是明确分工定位。《广佛同城化"十三五"发展规划（2016—2020 年）》提出广佛同城化的五个发展定位，分别是：珠三角世界级城市群核心区、全国同城化发展示范区、粤港澳合作核心枢纽、珠三角自主创新引领区、国家服务业和先进制造业中心。2018 年 8 月，广州和佛山两市政府正式签署《深化创新驱动发展战略合作框架协议》。两市将发挥互补优势，形成"广州创新大脑 + 佛山转化中心"格局，其中约 153.5 平方千米区域推进广佛科技创新产业示范区建设。

二是明确广佛同城的战略意图。广佛同城化顾名思义是指合二城为一城，与以前的广佛一体化、广佛融合发展的提法相比，不仅广佛行政区域合并的前景更加明确，更从两个行政区域全方位相互融合上取消了程度限制。这一判断从战略层面来讲意义重大，意味着对于下一步工作的推进，双方都不应有任何保留。在《规划纲要》提出的粤港澳大湾区三极驱动中，广佛是唯一同属内地的万亿级城市组对，而深港和珠澳都是跨越经济体的组对。也就是说，三极中只有广佛具备进行同城化布局的内外部条件。此外，三极当中只有广佛以交流互补始、以完全融合终；而深港和珠澳都只能以交流互补为贯穿始终的主题。换言之，深港和珠澳两极的分工和使命特征是联通世界，是强调外循环，而广佛这一极的分工和使命特征是构筑产业高地，是强调内循环。广佛同城化战略的提出，实际上锁定了双方在产业转型升级合作对象选择上的优先义务。也就是说，在同等或近似条件下，广州的科研服务和成果转化合作对象应优先选择佛山；反过来，佛山的制造业升级所需的科学研究和技术提升合作对象应优先选择广州。对大湾区战略这种总体布局的正确理解应该是，广佛两市政府在促进同城化过程中所开展的相互合作，不仅应体现在本地的地区生产总值数字上，更应体现在正确理解党中央战略意图、自觉承担战略分工任务的大局意识和纪律意识上。

三是解决好求同存异的协同问题。城市基础设施建设和公共产品提供，是双方最容易取得共识的领域，也是双方推进最早、见效最快的领域。然而，在引资和项目合作方面，双方始终存在一些利益划分的问题。因此，广佛同城应尽快形成实施步骤的阶段性内容和时间表，最重要的是明确广佛同城最终于何时实现、实现的标准和终极格局是什么，使各方面均能摆脱不必要的猜测和疑虑，获得稳定的预期，以便精准施策，减少偏差。

首先是解决好协调机制问题。《广佛同城化"十三五"发展规划（2016—2020年）》由广（州）佛（山）肇（庆）清（远）云（浮）韶（关）经济圈市长联席会议广州办、佛山办①共同牵头编制。规划规定，强化考核督办，规划确定的主要目标任务要纳入对两市相关区、部门绩效考评，考核结果作为奖惩的重要依据。市长联席会议办公室做好规划实施督查，定期向市长联席会议汇报同城化重点项目进展情况。以市长联席会议作为广佛同城化规划制定、关系协调、工作推进的主体机构，其权威性尚显不足，很难做到无偏差地代表省委、省政府和中央贯彻其广佛同城化的指导思想和战略部署；从时序上看，广佛同城的提出要早于《规划纲要》，从效力上看，广佛同城战略必须无条件地服从于大湾区战略，发挥好大湾区战略三极当中的一极的重要作用。从现有的机构设置上看，联席会议似乎难以协调和处理广佛同城与大湾区建设整体效益最大化的关系问题。

其次是解决好行政区隔问题。联席会议由广佛双方政府市长共同召集，由于行政区划不同，政绩考核也是分开的，很难从根本上避开双方的利益矛盾，以及相应的立场差异带来的决策困难。

再次是解决好优势互补问题。优势互补，产生"1 + 1 > 2"的综合效益，是广佛同城化的题中应有之义。如果不能获取明显的经济增量，则佛山并入广州后就会面临上头多一个行政管理层级的尴尬局面。目前，佛山税收分享是直接面向广东省的，如果广佛同城后改为面向广州市，若佛山仍以原规模上缴税收，则会因广州的截流部

① 分别设在两市的发展改革部门。

分而减少省级税收收入。

最后是解决好早期收获问题。在目前阶段及现行制度和机制下，项目合作是广佛双方推动同城化的最佳选择。所谓项目，主要指具有战略价值的大型、超大型工业项目，科研实验基地，产业园区建设等。双方可以根据各自提供的要素价值，协商确立合理的要素回报标准和回报办法、税收分成比例等，共同推动项目落地，并且形成双方企业层面和政府层面的早期收获。

（三）东莞、惠州、中山、江门和肇庆的协同发展

按照《规划纲要》的定位，珠海、江门、佛山、中山、东莞、惠州、肇庆是重要的节点城市，是先进制造业产业集聚地，其协同发展战略要重点考虑以下几点。

一是认真理解中央战略意图，下好大湾区建设的一盘棋。粤港澳大湾区建设和深圳中国特色社会主义先行示范区建设的灵魂是不仅要敢想敢干、敢于突破，更要实事求是、因地制宜。各市学习深圳不是要照搬和复制，而是要掌握和运用好深圳精神。《规划纲要》和《实施意见》对五城市都有明确的定位，其共同之处就是在三个极点的带动下，发挥积极的节点和补充作用，而不是朝着追赶和替代三极的方向盲目发力。要牢固树立四个意识，主动采取错位发展的姿态，努力克服政绩冲动和恶性竞争，消除 GDP 至上观念，树立遵守大湾区建设赋予的分工定位的纪律意识，坚定地以全局利益的最大化为追求目标。

二是实现交通基础设施通联和公共服务均等化。在大湾区加速实现交通基础设施通联和公共服务均等化，具有十分重大的战略意义。通达是贸易投资便利化的硬件保障，是方便要素在大湾区内部更加自由便捷配置的前提条件。由于在大湾区内部城市之间的发展不均衡，极点城市发展水平较高，基本建设投入能力较强，但其余城市相对而言投入能力较弱。大湾区应整体协调，采强补弱，加大全域基础设施和公共服务能力建设。

三是推动在地产业升级。产业升级是五城市面临的共同任务，各

市也都在开动脑筋，积极推动产业结构调整。所谓在地产业，是指当地通过几十年发展沉淀下来的产业现状。虽然从大的门类上看各市在现代制造业领域多有重叠，但在产品层面仍是各具特色和优势的。例如中山的灯具，东莞的机电、电子产品等，都是配套相当完善的产业聚集自然形成的结果。

四是自觉承接和推动产业梯度转移。所谓梯度转移，是指由于产业发展程度的地区差异，造成一部分地区产业发展的水平较高，产品附加值和经济效率较好，而另一部分地区发展水平相对落后，形成梯度落差。而先进地区由于累计投资的强度较大，沉没成本较高，要素成本攀升，使得当地原有的一部分产业由于产品附加值降低，不得不向要素成本较低的地区转移。作为普遍的经济学现象，梯度转移在大湾区也不例外。转移是一个流动过程，在一地经济发展的起步阶段并不明显，而在经历了一个发展阶段、达到特定的发展程度后，就开始变得活跃起来。大湾区目前已经进入了产业梯度转移的活跃期。湾区产业梯度转移包括国际和国内两个领域。由于以深圳为代表的大湾区发展极的发展程度已经逼近甚至部分超越了国际先进水平，因此国际梯度转移的主要承接地就落在五城市上。五城市还同时承接深圳、广州的一部分外溢产业。目前，五城市特别是东莞的外向性程度比较高，表明其程度不同地进入了产业转移的传统经典路线：进口替代转出口。虽然产业转移遵循的是其内在的经济规律，但对这一规律的关注、理解和把握，仍然是五城市必须认真做好的工作。一地既是产业转移的接纳地，同时也是输出地，这种双重身份，需要城市管理者们同时进行双向思考，主动进行双向作为。在接纳转移方面，各地均作为发展的重点给予关注，把招商引资做得风生水起、成果累累，积累了大量行之有效的经验；然而在落后产能淘汰方面，则碍于税收收入和地方就业等顾虑，再加上原有利益结构固化形成的阻力，多少束缚了政府的手脚，需要下大决心、花大力气才能较好地解决。

五是发挥互补性后发优势。深圳作为大湾区领军角色，特区成立40多年来成就斐然。然而多年来的高强度开发，也给深圳带来诸多问题，其中很重要的一个问题是软环境建设滞后于硬实力发展，主要体现为生活成本较高、竞争压力较大、经济发展和环境保护之间争资源的矛盾突出、文化根基薄弱、人民普遍接纳的特色文化不易培育和形成等。深圳中国特色社会主义先行示范区建设的外部性、进行性和全局性特征，要求以整个大湾区为视野，进行软硬件建设的综合平衡，五城市的重要职能之一，就是加强软环境建设，为平衡大湾区整体布局提供"战略留白"。所谓"战略留白"，主要是指发挥五城市的后发优势，高规格、高起点规划，为软环境建设留出充足空间，避免整个大湾区的完全"深圳化"。所谓软环境建设，主要是指生态文明建设、特色文化建设和宜居宜业建设三个方面，三者既相互关联又相对独立。例如肇庆，在培育现代制造业等产业政策的基础上，应把更多精力投入到发挥本地文化优势和绿水青山的自然资源优势上来。从整个大湾区战略的产业政策上，包括投入规模的保障、政绩评估的权重等，都应充分体现对肇庆的鼓励性倾斜。

三、大湾区城市群的分工与合作及存在的问题

（一）推进粤港澳大湾区城市群分工与合作的战略布局

参与"一带一路"建设，基础设施互联互通是关键。按照《广东省参与"一带一路"建设的实施方案》，将充分发挥区位优势，深化港口、机场、高速公路、高速铁路和信息国际合作，打造国际航运枢纽和国际航空门户，面向"一带一路"沿线国家，构筑联通内外、便捷高效的海陆空综合运输大通道。其中，包括加强广州、深圳、珠海、湛江、汕头等港口建设，组建海上丝绸之路货运物流合作网络。打造世界一流湾区，建设国际金融贸易中心、科技创新中心、交通航运中心、文化交流中心，建设粤港澳大湾区物流枢纽。《规划纲要》提出"极点带动，轴带支撑"的区域经济和城市空间格局的发展思路。未来粤港澳大湾区将充分发挥"香港—深圳""广州—佛山"两个核心都市圈和发展极的辐射和带动作用，提升和加强"澳门—珠海"

核心城市和发展极地位，建设珠江口东岸高科技产业和经济带、珠江口西岸高端装备制造产业和经济带，实现核心城市与节点城市交通的快捷和便利连接，实现产业的优势互补和共同发展，打造具有全球竞争力的世界城市群。

中共中央政治局常委、国务院副总理、粤港澳大湾区建设领导小组组长韩正在推进粤港澳大湾区建设领导小组第一次全体会议上提出了涉及全局的目标任务：一是要积极吸引和对接全球创新资源，充分发挥中国（广东）自由贸易试验区协调大湾区城市功能的重要作用，建设"广州—深圳—香港—澳门"科技创新走廊，打造大湾区国际科技创新中心；二是进一步明确港澳定位，促进港澳居民进入内地；三是建设大湾区高水平合作新平台。

上述目标任务涉及大湾区所有 11 个城市，每个城市都需要结合自身的特点，因应目标任务的要求做出相应的安排，承担相应的责任，同时获取相应的利益。其战略布局建议如下：

一是建设"广州—深圳—香港—澳门"科技创新走廊，打造大湾区国际科技创新中心。"走廊"一词的含义是指各地产业原生态结构的差异化，会带来科技创新需求的不同应用场景。这些场景各自具有本地的地域特色，就像走廊的每一段都能看到不同的风景。总体来说，走廊两侧的一部分企业对创新需求的方向是明确的，还有一部分并不明确。特别是源头创新和颠覆式创新，其发动往往不是由企业一侧产生，而是必须靠科技创新的供给侧推动，才能激发出企业不易发觉的潜在需求，而这一过程，科研力量不深度融入一线具体的应用场景当中，是无法很好地实现的。如此，就很容易理解各市普遍强调科技创新，并不是简单的无序竞争，而是各取所需和强调实用性的必要举措。"广州—深圳—香港—澳门"科技创新走廊的打造，目的就是从大湾区统筹布局的角度，积极地响应各地的这种科技创新需求。

二是发挥港澳在大湾区的战略定位优势，推进有利于港澳居民进入内地发展的便利措施。党的十九大报告提出，支持港澳融入国家发展大局。中央已经出台了一系列政策措施，为港澳拓展发展空间，为港澳居民到内地发展创造有利条件，促进港澳和内地优势互补、共同发展。随着港澳与内地经济社会的进一步发展，香港和澳门的人才和青年创业者也大量在内地就业，为大湾区人力资源的提升做出了贡献。特别是在港澳具有优势地位的产业领域里，港澳人才的注入和积极参与是发挥优势的必要前提。大湾区内各地都在积极为吸纳港澳人才创造条件，几乎每个城市都为港澳青年赴内地创业设立了基地或孵化器。在金融和船运物流方面，存在对港澳专业人才的普遍需求，港澳人士开办的律师事务所、会计师事务所等，已经在大湾区各地相当普遍地存在。各地还积极打造政策环境，为放宽港澳人才在内地就业的准入资格，以及就业期间实现社会保障、教育医疗的国民待遇和便利化创造良好的条件。

三是建设大湾区高水平合作新平台。建设大湾区高水平合作新平台，核心在一个"新"字，应在原有合作的基础上，再上一个新台阶。例如中央政府与广东省政府曾多次表示，要将中新广州知识城打造成广东经济转型的样板。同时，新平台要强调自贸区作用的发挥，例如将横琴岛纳入珠海经济特区范围，逐步把横琴建设成"一国两制"下探索粤港澳合作新模式的示范区和国际休闲旅游岛。大湾区各市应逐步淡化自贸区的行政归属概念，树立自贸区服务整体、服务大局的共识，积极参与到自贸区建设中来，充分发挥自贸区政策创新的优势，为各市自身发展提供更大助力。

四是共同构建生态大湾区。2018年，广东省深圳市、中山市被授予"国家森林城市"称号，珠三角九市全部建成国家森林城市，实现了"国家森林城市"全覆盖，为大湾区全面建设构建了生态安全新格局。

五是构建全方位对外开放新格局。党的十八大提出构建全方位对外开放新格局的构想，推动自贸区建设，实施准入前国民待遇加负面清单的开放模式，推进"一带一路"倡议。这标志着中国的对外开放进入了一个新阶段。大湾区应抢抓机遇，扩大国际贸易投资与合作，在形成新时代开放新格局的过程中发挥引领作用[1]。

---

[1] 陈广汉：《如何破解粤港澳大湾区协调发展四大难题》，《智慧中国》2019年第 Z1 期。

（二）粤港澳大湾区城市群分工与合作中存在的问题

一是行政区隔。粤港澳大湾区不仅存在不同经济体之间的经济边界分割，同时也存在着内地九城市之间行政区隔的制约。各地政府为了追求地区生产总值，用尽土地优惠、税收优惠等手段，拼命争夺所谓优质项目落地本地区。这种对市场规律的扭曲，向市场释放了错误的信号，造成资源错配。以落户珠江西岸某市某镇的知名企业 MD 工厂为例：该厂出口到美国的家用电器产品在遭到加征 12% 关税，并不得不以同等比例加价在当地市场销售一段时期以后，发现加价既未带来销量减少，也未造成替代产品的流入。这说明本来可以以更高的价格销售的产品，长期在低价位运行，而这又表明政府招商时提供了不必要的超量优惠，企业在优惠带来的超低成本＋预期利润的计价模式下，并未使政府提供的优惠合理地转化为相应的企业利润和政府税收，而是无谓地让渡给了国外的目标市场客户。在大湾区合作中应避免的主要问题，是对港澳的挤奶式利用。主要体现为内地地方政府出于政绩驱动，竞相对港澳开展挤压式招商，用扭曲市场规律的低廉要素吸引港澳优质资源来内地，损害了港澳的长远利益，也不利于大湾区整体效益最大化。这种重内损外的操作，总体上也不利于借助港澳走向世界的"一带一路"建设的推进。

二是政策体系不科学、不完备。经济特区作为中国特色社会主义的重要经验之一，从本质上看是通过政策创新释放生产力。如今"特区不特"成为上下的共识。这一方面说明政策创新已经不再是特区的专利，非特区也普遍加入了政策创新的行列；另一方面说明新时代政策创新的尺度也已经大大地增加，逐渐接近极限。因此，下一步谋划高质量发展，各地不能过度期待依靠政策出效益，而必须从挖掘自身潜力出发去做文章。

三是政策惜授。政策惜授从根本上来看是错误的施政理念导致的结果。一些政策部门和负责人没有真正理解权力是属于人民的，政府在权力获得和使用时，必须遵循权为民所用、情为民所系、利为民所谋的指导思想。法无禁止皆可为，不该禁止或者可禁止可不禁止的，应一律不禁止。例如对某些城市地铁规划建设审批权的禁用，其理由是该类城市没有足够的财政能力进行地铁建设，而这明显属于政策惜授的性质。没有能力建地铁的市，自然不会选择建地铁，所以这样的禁止不仅毫无实际意义，而且违背民主法治原则。此外，凡是不必要分次审批的政策授权，也应尽可能依照前瞻性原则一步到位，既避免反复调整政策造成的低效率，也可以铲除权力寻租的土壤。需要特别强调的是，应当分清政策惜授与合理的政策约束之间的关系。某市经济开发区领导抱怨建设用土地指标管得太死，而且发达地区与欠发达地区之间的土地指标分配也不公平，剥夺了欠发达地区的发展权利。须知政策原本就是用来协调资源分配的，当政策关上一扇门时，通常会同时打开一扇窗，它的本意就是此门不通，请走彼窗。建议除政策试点外，凡是非资源约束性政策下放，只要一点突破，即普遍适用于各地。凡是资源总量约束性政策（如土地指标等），应按照宏观战略与政策导向要求，公开透明地予以下达。

四是缺乏长远、稳定的规划，政策变动过于频繁。大湾区发展的长远目标是实现区域经济一体化，从而实现整体效益的最大化。而长远目标的实现，应是以一系列阶段性目标的设定和实现为基础的。长远目标通常比较宏观，比较原则，阶段性目标则应比较具体，应把长远目标分解为当前的、明确的可操作性办法。阶段性目标不仅应对进展状态有要求，而且应对达成目标的时间有大体的规定，两者缺一，则目标就会被虚化，难以聚焦。很明显，大湾区的一体化进程已经被分解为若干个局部的一体化，例如广佛一体化、深莞惠一体化等。广佛一体化提出较早，而且明确为行政区划的合并，但预期的实施时间不明朗，这就为执行层面的工作增加了难度。深莞惠一体化概念模糊，是指区域协同还是行政合并，尚不明朗。深圳发展的空间制约已经严重影响了发展效率，为此深圳正在实施与汕尾的战略合作，使深汕特别合作区成为深圳实质上的第 11 个区。但是如果在不远的未来深圳扩权扩容为直辖市，那么当前与汕尾的合作就不一定是最佳选择，而很可能是走了一段无谓的弯路。

五是城市定位不清晰，已形成的战略定位没有得到严格执行。依照广东省《实施意见》，广东省推进粤港澳大湾区建设领导小组印发《广东省推进粤港澳大湾区建设三年行动计划（2018—2020年）》对大湾区发展做出了总体部署，也做了阶段性规划，明确了珠三角九市的分工和定位，但内容比较宏观，侧重于定性要求。例如，在《实施意见》中，广东提出大湾区建设按照"三步走"进行安排：第一步到2020年，大湾区建设打下坚实基础，构建起协调联动、运作高效的大湾区建设工作机制，在规则相互衔接和资源要素便捷有序流动等方面取得重大突破；第二步到2022年，大湾区基本形成活力充沛、创新能力突出、产业结构优化、要素流动顺畅、生态环境优美的国际一流湾区和世界级城市群框架；第三步到2035年，大湾区全面建成宜居宜业宜游的国际一流湾区。怎样对这样一个"三步走"的战略规划进行分解和落实，最主要还是看各市、县、镇的操作层面。多数市、县、镇都有自己的实施规划，但在规划的执行层面，则会产生偏离。例如珠江西岸某市的主要领导公开表态与《实施意见》高度一致，特别强调不片面追求地区生产总值，但具体的工作安排，重点都集中在与经济指标相关联的领域，甚至把重点放在了与本地资源禀赋不符的高端制造业领域。

六是总体协同机制不完善。目前大湾区整体协调的最高机构是粤港澳大湾区建设领导小组，由中共中央政治局常委、国务院副总理韩正担任组长，香港特别行政区行政长官及澳门特别行政区行政长官等担任小组成员，国家发改委担任统筹执行角色。广东省也成立了推进粤港澳大湾区建设领导小组，现由省委书记李希担任组长、省长王伟中担任常务副组长。这充分说明粤港澳大湾区建设以党和国家的政治意志为主导，以行政力量为推动的中国特色。但是，湾区建设首先是经济建设，《规划纲要》提出的五大战略定位中的每一个定位都离不开经济基础的支撑。经济发展有其自身的规律，重大经济发展战略固然离不开政府的推动，但更为重要的是遵从市场规律。仔细观察就不难发现，当前，粤港澳大湾区建设工作中出现的许多问题，都与行政推动对市场规律的不适应有关系。

第四节 大湾区典型城市和部分典型企业的实践探索

一、大湾区典型城市的实践和探索

（一）东莞以松山湖高新区为抓手实现产城双转型双升级

《规划纲要》指出，"支持珠海、佛山、惠州、东莞、中山、江门、肇庆等城市充分发挥自身优势，深化改革创新，增强城市综合实力，形成特色鲜明、功能互补、具有竞争力的重要节点城市"。对东莞而言，其主要优势体现为地处大湾区核心区域的区位优势和产业链齐全的配套优势。2019 年 1 月 8 日召开的中共东莞市第十四届委员会第八次全体会议上，时任东莞市委书记梁维东提出，东莞将顺应湾区时代城市群发展潮流，突出以品质取胜，全力打造"湾区都市、品质东莞"，将聚焦关键领域狠抓突破，实施城市品质提升、发展空间拓展、产业体系升级、基层基础强化、民生福祉增进、重点改革突破六大工程，把东莞建设成为国际一流湾区和世界级城市群中宜居宜业的高品质现代化都市。东莞在广东省乃至全国改革开放进程中具有特殊的地位和意义。东莞所具备的一系列鲜明特征，既为东莞发展提供了极大的支持，也为其带来了特殊的困难。这些鲜明特征包括：外向性、多元性、基层性、扁平性、民间性、市场性、移民性和边缘性等。

一是关于外向性。改革开放之初，东莞顺应全球产业转移的趋势，通过港商、台商的资金、技术，与自身的劳动力、土地成本等优势相结合，"借船出海"。2019年，东莞实现地区生产总值9482.50亿元，全年全市进出口总额13801.65亿元（其中进口5172.87亿元，出口8628.78亿元）。进出口总额与地区生产总值的比率为145.55%。据广东省统计局公布的《2019年广东省国民经济和社会发展统计公报》，广东省进出口总额与地区生产总值的比率为66.35%。据国家统计局网站公布的数据，2019年我国进出口总额与GDP的比率为31.84%。可见，在广东省外贸依存度远高于全国平均水平的大环境下，东莞的外贸依存度又比广东省平均水平高出1倍多。

二是关于多元性。东莞产业结构的多元性体现在两个方面：其一，产业门类的多元性，在国家统计局统计的41个工业大类中，东莞拥有34个。许多工业品产量位居全国乃至全球前列。形成以电子信息、电气、纺织服装、家具、玩具、造纸及纸制品业、食品饮料、化工等八大产业为支柱的现代化工业体系。产业跨度大、覆盖面广、产业链完善。其二，32个镇街平行发展，各具特色，而且体量均较大。

三是关于基层性。镇街乃至村都成为经济活动的组织者和参与者。32个镇街都有自己独特的产业布局，比如长安五金模具与智能手机、虎门服装、大朗毛织、樟木头塑胶电子、寮步通信器件、中堂造纸等，每个镇街都选择了适合自己发展的产业。

四是关于扁平性。由于历史和其他方面的原因，东莞以地级市直接统辖建制镇，是国内比较少见的行政体系设置。在广东采用此类设置的也只有东莞和中山。

五是关于民间性。东莞没有超大的央企、国企，产业主力大都是外资和民间资本。东莞产业结构以外向型为主，大部分资金、原材料和产品销售都离不开国际市场。东莞利用外资从"三来一补"起步，逐步发展合资、合作企业和外商独资企业。投资者来自朝鲜、韩国以及中国的香港地区、台湾地区等20多个国家和地区。改革开放以来，东莞吸引了大量外商企业投资，外资企业从 1985 年的 79 家增加到 2018 年的 8819 家，还有 86 家世界 500 强的外资企业在东莞投资办厂[1]。

六是关于市场性。东莞的民营经济具有自发性特征，从起步阶段就没有特殊的政策优势可资利用，而是以市场规律为决定性因素，充分竞争，优胜劣汰。

七是关于移民性。据东莞市统计局发布的《2019 年东莞市国民经济和社会发展统计公报》，2019 年末全市常住人口 846.45 万人，其中户籍人口 251.06 万人。东莞是全国常住人口中非户籍人口占比最高的城市。

八是关于边缘性。边缘性表现为两个方面：其一，东莞与香港隔着深圳，无法直接分享香港的经济辐射。其二，东莞的政治地位低。东莞经历了从县级市到普通地级市的调整过程，特别是改革开放的早期，没有深圳那样先行先试的优惠待遇，属于政策的边缘地带。

东莞以松山湖科技产业园区为抓手，力促东莞产业和城市双转型双升级。松山湖高新区位于东莞地理几何中心，坐落于广深港黄金腹地，南邻深圳、香港，北靠广州，是广深科技创新走廊的重要节点，总规划控制面积 103 平方千米。2018 年，松山湖高新区实现生产总值 638.6 亿元，比上年增长 13.9%；规模以上工业总产值 4208.38 亿元，比上年增长 18.5%；固定资产投资总额 182.24 亿元，比上年增长 22.6%。松山湖高新区在全国高新区中综合排名第 21 位，在全省地级市中排名第 1 位。2010 年 9 月，松山湖经国务院批准升格为国家高新技术产业开发区。2011 年生态园成为广东省首批省级循环经济工业园区，2012 年获批建设国家生态示范工业园区。2014 年 12 月，东莞市决定将松山湖高新区、东莞生态园合并，实行统筹发展。2015 年 9 月，园区成功入围珠三角国家自主创新示范区。2019 年初，为响应《规划纲要》和广东省《实施意见》的要求，东莞市

---

① 杨圣沛：《86 家世界 500 强外资企业在莞投资办厂》，东莞日报，2019 年 9 月 25 日。

通过启动强化功能区统筹优化市直管镇体制改革,赋予松山湖园区产业和城市双转型双升级的重要使命。

从时间进程上来看,松山湖高新区并非为响应大湾区战略而建,松山湖开发的初衷是保持可持续高速发展。改革开放后,东莞的产业发展以加工贸易、贴牌制造为主,对外依赖性强,当地企业缺乏市场话语权。内部的价格竞争、市场争夺也使得企业的生存难度进一步加大,东莞已到了必须进行产业结构升级的阶段。以当时的松山湖科技产业园为平台,东莞制定了以实现自我创新推动产业升级的发展战略。松山湖的发展定位是建设"三个中心一个基地",即国内外著名企业聚集中心、研发服务中心、人才教育中心和高新技术产业基地。重点是发展电子信息、生物技术和装备制造三大产业,为东莞城市经济发展提供引擎。正如产业的转型升级是一个永无止境的过程,松山湖园区除了总体保留战略上的继承性以外,还积极迎合了大湾区战略的新要求。

以松山湖为抓手,东莞在双转型双升级战略实施中,取得了以下显著成绩。

一是城市品质提升。仅仅追求产业的发展、经济规模的扩大,已经不能满足人民群众对幸福生活的向往。于是城市品质的提升就自然而然地摆在了东莞面前。然而,要实现城市品质的提升,却又离不开产业的转型升级,东莞市推进产城融合发展,以产业转型升级带动城市发展的转型升级,可谓抓到了点子上。

二是发展空间拓展。加大重大基础设施建设力度,2018年,松山湖南部与大朗镇交界的"三横六纵"路网中的"三纵"全面施工。完成南社、牛过蓢和塘尾总面积6.53平方千米的古村落文化旅游项目规划。企石镇区域发展战略研究和东部工业园(企石辖区)控制性详细规划完成初步成果编制,434.67公顷土地被纳入松山湖统筹范围。同时,积极推进片区教育和医疗公共服务统筹规划和建设。制定《松山湖片区水污染协同治理工作方案》,松山湖埔心排渠、文庙排渠、下沙排渠基本消除黑臭。启动编制片区断头路、联网路互联互通专项规划,环松山湖周边四个交通拥堵点中的三个落实整改措施。松山湖功能区在原来松山湖片区"1＋6"的基础上，增加横沥、东坑、企石3个镇，统筹发展功能区范围内"一园九镇"发展规划、区域开放、招商引资、重大项目建设和政务服务效能提升五大领域的工作。

三是产业体系升级。其一，加速中子科学城建设。2018年，松山湖高新区成立中子科学城管理局，与大朗镇共同成立中子科学城规划建设专责小组，基本编制完成《中子科学城空间概念规划》及《中子科学城发展规划》。借鉴深圳土地整备工作经验，推动中子科学城土地整备工作有序开展。散裂中子源通过国家验收并投入运行，填补了国内空白。南方光源可行性研究等前期工作全面启动，预研和测试平台项目被列入广东省和中科院全面战略合作框架协议。松山湖材料实验室首批10个科研团队落户，与香港大学、澳门大学共同筹建粤港澳交叉科学中心。中子科学城上升为省重大发展平台，有望成为粤港澳大湾区国际科技创新中心及综合性国家科学中心的先行启动区。

其二，加大人才引进力度。2018年，松山湖高新区出台新引进人才生活补贴、领军人才集聚工程、促进人力资源服务业发展、青年科技创新人才培养工程等政策，全年拨付人才专项资金近3亿元。松山湖人才大厦建设进展顺利，30家不同产业类型的人才企业和中高端人力资源机构入驻，入驻率超过60%。松山湖人力资源服务产业园和松山湖港澳青年创业基地启用。

其三，吸引创新主体聚集。2018年，松山湖高新区引进和培育高新技术企业358家。启动公营孵化器及众创空间建设，园区纳入备案统计孵化器39家，其中国家级孵化器8家、省级孵化器15家、市级孵化器29家，新增在孵企业373家。新增新型研发机构3个，新增市级工程中心22个、市级重点实验室17个。2018年，专利申请总量1.01万件，比上年增长20.29%，国家知识产权试点园区通过验收。松山湖运动控制精密测量实验室向园区及周边六镇实现免费开放共享。

其四，促进科技金融融合。2018年，松山湖高新区纳入统计的基金项目85个，总规模367.42亿元，总投资30.89亿元。出台《园区促进科技金融、基金业发展办法》。东莞首只知识产权投资基金在松山湖启动筹建。基金小镇新增落户投资公司和投资管理公司20家，各金融服务机构累计为企业提供银行贷款余额126.6亿元，其中高新技术企业贷款余额36.51亿元，信用贷款40.17亿元。园区上市后备企业27家。

其五，推动重大项目落地、推进。2018年，松山湖高新区完成重大项目建设"百日攻坚"大会战，协调解决重大问题200多个，推动8个项目新开工。建设项目全年固定投资130亿元，其中，36个市重大项目完成投资112.8亿元，完成率144.6%，非重大项目完成投资18亿元。

其六，制定和实施"倍增计划"①。2018年，松山湖高新区列入市级"倍增计划"试点企业增至24家。出台《东莞松山湖"倍增计划"园区级试点企业产业政策倍增扶持配套资助实施办法（试行）》等倍增扶持政策，全年拨付专项资金8044万元。通过第三方专业监测机构，分析企业发展面临的困难，解决企业问题。

四是强化基层基础。松山湖片区统筹发展。2018年，松山湖片区设立片区督查室。建立片区"1+6"②科技金融联动工作机制，统筹金融服务资源。出台松山湖片区《重大项目信息资源统筹工作方案》《教育统筹发展工作方案》《科技资源共享实施方案》《"美丽乡村"建设（2018—2020）专项资金使用办法》等政策文件，加快推进园区资源统筹。制定《松山湖片区2018年经济形势分析工作方案》，推动片区经济形势监测分析工作制度化、规范化。2018年片区实现生产总值1825.49亿元，占全市22.1%；完成固定资产投资511.53亿元，比上年增长19.8%；规模以上工业增加值1217.12亿元，比上年增长12.7%。

五是增进民生福祉。其一，在公共服务设施建设方面。2018年，松山湖推进公共服务设施建设。莞惠城际松山湖北站推出首期出让地块，成为全市首个TOD（以公共交通为导向的开发）商业综合体项

---

① 指2020年实现国内生产总值和城乡居民人均收入比2010年翻一番。

② 指松山湖高新区与石龙、石排、大朗、大岭山、寮步、茶山等周边六镇。

目。轨道 1 号线松山湖站轨道站点、松山湖站 TOD 公共服务中心、有轨电车等公共交通规划全面铺开。幸福花园人才房投入使用。10 所学校和幼儿园建设同步推进，松山湖第一小学全面启用。市青少年活动中心全面托管松山湖青少年活动中心，市图书馆托管松山湖图书馆。东华医院松山湖院区主体工程建设基本完成，市儿童医院松山湖院区（儿童研究中心）前期研究工作启动，社区卫生服务中心升级改造完成，生态园南朗社区卫生服务站和湖畔社区卫生服务站基本建成，形成"一中心四站点"的社区卫生服务网络。

其二，在环境综合整治方面。2018 年，松山湖高新区实施环境综合整治。调整优化空气监测布局、调整优化能源结构、实施污染企业错峰生产、强化机动车污染治理、强化扬尘污染防治，空气质量明显提升。打响治水攻坚战，排污口信息录入通过率 100%。开展固体废物治理专项行动，固废整改达标率 100%。推进分布式能源项目建设，园区绿色电力年发电量 2700 万千瓦时，居全市首位。

其三，在社会综合治理方面。2018 年，松山湖高新区严厉打击违法犯罪，开展扫黑除恶、打击刑事犯罪"飓风 2018"、治安防控"铸盾"等专项行动，落实"二标四实"（"二标"：标准地址库、标准作业图，"四实"：实有人口、实有房屋、实有单位、实有设施）信息采集大会战，全年违法犯罪警情比上年下降 5.6%。

其四，在园区文化建设方面。2018 年，松山湖高新区推进"城市美术馆"项目，举办"最美松湖人"系列评选活动。定期举办松湖荟、道德讲堂等文化品牌活动。全年举办文化惠民公益演出、公益电影放映、新春游园、松湖大讲堂等各类文化活动 60 多场。推动志愿服务融入园区社会治理体系，涌现出一批爱岗敬业、无私奉献的"奋斗之星""友善之星"。

六是重点改革突破。2019 年，东莞市发布《东莞市人民政府关于拓展优化城市发展空间 加快推动高质量发展的若干意见》，将拓展与优化城市发展空间作为东莞参与粤港澳大湾区建设的战略支撑。包括推动连片出租屋改造利用、探索盘活利用集体私下流转土地、强化产业用房分割转让政策管控、积极撬动庞大的集体经济组织资金等。

（二）顺德南海县域发展路径的多样性与趋同性

依照粤港澳大湾区中内地城市群的最新经济格局，广东9个城市大致可以分为3个经济地理单元，分别是珠江东岸的深莞惠、珠江西岸的珠中江和相对处于上游的广佛肇。以2019年数据为例，三者的地区生产总值总量分别是东岸超过4万亿元、西岸不到1万亿元和上游超过3.6万亿元。一个有趣的现象是，20世纪七八十年代沿海地区率先改革开放后，珠江三角洲地区迅速崛起的"广东四小虎"东莞、中山、顺德和南海恰巧同时分布在这3个区域里，分别是东岸的东莞、西岸的中山和上游的顺德、南海。它们当初同为县级行政区域，人口规模、地域面积和经济体量差距不大。东莞和中山后来升格为地级市，而顺德和南海则划归佛山市作为市属的县级区。然而，"广东四小虎"2019年交出的地区生产总值答卷分别是东莞9482.50亿元、中山3101.10亿元、顺德3523.18亿元和南海3176.62亿元。可见，东岸的东莞遥遥领先，经济体量直追万亿俱乐部。西岸的中山作为地级市，体量尚不及佛山的顺德、南海两区。作为佛山市的支柱，顺德和南海的发展有板有眼，稳步推进。"广东四小虎"的现状，基本反映了3个单元当前的经济体量关系。而这一现状的形成，具有深刻的历史背景和经济逻辑。

1980年8月26日，深圳经济特区正式成立，1985年3月，特区管理线正式建成投入使用。与所谓"二线关"相对应的是深圳与香港交界的27.5千米长的"一线关"，两条线之间是实行特殊经济政策的经济特区，包括福田、罗湖、南山、盐田四区，关外有龙岗和宝安两区。"二线关"启用的目的就是配合与香港之间"一线关"的逐步开放，做到"一线放开、二线管住"。这一措施对于改善深圳特区的投资环境，吸引境外资本、技术、人才和市场渠道与深圳特区对接，促进特区加速改革、扩大对外开放以及经济社会发展，具有积极意义。这一措施为香港经济提供了更大的空间，使香港的产业发展得以借助特区提供的低成本土地和劳动力等生产要素，大大提高在国际市场的竞争力。因此，香港以及其他国家和地区的产业开始大量进入深圳特区。同时，除深圳以外的珠三角其他地区也开始迎来解放思想、改革开放的一轮热潮。这在客观上为以香港为主的境外资本和产业向内地转移提供了两种不同的目标和三种相互关联的路径。

在目标方面，一是以国际市场为最终目标市场的产业转移，二是以内地市场为最终目标市场的产业转移。

在路径方面，一是落地深圳，产品销往国际市场。好处是可以充分利用那里较高的开放状态、较好的政策环境以及较低的要素成本，前店后厂。这一路径适合以国际市场为目标的企业，但不适合以内地市场为目标的企业，因为在深圳生产的产品进入内地需要通过"二线关"，并且需要缴纳相应的关税。二是通过"三来一补"落地珠三角其他地区。直接利用更为便宜的土地和劳动力，实行两头在外或部分两头在外，产品销往国际市场。在国内市场有需求时，部分产品销往内地市场。这一路径适用于同时以国际市场和内地市场为目标的企业。这一路径的好处是可以将两头在外的部分进口原材料、辅料、元器件等通过保税监管进口，不会增加税收成本，而且在适当的时机可以随时进行产品向内地销售的切换。事实上，随着内地市场的急剧扩大，很多所谓"三来一补"的企业都转向内销，以至于操作过于复杂的"三来一补"政策不久以后就不复存在。三是直接在深圳以外的珠三角地区投资建厂，产品销往内地市场。这一路径适用于以内地市场为目标的企业。这一路径的好处是绕开了进口关税，降低了税收成本，同时利用了中国巨大的市场潜力。

综上可以看出，在深圳特区封关运行以后，以国际市场为目标的外资企业落地首选深圳，而以内地市场为目标的外资企业落地则不具备特别的地域偏好。这就可以理解为什么当年的"广东四小虎"中，只有东莞一虎出现在今天看来地缘优势明显的珠江东岸单元里，而其他三虎则均衡分布于其他单元的现象了。如果一定要解释"广东四小虎"的地缘分布规律，则应该看作一个以广州为中心的产业聚集。在深圳成长起来之前，广州长期占据珠三角单极中心的地位，除了经济体量带来的对周边的辐射作用外，广州还是珠三角经济与广大内地经济纵深连接的纽带，这是处在发展初期体量不足而且囿于关境制约的深圳所无法发挥的作用。

深圳的成长迅速地改变珠三角地区的经济格局，使今天大湾区战略的语境由单一中心驱动变成具有鲜明特色的双中心驱动，乃至多中心驱动（考虑到香港）。2010年，国务院批准深圳经济特区范围扩大到深圳全市。2018年1月，国务院批复同意撤销深圳经济特区管理线，"二线关"正式退出历史舞台。而此前早在1998年，深圳撤关一事就被提上了议事日程，只是由于香港回归的政治考量，才一再推迟实施。这说明通过多年高强度的开发建设，深圳作为境内关外的部分职能已经逐渐结束。深圳的经济体量不仅超过了香港，而且超过了广州，作为对接世界经济的蓄水池，已经水满则溢，开始发挥巨大的辐射效应了。这一现象也能合理地解释为什么临近深圳的东莞在20世纪90年代中期以后逐渐在经济体量上大幅甩开其他三虎了。在此需要特别指出的是，东莞虽然地区生产总值突飞猛进，但是其人均地区生产总值并不占优势，说明东莞是以近邻的有利地位，借助深圳和香港的溢出效应，通过吸纳各地劳动力的方式，被动地扩大其经济体量。进而可以判断"广东四小虎"在经济结构上并未分出优劣，这或许也是东莞在松山湖发力，追求显著的结构性改善的一个重要原因。

珠三角地区对外开放最鲜明的特征之一，就是赋予县级行政区域很大的主导权。甚至在镇域和村级层面，也都有非常积极有效的创新，形成了发展的自下而上的重要推动力。因此，相较于内地，特别是广大北方和中西部地区，大湾区内行政级别及其政策相应权限的高低，对发展效率的影响并不十分显著。仍以"广东四小虎"为例，东莞和中山升格为地级市，并未形成对经济社会发展成果的决定性动能。在同为县级市的顺德和南海之间，顺德升格为省直管区也并未显示出明显别于南海的特殊优势。

出于可比性的考虑，我们不妨以佛山市所属的、同为"广东四小虎"之一、地域相邻、经济体量和人口规模相当的顺德区和南海区为例，看一看大湾区改革开放前沿地带县域发展的脉络、规律和成功的基本经验。

顺德、南海在县域发展路径上的主导权包括依据本地特色，突破原有的惯性思维和体制框架，开展政策创新，抓好产权制度改革，发动群众，积极主动招引外资，鼓励民营经济发展等。在改革开放的起步阶段，顺德和南海依据自身特点，选择了两种不同的发展路径。顺德强调"三个为主"，即以工业企业为主、以集体企业为主、以骨干企业为主。南海强调"六个轮子一起转"，即区级党组织、镇街党组织、村居党组织、经济社党组织、"两新"党组织和广大党员同时行动起来，推动南海工业化。

两地政府的主导思想最大的共同之处就在于，通过工业化，实现经济发展、人民富裕。改革开放初期，顺德和南海都是传统的农业县，而且同样面临人多地少的制约，工业化是提高生产效率的唯一选择，也是正确的选择。两地另一个共同特点，就是当地民众均有大量的海外关系，特别是港澳同乡之间的交往，使得顺德和南海人天然具备世界眼光、商业意识和致富冲动，正是这种素质，构成了两地发展的坚实基础和强大动力。两地在起点上主导思想的差异，并不是凭空产生的，而是充分结合了当地的特色，反映了当时的状况，顺应了发展规律的要求。当时的南海与广州的荔湾区和白云区直接接壤①，而且有大段的连接地带。有商业头脑的南海人一直以来都有着与大都市广州做各种民间生意的传统。仅废旧物品回收一项，年交易额即可超过千亿元，以至于二手货市场至今仍是南海重要的优势领域。正是这种地缘特征造就了南海人的个体商业意识。而当时的顺德和广州之间还隔着番禺②，因此顺德人没有南海人那样直接的地利条件。可见，任何一点微小的差异，都会在选择上带来很大的不同。改革开放大潮涌来时，顺德自然而然地借现有的集体经济的壳完成了起步，涌现出碧桂园、美的等巨无霸品牌企业，而南海则体现出农民纷纷"洗脚上田"，"村村起火、户户冒烟"，民营经济

---

① 花都区当时不属于广州。

② 2000年5月21日，国务院正式批复同意撤销番禺市和花都市，设立广州市番禺区和花都区。

迅速发展的基本特征。

顺德是集体经济改制集约发展。1968年，在南粤小镇北滘，26岁的街道干部何享健和23位村民凑了5000元，创办了"北滘街办塑料生产组"，生产塑料瓶盖。在当时，根本没有公有制以外的任何经济组织和经济行为存在，即便是这种以集体名义建立的生产组织，也是在打政策的擦边球，随时可能被叫停。1980年，生产组开始配套生产风扇配件，不久后就成功生产出公司第一台金属台扇，取名"明珠牌"。一年后，这家企业改了一个新名字——美的。何享健通过自建研发部门、聘用兼职工程师等措施，开发自主技术和产品。美的成立第一年，营收便突破300万元，净利润超过40万元。两年后，在风扇行业竞争白热化的关口，美的研制出了全塑风扇系列，一举奠定了行业地位，由此驶入发展的快车道。

1992年，顺德政府敏锐地感觉到集体所有制企业带有天然的缺陷，产权不明晰，资产所有权与经营权分离，对广大企业管理者和员工的积极性和创造力产生了不利的影响。为此，顺德政府果断推出了企业改制新举措，并且明确喊出"靓女先嫁"，对效益好的集体所有制企业优先进行股份制改造。广东美的电器企业集团就是这一轮乡镇企业股份制改造的试点。1993年，美的登陆深交所，成为中国第一家上市的乡镇企业，成功融资12亿元。时至今日，美的已经成为享誉世界的中国品牌，跻身世界500强行列。2019年，何享健、何剑锋父子以1800亿元的身家排在中国富豪榜第4位。而截至2020年6月12日收盘，美的集团的市值已达到4198.28亿元。

1992年，北滘建筑工程公司开始转制试点，它是今天另外一家从顺德走出来的世界500强企业碧桂园的前身。另一家顺德知名企业格兰仕则是从桂洲一家羽绒制品生产厂起家，转产家用电器，并于1994年由乡镇企业转制为公私合营。1995年，格兰仕微波炉就占全国市场份额的25.1%，成为行业的一匹黑马。

以集体所有制企业起步，通过转制实现现代企业制度，使得顺德相对于同时期的南海而言企业起点高、规模大，政府关注度和支持度强。这一点延续到今天，也成为顺德明星企业辈出、品牌优势明显，而且具有行业领导力的重要特征。

南海是民营经济和隐形冠军企业的聚集地。隐形冠军企业一般具有如下特征：它们是中小型公司，但一般所占市场份额为全球市场的 50% 以上，是典型的小产品大份额；它们的产品通常是"无形"的或"不为大众所知"的，但却是在业内享有很高地位的中间产品；它们的凝聚力和生存能力很强，领导层非常稳定，很多是家族型的私营企业；它们不仅在国内具有强大的竞争力，而且是全球同行业竞争的斗士和优胜者。

南海的大发展从根本上来说是草根的崛起，体现为庞大的隐形冠军集群。党的十一届三中全会是中国改革开放的标志性事件，依照这次全会的部署，中国的改革是从农村实行联产承包责任制起步的。当时的南海县委、县政府深刻认识到，搞活南海经济关键在农村。与全国大部分地区的情况一样，南海县除了农村还是农村，改革不从解决农村问题入手，就什么都无从谈起。但是南海领导的高明之处就在于，他们把农村体制改革和工业化两个问题合二为一，同步解决，使两者相互促进，并且成效显著。改革开放之初，南海面临的头等重要的任务，就是解放思想，彻底改变农民不敢致富、害怕露富的心态。时任南海县委书记梁广大率领班子成员，连续 3 年深入基层的致富典型家中贺富，为打破思想束缚发挥了重要作用。在政府的鼓励下，在南海，比外资、合资企业异军突起更早更壮观的，是本土"草根企业"的崛起壮大，它们的创造者多为"洗脚上田"的农民。这些创造者成为南海民营经济的主要力量。以西樵为例，这里在百年前曾诞生过近代中国第一家机器缫丝企业，具有发展纺织业的悠久历史和传统，在改革开放前就有 3 家国营纺织厂，后来分化出几家村办企业。1984 年前后，国营和集体企业大量员工出走创业，拉开了南海民营纺织业的复兴序幕。到了 20 世纪 90 年代中期，西樵裂变出 2400 家民营纺织企业，形成了"万台机、亿米布"的阵势，成为著名的纺织工业基地。

农民关润淡四兄弟是这类草根创业的杰出代表。20 世纪 80 年代初，四兄弟自筹资金兴办纺织厂，很快就为家族赚到了第一桶金。

为了拓展家族企业发展道路的宽度，关氏兄弟在纺织厂走上正轨后，又锁定二次创业的目标——陶瓷行业，并于1998年成立广东新润成陶瓷有限公司。2014年，新环保法修订，陶瓷行业被贴上"高污染、高能耗"的标签，而早在这之前多年，佛山就已经开始整顿陶瓷业。面对环保红线，关润淡提前预判并积极行动，对设备进行升级改造，实现废气、废水、废渣等污染物的治理和回收循环利用。凭借着卓有成效的成绩，新润成于2016年获得国家首批建筑卫生陶瓷三星级绿色建材评价标识。公司于2019年获评广东省企业500强。

农民李兴浩也是草根阶层的一位杰出代表。这个卖过冰棍、贩过碎布、开过酒楼和维修店的南海人，于1992年10月创办了志高空调，10年后，凭借志高空调创造的财富，他进入《福布斯》中国富豪榜。2005年，志高空调跻身行业4强，2009年，志高在香港联合交易所主板上市，2010年，志高年产值过百亿元，成为南海的品牌企业。

顺德和南海经历了两条不同的发展路径，都取得了辉煌的成绩。然而，在实施粤港澳大湾区战略的时期，两地面临着同样的问题，就是如何推动产业的转型升级，进而推动经济社会发展再上新台阶。顺德下一步发展的优势仍在于其明星企业的品牌效益，可以为同行业的科技创新发挥引领作用。应注重避免因传统产业创新空间相对狭小，科技附加值提升不易，被限制在传统产业内走不出新路子。相对固化的产业结构还可能造成对大湾区新定位的响应力不足、敏感度不够。

南海的优势在于其制造业中间产品占比较大，可以侧重于向产业上下游的延伸，而且企业体量相对不大，私营业主决策灵活，所谓船小好调头，可以探索发展新业态，例如向电子通信产业等高端产业升级。南海的缺点也显而易见，就是私营或家族业主的小富即安心态会阻碍企业带有一定风险性的重大战略调整，或者至少是决策者意愿不足。

同时，顺德和南海的下一步发展，都面临着现有开发强度已显过大、发展空间不足的问题，需要下大决心、花大力气进行改进。另外，两地都应强调在稳固现有优势产业的基础上，再大力促进产业升级和发展新业态。而这一原则应普遍适用于大湾区内所有城市的产业战略。

二、大湾区部分典型企业（机构）的实践和探索

（一）深圳云天励飞技术有限公司的实践和探索

深圳云天励飞技术有限公司（简称"云天励飞"）是一家专注于视觉人工智能领域的公司，致力于打造基于视觉芯片、深度学习和大数据技术的视觉智能加速平台，为平安城市、智慧商业、工业智造、无人系统、机器人等行业的千家企业提供视觉智能应用解决方案和开发平台。总部位于中国深圳。

云天励飞创始人陈宁是处理器领域专家，美国佐治亚理工学院博士。他看到谷歌阿尔法狗的最大变体版本使用了 1920 个 CPU（通用处理器）和 280 个 GPU（图形处理器），下一盘围棋仅电费就高达 3000 美元，算法软件的高复杂度和现有硬件的低效率大大增加了人工智能技术实现的成本，是大规模产业化的瓶颈，这可能意味着人工智能的春天就要来了。云天励飞的核心技术理念是进行处理器和算法的跨界创新，把二者充分结合起来重新设计新的处理器，高效地进行超级复杂神经网络视觉计算，使得人工智能技术逐步适应产业化需求。

回国创业必然面临选择哪座城市的问题。在陈宁看来，深圳与美国硅谷的环境是相匹配的。而且深圳的自然环境比较好，雾霾少。深圳有完整的电子信息产业链条，与公司未来的发展方向——人工智能芯片相匹配。人工智能时代实际上是电子信息时代的转型升级，这种新的以人工智能技术颠覆传统行业的时代，是要以基础产业链条存在为前提的，而深圳具备完整的电子信息产业链条，有腾讯、中兴、华为等成熟的企业，具备这样的产业基础。2014 年陈宁回国创业时，创始人和骨干团队都零薪水。两年后，陈宁和他的创业同

伴们都认为，选择深圳创业的决定非常正确①。

创业初期，云天励飞技术团队完成了基于处理器的视觉智能系统搭建，这种人工智能芯片，在国内国际都是顶尖水平。仅以谷歌互联网图片分类为例，后台需要6000万美元的处理器成本，而用了这个新的处理器芯片后成本能降到50万美元，成本降到原来的1/120。

由于技术的创新性和成功的市场探索，云天励飞先后入选国务院侨办重点华侨华人创业团队、广东省"珠江人才计划"团队和深圳市"孔雀计划"团队。公司的视觉智能与机器学习处理器团队获得深圳市"孔雀计划"团队第一名，获得4000万元的奖励。"孔雀计划"是深圳市2011年出台的面向海外高层次人才的政策，也是继高层次人才"1 + 6"政策后的又一人才政策。此前，深圳每年配套5亿元专项资金用于引进孔雀团队。2015年这一数字翻了1倍，达到10亿元。截至2017年底，深圳已累计引进"孔雀计划"创新团队116个。

云天励飞刚开始创业时，并没有得到政府的财政资助，政府资助有个选择的过程，用市场化机制选择团队，首先公司要证明自己的技术实力、产业化能力。一旦被证实符合政府支持的条件，深圳市政府立即给予了大手笔的奖励，而且奖励资金在项目入选3个月之内就全部到位，这让企业看到了政府的支持力度。云天励飞作为高新技术企业，在选择落地深圳时并不了解政府的相关鼓励政策，他们是冲着深圳的市场产业大环境来的。事实证明，深圳高科技产业之所以给创业者造成好的印象和吸引力，背后是有着深层次原因的。深圳这种亲高科亲创业的城市性格，是与管理者们的理念和基于理念的政策设计，以及坚定有力、持之以恒的推动密不可分的。入选"孔雀计划"团队之后的第一年，云天励飞就开发出第一代视觉智能系统，这一系统在深圳市龙岗区落地，通过人脸识别和大数据分析，仅用10秒就可在百万人区域内搜索出某个嫌疑人最长达两年的历史轨迹。这种新的视觉智能设备能自动分析报警，比如龙岗上线的第

---

① 张小玲：《深圳三大人才新政打出创新创业组合拳》，《南方都市报》2016年5月11日。

一套云天深目系统帮助一个大型商超建立了智慧商超子系统，把惯偷数据录入系统后，当这些惯偷再次来到商超时，系统就会自动报警，然后通知保安。该系统使用第一周就有 20 次有效报警，一个月后就没有惯偷作案了。除了"孔雀计划"的支持，云天励飞还获得了社会资本的支持，实现了由政府支持向市场化融资的有机过渡①。

深圳居住成本高，无法满足快速增长的人才积聚需求。深圳人才新政推出的人才安居保障措施直击深圳人才引进的痛点。这一新政被认为能使深圳在日益激烈的区域竞争中抢占先机。"孔雀计划"人才政策中，对人才有不同级别的购房补贴，陈宁当时就作为"孔雀计划"A 类专家拿到 150 万元的购房补贴，分 5 年支付，这对企业吸引高端人才来说非常重要。

深圳出台《关于促进科技创新的若干措施》《关于支持企业提升竞争力的若干措施》《关于促进人才优先发展的若干措施》三大政策文件。三大政策提出为海外人才和在站博士后提供人才公寓房，"未来 5 年筹集不少于 1 万套人才公寓房，供海外人才、在站博士后和短期来深工作的高层次人才租住，符合条件的给予租金补贴"。杰出人才可选择 600 万元的奖励补贴，也可选择面积 200 平方米左右免租 10 年的住房，选择免租住房的，在深圳全职工作满 10 年且贡献突出并取得本市户籍的，可无偿获赠所租住房或给予 1000 万元购房补贴。另外，三大政策还将新引进基础性人才一次性租房和生活补贴提高至本科每人 1.5 万元、硕士每人 2.5 万元、博士每人 3 万元。据深圳市人社局统计，2015 年，深圳共向近 4 万名新引进人才发放 1.33 亿元租房补贴。

三大政策还提到，要在释放市场活力和发挥用人主体积极性方面有较大突破，包括建立高层次人才市场化认定机制、深入推进行业组织参与人才评价、以市场化选聘作为企业选人用人主渠道、设立人才创新创业子基金支持人才创新创业等，较大地提高了人才工作的市场

---

① 张小玲：《深圳三大人才新政打出创新创业组合拳》，《南方都市报》2016年 5 月 11 日。

化水平。

陈宁认为上述改革很有意义。"比如我们要引进的这位海外高端人才，他不是博士，甚至不能评选'孔雀计划'C类人才，不能满足条条框框的要求……"陈宁说，"而我招的人才，我要招的人，不要名头，要实干，能给产品增加价值，但20年的工作实力却无法匹配'孔雀人才'C类要求。企业能够根据实际需要认定企业高端人才，能够通过企业自身对这个专家的认可度去评定人才很重要。"

深圳人才新政提到，设立创新创业引导基金支持人才创新创业。陈宁认为，人工智能这一行业迎来转折点，要有充裕的社会资本做支撑，希望政府做一些引导推动整个行业发展，让深圳成为国际化人工智能基地，吸引更多创新创业团队来深发展。企业发展壮大后，自然而然就会吸引人才，事实证明，像云天励飞这样能为人才能力的发挥、人才价值的实现提供具体场景，才是留住人才的根本，其次才是人才政策。企业做不好，技术做不好，单靠政府资金扶持，是不可持续的。政府需要做的，一是要有大手笔，投入资金支持高科技特别是前沿科技领域企业和研究机构的创新；二是要有眼光，能够发现有发展潜力和培育价值的科技主体；三是要准确把握和运用好科技发展和市场运作的基本规律；四是要摆正基础科研和应用型科研的关系，确保科技创新的可持续发展。

（二）深圳市蓝海法律查明和商事调解中心的实践和探索

深圳市蓝海法律查明和商事调解中心（简称"蓝海中心"）成立于2014年，是全国首家以"域外法律查明"为核心业务的实务机构。蓝海中心由深圳市司法局作为业务主管单位，是依据《深圳经济特区前海深港现代服务业合作区条例》第51条在前海设立的非营利组织。蓝海中心通过平台化、专家库的方式，为社会各界提供包括专业化的法律查明机制、创新的国际商事调解、法律数据库及信息化建设、以实务为导向的智库研究、高端国际法律交流等综合性法律服务，致力于建设国际化、法治化、便利化的营商环境。

按照相关部署，蓝海中心的法律查明主要提供以下服务：一是为立法机关了解参考国外立法例服务；二是为司法、仲裁机关正确适用域外法律服务；三是为政府行政改革提供论证服务；四是为企业跨境投资商贸活动提供投资目标国法律咨询服务。蓝海法律查明平台的创新机制入选"广东省自贸试验区首批制度创新案例"。其中的"创新"体现为三点：一是立法创新。通过立法形式以专门条文规定"法律查明机制"，开创了全国之先河。二是工作机制创新。由司法行政机关支持培育第三方非营利社会组织，以平台化方式延伸公共法律服务，是工作机制上的创新。三是服务门类创新。蓝海中心提供域外法律查明的专门化服务，成为全国首个以域外法律查明为核心业务的实务机构。

2019 年 7 月 10 日，中共中央办公厅、国务院办公厅印发《关于加快推进公共法律服务体系建设的意见》，其中第（十）条"积极为国家重大经贸活动和全方位对外开放提供法律服务"中明确提出："建立健全法律查明机制……通过建立国别法律信息数据库以及专家库等形式提供域外法律查明服务。"蓝海中心自成立以来，锐意改革创新，按照"法律库＋专家库"的模式进行大胆探索，在域外法律库和专家库建设方面都处于国内领先水平。

在域外法律查明过程中，蓝海中心一方面成为聚集域内外法律专家的平台，另一方面也是司法机关、立法机关、跨境企业等的域外法律查明需求的聚集地，通过严格的程序管理和高效的服务，为各方提供域外法律查明服务。值得一提的是，蓝海中心利用其在粤港澳大湾区的地域优势，广泛吸纳港澳专家参加国家法治建设，在港澳地区有相当的知名度和影响力。在粤港澳大湾区建设背景下，蓝海中心还利用平台的港澳专家优势，发起设立了另一平行的智库型法人机构"深圳市蓝海大湾区法律服务研究院"，聚焦大湾区营商环境建设以及内地与港澳规则对接等问题进行研究，该研究院被司法部确定为"粤港澳大湾区法治建设研究基地"。

蓝海中心拥有一支专业的法律查明服务团队，成员大多有海外学习和工作经历，贴近实务需求，全程跟进案件的节点管理。该中心运用信息技术，对入库的法律查明专家实现标签化管理，依托数据库和管理工具，可实现专家的高效、精准匹配。此外，蓝海中心在查明规则、查明程序、查明文件的规范化等方面，都有许多创新探索，以其优质高效的服务获得各方的认可。

广东省委、省政府 2019 年 7 月印发的《实施意见》第 49 条规定，"建设集国际商事调解、域外法律查明于一体的国际商事调解中心"。在深圳市司法局及上级机关的大力支持下，蓝海中心以域外法律查明平台为基础，经深圳市民政局审核批准，于 2019 年 10 月增加"商事调解"职能，并更名为"深圳市蓝海法律查明和商事调解中心"（原名"深圳市蓝海现代法律服务发展中心"）。

蓝海商事调解所具有的国际化特色，主要体现在以下几个方面：一是蓝海中心充分发挥跨境法律平台的作用，吸引具有国际纠纷处理经验的调解员加入，目前拥有来自美国、英国、新加坡等全球 17个司法辖域的 88 位调解员。二是借鉴商事调解的国际经验，在规则、管理等方面体现"国际化"的特点。三是从受理案件的类型上看，以处理国际商事纠纷为主要使命，也配合粤港澳大湾区国际化、法治化营商环境建设，以国际化的调解服务协助解决国内的商事纠纷，为中外当事人提供便捷、高效、友好的纠纷解决方式。四是加强与国际商事调解机构之间的合作，搭建与国际调解机构和人员交流合作的平台，致力推动"调解优先"的理念以及通过调解达成的和解协议在域内外的执行。五是将携手国际知名的调解机构或调解员共同策划、组织培训课程，旨在提升调解能力，加强国际调解员的培养。

蓝海中心是具有现象级意义的中国特色法律实践。改革开放初期，珠三角地区的实践和探索最核心的经验就是实用主义和拿来主义。那时的做法是实践在前面带路，相应的政策法规逐步跟进和完善。随着港澳资本和境外经济实体的不断涌入，许多国际通行的商业规则和司法实践也随之而来。这些东西在很多方面和当时的政策法律体系是不相吻合甚至是冲突的。改革开放 40 多年来，特别是大湾区战略提出后，中国提出了更高层次的对外开放目标，这就要求我们提供与之相适应的、既符合中国特色法律体系基本要求又与国际法律和司法实践有机对接的、更加完善的政策法规环境，蓝海中心正是在这样的背景下应运而生的。在蓝海中心之前，港澳和内地法律界的跨境法律服务就从来没有间断过，而蓝海中心这类整合了跨国跨境法律专才的法律服务机构的出现，和内地对港澳进一步开放服务贸易，打破法律事务从业人员跨境任职资质限制有着直接的关系。其基本原理是确保在内地，当事人只需要面对一家法律机构，该机构可以通过其人员的内部分工，处理涉及不同法律体系的相关法律事务，避免当事人必须同时面对境内外不同的法律机构造成的不便和低效率。蓝海中心现象的另外一层重要意义是，使得中国司法体系中第一次出现了真正意义上的国际化的权威第三方法律机构，能够为内地立法决策提供独立意见和其他相关服务。可以毫不夸张地说，蓝海中心发挥着国内外不同法律体系在中国内地有机对接，确保中国产品和服务顺利走向世界，融入国际市场大循环的调节器作用。大湾区次区域和改革开放先行先试地位决定了蓝海中心这类机构必然会在大湾区率先出现，率先发挥重要作用，并且率先向内地普及推广。

（三）华为公司的实践和探索

早在 2007 年，东莞市就给华为提供了松山湖 50 万平方米产业用地。2012 年，《关于东莞松山湖华为终端总部选址规划研究及生态线调整论证批前公示》发布，东莞市在松山湖南部划出 1900 亩（1 亩 = 666.7 平方米）环湖生态建设用地，专门用于华为终端总部的建设。2013 年、2014 年，华为公司已有部分生产供应链部门在逐步迁移，最晚迁移的部门为软件研发部门，于 2018 年全部迁移完毕。华为相关人士表示，以后留在深圳的主要是行政、接待和展示功能。华为迁移至松山湖的动因主要包括以下四个方面。

一是深圳工业用地不足。深圳土地开发已经接近饱和，新增供地很少，而且主要靠二次开发，难度很大，成本较高。土地越来越少，越来越贵，产业成长的可能空间就会越来越小。华为要建厂和扩张，但拿不到地。任正非说过：工业现代化，要有土地来换取工业的成长。深圳房地产项目太多，没有大块的工业用地。相比之下，东莞不仅距离深圳近，而且松山湖拥有成片可开发的土地。

二是深圳房价飙升，企业生产经营成本和员工生活成本太高。深圳房价近两年涨得很快，据业界提供的数据，即便在深圳市已经严控房价的基础上，华为所在的龙岗区坂田街道和附近范围内的住宅，2019 年平均房价也在 50000 元/米^2 左右。由于商业地产推升，工业用地不仅供应紧张、供需矛盾突出，而且价格居高不下。这导致了两个问题：一是企业房租等运营成本太高；二是员工租房、买房等生活成本太高，企业和员工负担过重。而东莞地价和深圳相比便宜得多，加上为了争取华为迁入，政府提供了优惠的土地政策，使得华为入手的地价仅约为深圳地价的 1/10。以东莞松山湖商住地块为例，华为投入 6.5 亿元竞得，成交楼面价约为 2865 元/米^2。华为将在松山湖提供 3 万套员工住房，价格仅为 8500 元/米^2，比周边 2.5 万元/米^2 的市场价低了很多。

三是深圳和东莞松山湖存在生态环境和宜居性的差异。除了生产生活成本压力外，深圳交通拥堵，就学和养老资源不足，开发强度过高，人口密度过大，自然环境资源品质受到很大影响，这些都是造成宜居性问题的原因。坂田容纳不下华为，很大程度上是因为华为周围的城中村和与小县城类似的交通条件，华为因为买不到地，只能租用周边的写字楼。反观东莞松山湖，其在生态和宜居层面都进行了高起点规划，自然资源得天独厚，是公认的"莞邑新八景之首"，而且为迎接华为的到来，还做了一系列特别的适应性安排，比如道路交通和高品质学校、医院的引入等，交通便利，青山绿水，适合工作和生活，与深圳相比，优势十分明显。

四是东莞松山湖产业体系完整，配套条件优越。华为在松山湖找到了更符合发展需求的产业环境、政策和产业链配套。OPPO、vivo 和金立等知名手机企业都是从东莞成长起来的，在东莞，围绕以上品牌聚集了一批产业链上下游的企业，使东莞成为中国手机产业的中心之一。华为加入后，全球前 6 大手机厂商中有 3 家都在东莞设有研发部门和生产基地。此外，东莞在电子信息产业方面也有完整的布局，在上游配套方面优势明显，产品直接面向国际市场，远销北美、欧洲、东南亚的几十个国家和地区。松山湖的资源集聚能力还体现在人才资源、科技资源和资本等方面。虽然与深圳相比，东莞在很多方面仍有差距，但发展势头良好，特别是华为的进入，带来一系列与其产业有共生关系的相关产业，对产业链的进一步完善和提升发挥了重要作用。松山湖目前大大小小在建及建成的产业园区达30多个，已形成产学研政企合作的格局。

华为迁入松山湖带来重大的社会影响。松山湖管委会发布的数据显示，2015年华为终端项目的工业总产值为808亿元，占整个园区的51%；税收为24亿元，占整个园区的30%。2016年，华为系工业企业成为松山湖首个千亿企业，也是东莞仅有的两个千亿级企业之一。近几年，松山湖生产总值先后超过传统强镇虎门、长安。2017年，园区规上工业增加值为332.69亿元，华为系企业规上工业增加值占比高达56%。从1996年就进入深圳市龙岗区坂田街道的华为，是坂田乃至龙岗的缴税大户。2015年，华为总部所在的深圳坂田街道实现工业总产值3406.4亿元，占了深圳龙岗区的66.14%；税收总收入244.3亿元，占龙岗区税收的近50%。2015年，龙岗区手机产量为7518万部，同比增长28.3%；2016年，龙岗区手机产量下降到5320万部，2017年暴跌到984万部[1]。两年时间，龙岗手机产量下跌了87%，2017年龙岗大部分支柱制造业的产量都在下滑。从龙岗和松山湖的各类数据可以看出，华为终端公司及其制造产能从龙岗区转移到松山湖，给龙岗区经济带来一定的不利影响，但对松山湖是极大的利好。

在2018年度东莞市实际出口总额前20名企业中，华为终端有限公司夺得冠军；在2018年度主营业务收入排名中，华为系工业企业、东莞华贝电子科技有限公司分列全市第2位和第3位；在2018年度东莞市强势企业排名中，华为系企业夺冠[2]。华为迁入松山湖反映出以下四个主要问题。

---

① 《龙岗区国民经济和社会发展统计公报》。

② 《东莞2018年强势企业排行榜》，东莞市人民政府网，2019年8月14日，http://www.dg.gov.cn/zjdz/csts/mqmp/content/mpost_2184828.html。

一是摆正政府利益与企业利益。政府本不应拥有自身的利益，但一个奋发有为的政府，离不开可支配财政收入的支撑，因此中国的基层政府普遍重视政府收益的培育。政府的收入通常分为两个方面，一是税收收入，二是土地收益[①]。政府收益比较好的地区，政府支出能力较强，基础设施建设和公共产品提供能力也就比较好，这对一地的发展是有利的。但是对企业而言，税收和地价都是成本的重要构成部分，税收和地价越高，企业的生存条件就越差，而作为一地经济发展的根本推动力量，企业生存状态不好，会直接导致税源的流失和税收的减少。同时，企业的低迷会导致人们可支配收入的减少，购买力下降，从而使得土地价格因得不到足够的支撑而下行，使政府的土地收益减少。因此政府和企业是有机共生、相互影响的经济生态共同体。

二是平衡短期利益与长期利益。对政府而言，土地收益是短期利益，而企业和纳税人税源的培育和税收的稳定增长则是长期利益。过于强调短期利益，是政府常犯的错误，主要原因是政府有任期限制，主要领导囿于任内政绩考评压力，倾向于重眼前而轻长远。龙岗区不是不想留住华为，主要领导也曾经提出"服务华为，马上就办"的口号，也做了华为科技城这样的规划方案。然而，一落在具体行动上，马上就偏向了商业地产开发，逼得华为不得不与之澄清关系，划清界限。

三是认清房地产的负责影响及其产生的原因。改革开放以来，房地产业的先行崛起和迅速膨胀，有着深刻的历史背景和文化背景。中国传统观念认为，拥有自有产权的住房是成家立业的前提条件，是衡量个人能力、家庭实力甚至感情真伪的重要标准，造成中国人对购买住房的需求旺盛。加上中国人口基数大、政府提供福利性住房的能力弱等因素，给房地产业的大发展提供了条件。房地产企业与银行和政府之间的铁三角关系，体现为三方虽然各自有不同的利益诉求，但对地价的抬升都有着积极的认同，这就为房地产价格推

① 主要是土地出让收益。

高打下了强硬的基础，形成了固化和不正当的利益格局。房地产泡沫屡禁不止，不仅成为造成民生问题的顽症，也为经济发展埋下了系统性风险，同时还引发了类似于迫使华为撤离这样的愚蠢的利益自戕现象。

四是正确处理招商与招商思维的关系。招商是改革开放 40 多年来形成的、具有中国特色的现象级经济行为模式。其基本原理是通过税收和土地价格等政策的特殊优惠，吸引投资和产业进入本地区，促进当地经济规模的扩大和经济社会发展。招商行为在改革开放初期有其出现和存在的必然性，也为发展起到过重要的促进作用。但招商的本质是通过行政干预人为制造成本洼地吸引投资，是违背经济规律和市场原则的，因此只能是特殊时期、特殊目标下的过渡性做法，而不应成为永恒不变的真理。特别是在进入新时期以后，中央强调要以市场作为资源配置的主要手段，为一些惯性作用下仍然沿袭的传统做法敲响了警钟，值得重新审视、认真思考和努力改进。招商作为经济发展的重要手段本来是没错的，但在一切经济行为中都采取招商思维，就跟不上时代发展的要求了。东莞在吸引华为入驻的过程中，的确沿用了招商的某些传统做法，但是松山湖作为一个新的经济现象，能否通过未来的实践证明其确实摆脱了招商思维，尚需时日进行进一步的观察。

第二章

"一带一路"背景下改革开放的新征程

1978 年 12 月 18—22 日，党的十一届三中全会在北京召开。这次会议果断停止使用"以阶级斗争为纲"的口号，做出把党和国家工作重心转移到经济建设上来、实行改革开放的历史性决策，实现了新中国成立以来党的历史上具有深远意义的伟大转折，开启了中国改革开放历史新时期。从此，中国改革开放的大幕正式拉开。这是中国共产党的一次伟大觉醒，也是中国人民和中华民族发展史上的一次伟大革命。

广东是中国改革开放的排头兵、先行地、实验区，在全国改革开放和社会主义现代化建设大局中具有十分重要的地位和作用。珠三角地区的 9 个城市又是粤港澳大湾区的重要组成部分。建设粤港澳大湾区是一个重大的国家战略，也是广东改革开放再出发的一个重大历史机遇。

2018 年 3 月 7 日，习近平在参加十三届全国人大一次会议广东代表团审议时指出："要以更宽广的视野、更高的目标要求、更有力的举措推动全面开放，加快发展更高层次的开放型经济，加快培育贸易新业态新模式，积极参与'一带一路'建设，加强创新能力开放合作。要抓住建设粤港澳大湾区重大机遇，携手港澳加快推进相关工作，打造国际一流湾区和世界级城市群。"①

① 《习近平李克强栗战书汪洋王沪宁赵乐际韩正分别参加全国人大会议一些代表团审议》，《人民日报》2018 年 3 月 8 日。

第一节　广东地区的改革开放
与珠三角城市群

一、在现代化建设中先行一步

（一）习仲勋与广东改革开放的起步

广东地区的改革开放，是中央科学决策和地方大胆探索良性互动的过程。中国改革开放的总设计师邓小平审时度势，选择广东这块热土开篇布局，要求广东"杀出一条血路来"。以习仲勋为代表的广东改革开放的开创者和先行者们"敢闯敢试、敢为人先"，开启了广东跨越式发展的光辉历程。

在历史上，广东是中国海上丝绸之路的发源地之一，这里工商业比较发达，商业意识比较浓厚，对外联系广泛，是中国对外开放的重要区域。

新中国成立后，由于受到西方国家的经济封锁，中国总体上长期处于封闭状态，广东在对外联系和交往中发挥了重要的"窗口"作用。与其他地区相比，广东对港澳及海外的情况和动向有着更多了解。从 1957 年起，中国出口商品交易会①每年在广州举办两届。每年有大量的港澳同胞来内地探亲，也有不少海外华侨回国探亲。从 20 世纪 60 年代起，中国同东南亚各国、中国内地同港澳的发展水平逐渐出

---

① 自 2007 年春季第 101 届开始，设立了进口展区，"中国出口商品交易会"正式更名为"中国进出口商品交易会"。

现差距。1978 年，广东省农村居民人均收入为人民币 77.4 元，宝安县农村居民人均收入为人民币 134 元，而与宝安县仅一河之隔的香港新界农村居民同期收入为 1.3 万多港元。粤港两地生活水平悬殊，引起严重的逃港风潮。

1978 年 11 月，广东省委第二书记习仲勋在中央工作会议上坦率指出："近十年来，广东农业发展缓慢，农民吃不饱肚子，城市副食品供应紧张，可以说是到了怨声载道的地步。"[①]巨大的反差和强烈的对比使广东人民迫切希望中央调整政策，发展商品经济，实行对外开放，尽快改变本省的落后面貌，缩短与香港的差距。与此同时，香港在 20 世纪 70 年代末已发展成国际大都市，正面临着产业调整与升级的任务，这为广东的对外开放提供了十分有利的外部环境和机遇。一方面，广东可以利用香港的资金、信息、市场、管理人才和经营经验，借助香港国际化功能走向国际市场；另一方面，随着国际产业的大调整与国际市场的激烈竞争，香港急需将劳动密集型的产业转移出去，而广东凭着"地利"与"人和"的条件，正好成为承接香港产业转移的便利之地。

1978 年 12 月 11 日，中共中央发出通知，任命习仲勋为广东省委第一书记、省革命委员会主任。在随后举行的党的十一届三中全会上，习仲勋等 9 人被增补为中央委员会委员。此后，广东对内改革、对外开放的步伐明显加快。

1979 年 1 月 8—25 日，习仲勋主持召开中共广东省委四届二次常委扩大会议，传达贯彻党的十一届三中全会精神，研究如何实现工作重心转移和对外开放问题。会议提出："要充分利用毗邻港澳的有利条件，引进先进技术，吸收外资，大搞加工装配、补偿贸易，发展旅游事业。对这些事情，要解放思想，敢于实践，要大胆地搞，

「一带一路」与粤港澳大湾区建设

---

① 《习仲勋主政广东》编委会编《习仲勋主政广东》，中共党史出版社，2007，第 150 页。

放手地搞，努力增加外汇收入，用以加速广东的现代化建设。"①3 月
3 日，习仲勋主持召开省委常委会议。会议认为：广东发展商品经济
有一定的基础，加上毗邻港澳，华侨众多，搞外贸和引进，条件比
国内哪个省都好；但由于现存经济体制把手脚捆得紧紧的，广东难
以发挥自己的长处和优势，这个问题必须加以解决。4 月 2 日，省委
常委会召开会议，重点讨论关于开展对外经济技术交流的汇报材料。
这份汇报材料拟向中央提出八点要求和建议，主要有：改革现行管
理体制，给地方多一些权限；外汇收入扩大地方分成比例；充分利
用外资，搞综合补偿等形式，解决广东电力、燃料、交通等薄弱环
节，请中央大力支持和帮助；划定贸易合作区，吸收外商来广东投
资设厂。这次会议"确认根本的出路还是希望中央给广东放权，抓住
当前有利的国际形势，让广东充分发挥自己的优势，在四化建设中
先走一步"②。作为具体步骤，会议提出在深圳、珠海和汕头可根据国
际惯例划出一块地方，单独进行管理，作为华侨、港澳同胞和外商的
投资场所，按照国际市场的需要组织生产，并初步定名为"贸易合作
区"。会议决定将这一设想在即将召开的中央工作会议上向中央汇报。

　　1979 年 4 月 5—28 日，中央工作会议在北京召开。习仲勋在发
言时提出：广东邻近港澳，华侨众多，应充分利用这个有利条件，
积极开展对外经济技术交流……希望中央给点权，让广东（在四个
现代化中）先走一步，放手干③。在中央政治局听取各组汇报时，
习仲勋代表广东省委正式向中央提出广东要求实行特殊政策、灵活
措施以及创办"贸易合作区"的建议④。邓小平在听汇报时插话说：

　　①　中共广东省委党史研究室：《广东改革开放发展史（1978—2018）》，广东
人民出版社，2019，第 38 页。

　　②　《习仲勋主政广东》编委会编《习仲勋主政广东》，中共党史出版社，
2007，第 239 页。

　　③　《习仲勋革命生涯》编辑组编《习仲勋革命生涯》，中共党史出版社、中国
文史出版社，2002，第 549 页。

　　④　《习仲勋传》编委会编《习仲勋传》（下卷），中央文献出版社，2013，第
453 页。

"广东、福建有这个条件，搞特殊省，利用华侨资金、技术，包括设厂。只要不出大杠杠，不几年就可以上去。……如果广东这样搞，每人收入搞到 1000 至 2000 元，起码不用向中央要钱嘛！广东、福建两省 8000 万人，等于一个国家，先富起来没有什么坏处。"①当听说加工区名称还定不下来时，邓小平说："还是叫特区好，陕甘宁开始就叫特区嘛！"当谈到解决基础建设资金问题时，邓小平又说："中央没有钱，可以给些政策，你们自己去搞，杀出一条血路来。"②这次中央工作会议决定在深圳、珠海、汕头、厦门等地试办出口特区，对广东、福建两省采取特殊政策和灵活措施。7 月 15 日，党中央、国务院批准广东、福建两省实行"特殊政策、灵活措施、先行一步"，并试办出口特区。1980 年 8 月，党和国家批准在深圳、珠海、汕头、厦门设置经济特区，明确要求发挥经济特区对全国改革开放和社会主义现代化建设的重要窗口和示范带动作用③。

在中央做出广东、福建实行特殊政策和灵活措施的决策后，为了正确理解中央的政策、正确运用中央赋予广东的权力，中共广东省委引导各级干部深入学习中央的指示，统一认识。一方面，不断解放思想，清除"左"的思想影响，提高改革开放的自觉性；另一方面，不断端正经济工作的指导思想，根据实践中出现的问题和偏差总结经验教训。

在先行一步的过程中，广东用一年的时间就基本实现了工作重点的转移，明确了今后建设的方针，着手进行国民经济的调整工作，并且在全国率先进行了经济体制以及配套改革的有益探索，包括：大力推进农村改革，发展多种经济成分，推进商品流通和价格管理、企业经营、财政金融、外贸、投资、交通、科技、教育等方面体制

① 《习仲勋革命生涯》编辑组编《习仲勋革命生涯》，中共党史出版社、中国文史出版社，2002，第 549—550 页。

② 中共中央文献研究室编《邓小平年谱（1975～1997）》（上），中央文献出版社，2007，第 510 页。

③ 习近平：《在深圳经济特区建立 40 周年庆祝大会上的讲话》，人民出版社，2020，第 2 页。

机制的改革，全省经济社会发展开始走上正确的轨道。

在广东实行特殊政策、灵活措施的头三年，广东经济发展迅速，商品经济活跃，市场调节范围扩大，人民生活水平明显提高。经济特区正式成立后不久，那些偷渡到港澳去的人看到家乡经济发展起来了，又开始成批地回来。1984年初，邓小平视察深圳、珠海后发表谈话："听说深圳治安比过去好了，跑到香港去的人开始回来，原因之一是就业多，收入增加了，物质条件也好多了，可见精神文明说到底是从物质文明来的嘛！"①

（二）广东区域经济一体化与经济特区建设

在区域经济一体化建设方面，1983年6月，广东省委负责人向中央领导同志提出开发珠江三角洲的设想，得到支持。广东随即组织对珠江三角洲经济区的调查研究和规划，形成《珠江三角洲经济区规划的初步设想》。1984年6月25日，广东省省长梁灵光在省六届人大二次会议上提出："珠江三角洲是我省最富庶的地区，有临近港澳和著名侨乡的优势。我们要运用特殊政策、灵活措施，以广州为中心，以深圳、珠海为窗口，以中小城市为骨干，以广大农村为腹地，以南海油田为依托，形成开放型、综合型的经济网络，加快发展步伐。"②

1985年1月，国务院在北京召开长江三角洲、珠江三角洲和闽南厦（门）漳（州）泉（州）三角地区座谈会，传达了中共中央、国务院关于开辟沿海经济开放区的决定和邓小平有关讲话，着重讨论了如何贯彻落实的问题。2月18日，中共中央、国务院发出通知，决定在长江三角洲、珠江三角洲和闽南厦漳泉三角地区开辟沿海经济开放区。

---

① 邓小平：《邓小平文选》（第三卷），人民出版社，1993，第52页。

② 梁灵光：《开放、改革 努力开创社会主义现代化建设新局面》（1984年6月25日），载广东省人民政府办公厅编《广东省人民政府政府工作报告汇编（1979—2016）》，广东人民出版社，2016，第455页。

珠江三角洲经济开放区包括当时的佛山市及所辖中山市、南海县、顺德县、高明县，江门市及所辖开平县、新会县、台山县、鹤山县、恩平县，广州市所辖番禺县、增城县，深圳市所辖宝安县，珠海市所辖斗门县，惠阳地区所辖东莞县，当时总人口 951 万人，总面积 21492 平方千米。1986 年、1987 年，经国务院批准，开放区扩大到"大三角"范围[①]，扩大为 28 个市、县及 1 个郊区，土地面积 4.43 万平方千米，人口 1576.65 万人，分别占全省的 24.9% 和 27.0%。1985 年 4 月中旬，广东省政府召开珠江三角洲经济开放区规划工作会议，确定开放区规划分三步走：第一步，制定鲜活商品出口规划；第二步，制定发展工业品出口规划；第三步，制定经济开放区整体发展规划。

珠江三角洲经济开放区运用国家和广东省给予的优惠政策措施，走贸工农结合的路子，按照国际市场需要和国际标准生产，大大提高了市场竞争能力，经济发展取得巨大成就。这主要表现在：16 个市、县工农业大幅度增长，1979—1985 年，工农业总产值年平均递增 16.6%，高于全省平均水平；对外经济贸易发展迅速，对外贸易收购总值 1985 年比 1978 年翻了两番多；建立了一批农业鲜活商品基地，为出口港澳和海外提供了大量货源；乡镇企业迅速崛起，成为珠江三角洲经济的重要支柱，1985 年开放区乡镇企业总收入 98.88 亿元，比 1980 年增长 3.23 倍[②]。

在经济特区发展方面，3 个经济特区成功实现了从内向型经济向外向型经济的转变，并取得显著成效。截至 1991 年底，深圳、珠海、汕头经济特区共开发建设了 110 多平方千米的城区面积，兴建了 14 个工业区，先后兴建了一批能源、交通、通信等基础设施的配套工程，以及一大批住宅区和旅游、公共设施，共完成基本建设投资 400

---

① 增加了佛山市所辖三水县，广州市所辖花县、从化县，肇庆市及其所辖高要县、四会县、广宁县，惠州市及其所辖惠阳县、惠东县、博罗县，清远市，珠海市所辖香洲区等。

② 梁灵光：《梁灵光回忆录》，中共党史出版社，1996，第 584—585 页。

多亿元，投资环境日趋完善。实际利用外资 52 亿美元，同外商合作兴办起"三资"企业 4000 家、"三来一补"企业 7000 多家。1991 年，3 个经济特区外贸出口额达 38.9 亿美元，占全省的 28.4%[①]，较好地发挥了技术、知识、管理、对外政策"四个窗口"的作用。经济特区已成为广东乃至全国经济最活跃的地区之一。

二、20 年赶上亚洲"四小龙"

（一）追赶亚洲"四小龙"的战略目标和部署

进入 20 世纪 90 年代，在邓小平南方谈话和党的十四大精神的鼓舞下，全国尤其是广东又掀起新一轮深化改革、扩大开放的热潮，经济发展步入了快车道。

1992 年初，邓小平在视察广东深圳、珠海时发表重要谈话，指出："对于我们这样发展中的大国来说，经济要发展得快一点，不可能总是那么平平静静、稳稳当当。"[②]"我国的经济发展，总要力争隔几年上一个台阶。……比如广东，要上几个台阶，力争用二十年的时间赶上亚洲'四小龙'。"[③]

为研究落实邓小平提出的广东要力争用 20 年时间赶上亚洲"四小龙"的目标要求，1992 年 4 月 25 日至 5 月 9 日，时任国务院副总理邹家华带领国务院 10 个部委办联合组成的"国务院广东经济发展战略调查组"，在广东进行了为期半个月的调查研究。调查组首先听取了广东省和广州、深圳、珠海、顺德等市的汇报，接着又到广州、深圳、珠海、汕头、东莞、中山、佛山、番禺、顺德、惠州、茂名

---

① 中共广东省委党史研究室：《广东改革开放发展史（1978—2018）》，广东人民出版社，2019，第 123—124 页。

② 邓小平：《邓小平文选》（第三卷），人民出版社，1993，第 377 页。

③ 同上书，第 375 页。

等 11 个市、县进行了实地考察。在此基础上，调查组提出广东今后 20 年的经济发展战略应把人均地区生产总值、单位地区生产总值对能源和原材料的消耗、科技进步在经济增长中的含量、进出口总额占地区生产总值的比重和进出口的构成、衡量人民生活水平提高的指标以及精神文明建设方面的指标等内容，作为追赶亚洲"四小龙"的目标来考虑，要从经济的整体水平，而不是简单地从某个产业目标上来追赶亚洲"四小龙"[①]。

根据国务院调查组提出的意见建议，广东省于 1992 年 7 月 1 日向党中央、国务院报送了《关于加快广东发展步伐，力争 20 年赶上亚洲"四小龙"的请示》，提出在经济的总体水平上赶上亚洲"四小龙"，在精神文明方面要比他们强。后来经过广泛征求各地区各部门意见和进行反复修改，形成了《广东省 20 年经济社会发展规划纲要（草案）》。其中将广东实现现代化分为两个阶段：1991—2000 年为第一阶段，到 2000 年，地区生产总值要实现比 1980 年翻三番。2000—2010 年为第二阶段，到 2010 年，地区生产总值要达到 1.6 万亿元。同时，各项主要经济指标基本达到中等发达国家水平。

1992 年 10 月，中国共产党召开第十四次全国代表大会。大会做出三项具有深远意义的决策：一是抓住机遇，加快发展，集中精力把经济建设搞上去；二是明确我国经济体制改革的目标是建立社会主义市场经济体制；三是确立邓小平建设有中国特色社会主义理论在全党的指导地位。大会还提出："加速广东、福建、海南、环渤海湾地区的开放和开发。力争经过二十年的努力，使广东及其他有条件的地方成为我国基本实现现代化的地区。"[②]

1992 年 11 月初，中共广东省委召开六届八次全会，传达贯彻党

---

① 中共广东省委党史研究室：《广东改革开放发展史（1978—2018）》，广东人民出版社，2019，第 189 页。

② 中共中央文献研究室编《十四大以来重要文献选编》（上），人民出版社，1996，第 22 页。

的十四大精神，部署进一步加快广东省改革开放和现代化建设步伐。会议提出，广东要以党的十四大精神为动力和导向，着重抓好五个方面的工作：一是力争用 20 年基本实现现代化；二是建设和完善社会主义市场经济体制；三是认真抓好行政管理体制和机构的改革；四是下大力气抓好社会治安综合治理；五是加强党的建设。1993 年 5月，中共广东省第七次代表大会正式确定在未来 20 年赶上亚洲"四小龙"、基本实现社会主义现代化为广东的奋斗目标。

追赶亚洲"四小龙"战略目标确定后，广东进一步扩大改革开放，主动走出去开展大型经贸活动，大力发展基础设施和高新技术等重点建设项目，着力对电子、机械、钢铁、轻工、化工、医药、食品、饮料、建材等基础产业和制造业领域进行整体改造，打造广东的支柱产业。同时，广东省贯彻党的十四大、十五大精神和党中央的各项方针政策，坚持以经济建设为中心，努力推进经济体制和经济增长方式两个根本性转变，实施"外向带动、科教兴粤、可持续发展"三大战略，增创体制、开放、产业、科技四大优势，积极扩大内需，努力消除亚洲金融危机的影响，妥善化解地方金融风险，顺利实现了稳中求进、有效增长。据统计，"八五"时期（1991—1995 年），广东经济社会发展取得显著成就。

一是国民经济持续快速增长。"八五"时期年均增长 19%，比"七五"时期提高 6.5%，快于全国同期 7.3 个百分点[1]。1995 年，全省地区生产总值达到 5733.97 亿元，比 1991 年增长 3 倍，人均地区生产总值 8495 元，比 1991 年增长 2.8 倍，经济增长速度快于全国，经济总量在全国继续保持领先地位。

二是产业结构进一步调整优化。第一产业比重下降，第二产业比重上升，第三产业保持稳定发展，三大产业的比重由 1990 年的26∶40∶34 转变为 16∶51∶33。

三是基础设施建设取得突破性进展。全社会固定资产投资累计完

---

① 中共广东省委党史研究室：《广东改革开放发展史（1978—2018）》，广东人民出版社，2019，第 227—228 页。

成 7590.97 亿元，比"七五"期间增长 3.9 倍[1]，全省的能源、原材料、运输、邮电紧张的局面得到有效缓解，大大增强了广东的经济实力和发展后劲。

四是对外开放向纵深发展。全省形成全方位、多层次的开放格局，利用外资规模迅速扩大，全省实际利用外资 406 亿美元，比"七五"时期增长了 3.3 倍。

五是科教文卫事业成果丰硕。全省已建立起深圳、广州、中山、佛山、惠州、珠海 6 个国家级高新技术产业开发区，认定高新技术企业 1400 家；全省有 106 个县（市、区）实现普及九年义务教育，占全省的 86.9%[2]。

六是人民生活水平和质量不断提高。1995 年，全省城镇居民人均生活费收入 6849 元，农民人均纯收入 2669 元，扣除物价因素，5 年间，年均递增率分别为 11.6% 和 7.2%。另外，城乡居民消费水平也有明显提高，居住条件有了很大改善。

（二）经济特区和珠三角地区率先基本实现现代化

1995 年 9 月，中共十四届五中全会审议通过《中共中央关于制定国民经济和社会发展"九五"计划和 2010 年远景目标的建议》，提出我国"九五"时期的主要奋斗目标：全面完成现代化建设的第二步战略部署，在 2000 年我国人口将比 1980 年增长 3 亿左右的情况下，实现人均国民生产总值比 1980 年翻两番；基本消除贫困现象，人民生活达到小康水平；加快现代企业制度建设，初步建立社会主义市场经济体制。全会强调，实现这些奋斗目标的关键是实行两个具有全局意义的根本性转变：一是经济体制从传统的计划经济体制向社会主义市场经济体制转变；二是经济增长方式从粗放型向集约型转变。

① 中共广东省委党史研究室：《广东改革开放发展史（1978—2018）》，广东人民出版社，2019，第 228 页。

② 同上。

为落实党的十四届五中全会精神，广东省委于 1995 年 11 月 6—9 日召开七届四次全会，回顾总结广东"八五"时期的工作，研究提出"九五"时期国民经济与社会发展的奋斗目标与工作方针。1996 年 2 月，省八届人大四次会议审议通过的《广东省国民经济和社会发展第九个五年计划纲要》，明确规定了广东省国民经济和社会发展的主要目标：地区生产总值从 1995 年的 5440 亿元增加到 2000 年的 9167 亿元，年平均增长 11%；到 2000 年，初步建立社会主义市场经济体制，经济运行机制发生相应的转变，市场在国家宏观调控下对资源配置起基础性作用；人均地区生产总值从 1995 年的 8020 元增加到 2000 年的 12300 元，年均增长 9%，2000 年人均地区生产总值比 1980 年翻三番；科技进步对经济增长的贡献率达到 50%；国民经济的整体素质和经济效益有所提高[①]。

在"九五"计划实施过程中，广东省委、省政府于 1999 年 3 月对率先基本实现现代化进行了一系列部署，做出了经济特区和珠江三角洲率先基本实现现代化的科学决策。7 月，又确定顺德市为率先基本实现现代化的试点市，为全省起示范带动作用。8 月底，在深圳召开广东省经济特区和珠江三角洲改革开放工作座谈会，确定了经济特区和珠江三角洲地区率先基本实现现代化的总体思路，即以率先基本实现现代化为总任务、总目标统揽全局，继续解放思想、开拓创新，实施外向带动、科教兴粤、可持续发展三大战略，增创体制创新、扩大开放、产业升级、科技创新四大优势，率先创建文明法治环境；到 2010 年左右，率先基本实现现代化，为全省基本实现现代化起示范带动作用。

2002 年 5 月，中共广东省第九次代表大会提出，今后 5 年继续以"增创新优势，更上一层楼，率先基本实现社会主义现代化"为总目标、总任务统揽工作全局，以提高国际竞争力为核心，实施外向带动、科教兴粤、可持续发展、区域协调发展四大战略，增创开放、

---

① 中共广东省委党史研究室：《广东改革开放发展史（1978—2018）》，广东人民出版社，2019，第 230 页。

产业、科技、体制、环境五大优势，努力建设经济强省；率先建立比较完善的社会主义市场经济体制，率先建立文明法治环境，率先实现宽裕的小康；全面加强和改进党的建设，为加快率先基本实现社会主义现代化提供强有力的保证。这次党代会还提出，全省要朝着率先基本实现现代化的目标继续努力奋斗，珠江三角洲要再用10年左右的时间率先基本实现社会主义现代化，在经济发展、社会进步、生态环境和人民生活等方面基本达到现代化标准，其中，人均地区生产总值要达到7000美元以上，为全省率先基本实现现代化发挥先行示范作用。

三、珠三角城市群的形成和拓展

（一）广东区域协调发展战略

珠江三角洲位于广东省东南部、珠江下游，毗邻港澳，与东南亚地区隔海相望，海陆交通便利，被称为中国的"南大门"。珠江三角洲地区包括广州、深圳、珠海、佛山、江门、中山、东莞和惠州的惠城区、惠阳区、惠东县、博罗县以及肇庆的端州区、鼎湖区、高要区、四会市。

从20世纪90年代中期开始，广东坚持从省情实际出发，按照分类指导、层次推进、梯度发展、共同富裕的方针，实施了"中部地区领先、东西两翼齐飞、广大山区崛起"的区域经济协调发展战略，合理进行地区经济布局，着力促进全省不同类型地区经济协调发展。在充分发挥广州、深圳两个中心城市和珠三角地区龙头带动作用的同时，采取有力措施加快东西两翼和山区的发展步伐。

珠江三角洲在广东省乃至全国的经济发展中都具有明显的比较优势。中共广东省委要求珠三角加快改革开放步伐，逐步将珠江三角洲的城市建成各具特色的大中型城市，形成新型的高新技术产业带和国际化的城市群，使珠江三角洲经济区成为经济繁荣、城乡一体、结构优化、布局合理、设施完善、环境优美、秩序良好的一个现代化经济区，成为带领全省基本实现现代化的龙头、全国外向型经济的重要基地，建设中国特色社会主义的试验区。

广州市是广东省的经济、政治、文化中心。广东省委提出要把广州市建成现代化国际大都市，充分发挥其在珠江三角洲经济区的中心城市作用，按照国际大都市的要求，加快现代化交通、通信等基础设施建设，大力发展金融、商贸、房地产、旅游等第三产业，积极发展科技、教育事业，进一步增强其中心城市的功能，提高其对珠江三角洲地区以至国内外的辐射能力。

经济特区是广东经济的核心区域之一。广东省委要求在已经取得的成就和经验的基础上，加大改革的力度，为加快建立社会主义市场经济体制大胆探索，为全省提供经验。同时，在抓好经济结构和产业结构调整、进一步发展外向型经济、发展高新技术产业、提高经济社会管理水平、加强民主法治建设、搞好精神文明建设等方面增创新的优势，形成特区的新特色，把经济特区逐步建成科技型、综合型、高层次的现代国际化城市。

此后，经济特区和珠江三角洲地区率先基本实现现代化步伐明显加快。到2002年底，3个特区和珠江三角洲地区生产总值达到12253.69亿元。广州、深圳两市经济高速发展，消费持续繁荣，科技、教育、文化、信息、金融、商贸、交通和旅游等方面的区域中心地位不断强化，龙头带动作用日益凸显。珠三角城市之间，工业化进程整体推进，基础设施建设加速实现网络化、一体化，等级优化、功能互补、布局合理、各具特色的现代化城市群体迅速崛起。

在实施区域协调发展战略的同时，广东还大力推进与港澳地区的经济合作。随着香港、澳门相继回归祖国，粤港澳三地经济和社会走向全面合作的新阶段。粤港澳的金融、贸易、航运、信息、旅游等功能逐步联为一体；广东省的高速公路、铁路、机场、港口、通信等基础设施的主骨架建设也逐步与港澳对接，形成三地纵横交错的网络，逐步把包括港澳在内的珠江大三角的现代化城市连成一片，使整个珠江三角洲成为华南经济区的一个核心点和未来亚太自由贸易区多极发展格局中的重要一极，增强了广东省经济的辐射力和发展后劲。

（二）泛珠三角区域合作

党的十六大后，广东着力推进泛珠三角区域合作（简称"'泛珠'合作"），充分发挥各方的优势和特色，拓宽合作领域，提高合作水平，形成合作互动、优势互补、互利共赢、共同发展的格局，拓展了区域发展空间。在"泛珠"合作的推动下，广东开放型经济水平得以快速提升。

2003年6月29日，中央政府和香港特别行政区政府签署《内地与香港关于建立更紧密经贸关系的安排》（CEPA）。对广东而言，这同样是重大的发展机遇。进入21世纪以来，从"珠三角"到"大珠三角"，以港澳—深圳—广州为轴心的庞大区域经济格局逐渐成型。在此背景下，广东要进一步发展，这一格局势必向更为广阔的内地扩充，以争取更大范围的经济腹地，发挥更大的市场辐射力。因此，在CEPA落实过程中，"泛珠"合作构想应运而生。"泛珠"合作区域的成员包括福建、江西、湖南、广东、广西、海南、四川、贵州、云南9省（区）和香港、澳门2个特别行政区，简称"9＋2"。从整合"小珠三角"，到推进包括香港、澳门在内的"大珠三角"，再到谋划辐射华南、西南乃至东南亚的"泛珠"合作，这"三级跳"大大拓展了珠三角的辐射空间，有助于充分发挥广东作为华南地区经济中心、中南地区对外联系门户和大西南地区出海通道的作用，构筑一个优势互补、资源共享、市场广阔、充满活力的区域经济体系。

"泛珠"区域侧重开展贸易、投资、科技、能源、交通、信息、旅游、环保等领域的合作。在"泛珠"合作中，广东积极牵头提出合作构想、促成合作决策，且积极协调各方，促进各项政策落地实施。2004年6月，首届泛珠三角区域合作与发展论坛分别在香港、澳门和广州举行，标志着"泛珠"合作从构想到实践的深化。

随着"泛珠"合作的加强，广东着力深化粤港澳经贸合作及外经贸转型升级，不断提升自身开放型经济水平，同时为港澳地区的经济繁荣和"一国两制"的成功实践发挥着重要作用。2006—2010 年,粤港澳合作从产业发展拓展到经济转型、社会民生等各个领域。三地在 2008 年携手应对国际金融危机,以合作凝共识、应危机、促发展,致力于发展现代服务业,大力支持企业转型升级,经贸合作逆势上扬。在深化经贸合作的基础上,三地以共建大珠三角优质生活圈为目标,着力推动合作领域从经贸合作向经济、社会、文化等全面合作发展,便捷通关、科技教育、医疗卫生、环境保护、供水供电、文化体育等方面的合作不断深化,为三地民众跨境工作生活提供便利和服务。三地基础设施建设合作也进一步加强,粤港澳之间的大西南水运通道、港深"西部通道"等大型合作项目分别在 3 年内完成。同时,推进了公平开放的市场环境建设,在深化广佛肇、深莞惠、珠中江三大经济圈合作的同时,还搭建了珠海横琴岛、深圳前海、广州南沙新区 3 个平台,进一步拓展了合作空间。

2010 年 12 月,国务院印发《全国主体功能区规划》,要求全国各省份尽快组织完成省级主体功能区规划编制工作,调整完善财政、投资、产业、土地、农业、人口、环境等相关规划和政策法规,建立健全绩效考核评价体系。按开发方式,全国国土空间被划分为优化开发区域、重点开发区域、限制开发区域和禁止开发区域。这是新中国成立以来我国第一个全国性国土空间开发规划。《全国主体功能区规划》多处内容涉及广东,明确将珠三角地区列为国家层面的优化开发区域,将粤东的汕头、潮州、揭阳、汕尾四市和粤西的湛江市分别划入国家层面的重点开发区域"海峡西岸经济区"和"北部湾地区"的范围内,将粤北的韶关、梅州、河源的 11 个县(市)列入国家层面限制开发的重点生态功能区"南岭山地森林及生物多样性生态功能区"的范围内。

《全国主体功能区规划》在城市化战略格局中提出,推进环渤海、长江三角洲、珠江三角洲地区的优化开发,形成 3 个特大城市群。对珠江三角洲地区的功能定位,《全国主体功能区规划》提出,通过粤港澳的经济融合和经济一体化发展,共同构建有全球影响力的先进制造基地和现代服务业基地,南方地区对外开放的门户,我国参与经济全球化的主体区域，全国科技创新与技术研发基地，全国经济发展的重要引擎，辐射带动华南、中南和西南地区发展的龙头，我国人口集聚最多、创新能力最强、综合实力最强的三大区域之一。根据联合国人居署 2011 年发布的《世界城市状况报告》，以广州、香港和深圳为核心的珠三角都市区已经成为世界上最大的超级都会区。

第二节 "一带一路"
与广东推进大湾区建设

一、"一带一路"建设与粤港澳深度合作

（一）广东省参与"一带一路"建设实施方案

2012 年 11 月，党的十八大提出"全面提高开放型经济水平"后，中国启动了新一轮对外开放。2017 年 10 月，党的十九大提出"要以'一带一路'建设为重点，坚持引进来和走出去并重，遵循共商共建共享原则，加强创新能力开放合作，形成陆海内外联动、东西双向互济的开放格局"[①]。作为对外开放的先行地，广东以此为契机，立足于之前对外开放的丰硕成果，大力提升开放型经济发展水平，着力培育开放合作新优势，推动形成全面开放新格局。广东积极参与"一带一路"建设和自由贸易试验区建设，在全面深化改革中构建开放型经济新体制，持续深化粤港澳合作，推进粤港澳大湾区建设，取得了新的历史性成就。

广东结合本省实际，在党的十八大以后确立了新一轮对外开放的目标和任务。为响应国家实施共建"一带一路"的重大决策，2014 年 1 月召开的中共广东省委十一届三次全会又提出，要"抓住中央提出建设 21 世纪海上丝绸之路的战略机遇，加强与东盟各国及南亚、中

---

① 《中国共产党第十九次全国代表大会文件汇编》，人民出版社，2017，第 28 页。

东、非洲等地区的经贸合作"①。2015年6月，广东省政府公布《广东省参与建设"一带一路"的实施方案》。这是继当年3月国家发布《推动共建丝绸之路经济带和21世纪海上丝绸之路的愿景与行动》后，首个上报的省级实施方案。根据正式发布的实施方案，广东确定了参与建设"一带一路"的九大重点任务，分别是：促进重要基础设施互联互通，加强对外贸易合作，加快投资领域合作，推进海洋领域合作，推动能源领域合作，拓展金融领域合作，深化旅游领域合作，密切人文交流合作，健全外事交流机制。在这九大重点任务中，促进重要基础设施互联互通被视为推进整个方案的关键。为此，广东省提出"打造国际航运枢纽和国际航空门户，面向沿线国家，构筑联通内外、便捷高效的海陆空综合运输大通道""积极参与沿线国家港口园区建设"等细化目标②。为切实推进该实施方案，广东制定《广东省参与"一带一路"建设重点工作方案（2015—2017年）》，列出40项工作，并梳理形成《广东省参与"一带一路"建设实施方案优先推进项目清单》，共68个项目，总投资达554亿美元，涵盖包括基础设施建设、能源资源、农业、渔业、制造业、服务业在内的6个领域③。与其他地方相比，广东在参与建设"一带一路"的选择上，呈现出3个特点：一是突出21世纪海上丝绸之路建设，将海洋经济和港口经济当作推进"一带一路"建设的重要途径；二是突出粤港澳合作的传统经验，将建设粤港澳大湾区当作推进"一带一路"建设的关键平台；三是突出广东在经贸方面的比较优势，将国际产能和经贸合作当作推进"一带一路"建设的主要手段。

广东参与"一带一路"建设在起步阶段就取得显著成效。2016年

① 胡键、谢思佳、徐林：《坚持稳中求进 着力改革创新 在实现"三个定位、两个率先"目标的征程中迈出扎实步伐》，《南方日报》2014年1月11日。

② 广东省发展和改革委员会：《广东省参与丝绸之路经济带和21世纪海上丝绸之路建设实施方案》（2015年12月31日）。转引自中共广东省委党史研究室：《广东改革开放发展史（1978—2018）》，广东人民出版社，2019，第480页。

③ 吴哲：《广东公布参与建设"一带一路"实施方案》，《南方日报》2015年6月4日。

10 月，国家信息中心"一带一路"大数据中心公布的利用大数据技术全面评估"一带一路"建设进展与成效的综合性年度报告显示：广东在所有参与"一带一路"建设的省（区、市）中参与度居首位，综合影响力也名列前茅。2017 年，广东对"一带一路"沿线国家进出口总额达 15032.2 万亿元，同比增长 14.9%[①]。通过深度参与"一带一路"建设，广东企业从单纯"走出去"开始向"融进去"转变，不仅继续在"走出去"的数量上引领全国，而且在质量上不断突破，实现配置要素、全产业链输出、软硬结合等有效提升。在深度参与"一带一路"建设过程中，广东省还进一步加强了与北美、欧洲、东盟、非洲以及太平洋岛国的交流合作，并设立广东丝路基金，成功举办广东 21 世纪海上丝绸之路国际博览会，开通了中欧、中亚班列，对沿线国家和地区进出口总额年均增长 8%[②]。

（二）构建粤港澳深度合作示范区

根据国家对广东在"一带一路"建设中的历史定位和政策安排，构建粤港澳深度合作示范区是重点内容之一。在深度合作新阶段，粤港澳合作的主要形式已由过去的以加工贸易为主发展到现在的以服务贸易为主，而体制机制的创新也成了根本动力。2014 年 12 月，《内地与香港 CEPA 关于内地在广东与香港基本实现服务贸易自由化的协议》在香港签署，这标志着广东率先与香港基本实现服务贸易自由化，为内地与香港基本实现服务贸易自由化积累了先行先试的经验。2015 年 4 月，中国（广东）自由贸易试验区正式挂牌并被赋予构建粤港澳深度合作示范区的重要使命，粤港澳合作进一步升级。

在此背景下，广东着力从构建高标准营商环境、推进服务贸易自由化、打造一体化商贸旅游中心、共筑"一带一路"国际运营枢纽等

---

① 广东省统计局、国家统计局广东调查总队：《2017 年广东国民经济和社会发展统计公报》（2018 年 2 月 28 日）。转引自中共广东省委党史研究室：《广东改革开放发展史（1978—2018）》，广东人民出版社，2019，第 481 页。

② 马兴瑞：《政府工作报告——2018 年 1 月 25 日在广东省第十三届人民代表大会第一次会议上》，《南方日报》2018 年 2 月 2 日。

方面入手，持续深化粤港澳合作，在短短几年时间里，粤港澳服务贸易迅速增长。仅2012—2014年，粤港服务贸易年均增长率就达到20%，而2013年，广东与港澳实现服务贸易进出口额789.36亿美元，其中与香港服务贸易进出口额777.67亿美元，同比增长40.23%，远远超过同期全国服务贸易14.7%的增长率[1]。2015年9月，广东省印发《深入推进粤港澳服务贸易自由化的实施意见》，公布首批粤港澳服务贸易自由化的13个示范基地，提出打造深化粤港澳合作的新载体。

与此同时，广东把实施创新驱动发展战略与深化粤港澳合作结合起来，将创新理念融入粤港澳合作的各个层面，创新合作思路、合作动力、合作政策和合作平台，使创新成为引领发展的第一动力。比如，在服务贸易方面，广东研究制定"负面清单"，通过制度创新打造粤港澳服务贸易升级版；在自贸试验区建设方面，广东积极推动广东自贸试验区三大片区与港澳的合作模式，重点建设粤港澳青年创新创业基地；在科教资源整合方面，广东以粤港澳高校联盟为载体，推动香港高水平大学与广东重点大学合作，促进高校科研人才交流，强化区域创新资源整合；在科技创新及产业创新方面，广东创新打造深港科技走廊，借助香港科技园、麻省理工学院海外（香港）创新中心等科研资源，推动香港及国际科研项目在广东省的产业化转化；在构建高标准营商环境方面，广东创新货物贸易监管体制和投资管理体制，以实现分类管理货物在自贸区与港澳之间自由进出和相互间投资的自由化便利化。

广东还积极构建粤港澳融会贯通的高端服务供应链，扩大人民币在港澳地区的贸易结算和投融资功能，不断放开对高端人才出入境、居留、就业和创业的限制，并大力推进粤港澳基础设施互联互通，共同打造一体化国际商贸旅游中心和优质生活圈。此外，广东还通过发展离岸贸易、国际物流、国际会展业及与自贸试验区联动的国际船舶、航空运输等相关产业，设立保税展示交易平台、融资租赁

---

[1] 王鹤：《广东粤港澳合作走向深度合作层面》，《广州日报》2016年3月3日。

创新平台和电子商务互动发展平台，全方位推动粤港澳经济贸易深度融合。

（三）打造世界级城市群的"湾区发展计划"

除推进常态化的合作以外，广东还提出并实践旨在通过对标国际著名湾区、强化粤港澳空间总体布局、打造世界级城市群的"湾区发展计划"，全面启动粤港澳大湾区建设。早在 2009—2010 年，广东在筹划珠三角协调发展时就提出这一宏大计划。2016 年，联手港澳打造粤港澳大湾区正式进入省政府工作报告。其后几年，在建设广东自由贸易试验区和参与建设"一带一路"的背景下，粤港澳大湾区的概念被进一步充实和丰富，相关设想不断进入广东各级政府的规划之中。2017 年 3 月，在十二届全国人大五次会议上，国务院总理李克强在政府工作报告中明确提出，推动内地与港澳深化合作，研究制定粤港澳大湾区城市群发展规划。会后，粤港澳三地迅速行动、频繁互动，开展大湾区规划的研究编制及相关工作。

按照中央部署，由国家发改委牵头研究编制《粤港澳大湾区城市群发展规划》，同时，广东省人民政府印发《实施〈粤港合作框架协议〉2017 年重点工作》，合力推动粤港澳大湾区重大合作平台建设。2017 年 5 月召开的中共广东省第十二次代表大会上，建设粤港澳大湾区更是成为热点和亮点。7 月 1 日，在习近平总书记的见证下，国家发改委、广东省人民政府、香港特别行政区政府、澳门特别行政区政府共同签署《深化粤港澳合作 推进大湾区建设框架协议》，意味着粤港澳大湾区进入全面建设的新阶段。10 月，粤港澳大湾区建设与粤港澳合作、泛珠三角区域合作等一起被写进党的十九大报告。11 月，广东省委十二届二次全会在部署全面学习宣传贯彻党的十九大精神时，专门对推动粤港澳大湾区建设提出新要求，强调要深入研究在"一国两制"框架下创新合作机制，不断推动现代服务业合作、交通互联、通关便利化；发挥粤港澳三地协同创新优势，打造国际科技创新中心；充分发挥港珠澳大桥等通道的作用，促进珠江口两岸融合发展和珠三角一体化发展等重大问题，推动粤港澳大湾区建设成为国际一流湾区和世界级都市区[①]。

2018 年 3 月 7 日，习近平总书记在参加十三届全国人大一次会议广东代表团审议时专门提到粤港澳大湾区建设，要求广东抓住这一重大机遇，携手港澳加快推进相关工作[②]。在 2018 年 5 月 4 日国务院颁布的《进一步深化中国（广东）自由贸易试验区改革开放方案》中，"打造粤港澳大湾区合作示范区"也被重点提出。2019 年 2 月，中共中央、国务院正式印发《粤港澳大湾区发展规划纲要》。此后，粤港澳大湾区建设速度进一步加快，广东改革开放也迎来新的发展前景。

《规划纲要》的出台，标志着大湾区建设正式上升到国家战略层面并进入全面实施阶段。广东作为大湾区建设的重要责任主体，承担着推进大湾区建设的政治责任和历史使命。这主要体现在以下五个方面：一是严格遵循中央顶层设计，不折不扣地贯彻落实中央决策部署和规划纲要各项要求；二是全面准确贯彻"一国两制"方针，严格按照宪法和基本法想事办事行事，主动协同港澳做好谋划落实工作；三是发挥好制度优势，始终从大局出发推动工作，努力实现比较优势的综合集成，激发大湾区发展的无限活力；四是坚持贯彻新发展理念，牢固树立正确的政绩观，坚定不移走高质量发展之路；五是坚持改革创新，用好改革开放"关键一招"，学习借鉴国际一流湾区建设经验，结合实际，创造性落实大湾区建设任务[③]。

---

① 中共广东省委党史研究室：《广东改革开放发展史（1978—2018）》，广东人民出版社，2019，第 492—493 页。

② 《习近平参加广东代表团审议时强调——发展是第一要务　人才是第一资源　创新是第一动力》，《新华每日电讯》2018 年 3 月 8 日。

③ 郑澍：《广东省委书记李希：举全省之力推进粤港澳大湾区建设》，央广网，2019 年 2 月 28 日，http://news.cnr.cn/native/city/20190228/t20190228_524524948.shtml。

二、广东推进大湾区建设的具体部署

（一）做好顶层设计，优化提升空间发展格局

为了在"一带一路"建设中发挥好引领作用，切实担当好粤港澳大湾区建设重要责任主体的职责，携手港澳有力有序推进大湾区建设，广东省坚持严格遵循中央顶层设计、坚持"一国两制"、坚持新发展理念、坚持改革创新、坚持互利共赢，对推进大湾区建设按照"三步走"进行安排：第一步到2020年，大湾区建设打下坚实基础，构建起协调联动、运作高效的大湾区建设工作机制，在规则相互衔接和资源要素便捷有序流动等方面取得重大突破；第二步到2022年，大湾区基本形成活力充沛、创新能力突出、产业结构优化、要素流动顺畅、生态环境优美的国际一流湾区和世界级城市群框架；第三步到2035年，大湾区全面建成宜居宜业宜游的国际一流湾区[①]。

为了走好第一步，广东省专门制定了推进粤港澳大湾区建设三年行动计划[②]，进一步明确广东省2018—2020年粤港澳大湾区建设的重点任务和责任分工，确保到2020年粤港澳大湾区建设打下坚实基础，形成广东省推进大湾区建设的"施工图"和"任务书"。

推进粤港澳大湾区建设，首先要做好顶层设计，优化提升空间发展格局。这主要包括以下三个方面的内容。

一是以香港、澳门、广州、深圳四大中心城市为区域发展的核心引擎引领粤港澳大湾区建设，发挥香港—深圳、广州—佛山、澳门—珠海强强联合的带动作用。

二是实施乡村振兴战略，以都市现代农业为方向，大力发展现代

[①] 《中共广东省委 广东省人民政府关于贯彻落实〈粤港澳大湾区发展规划纲要〉的实施意见》（粤发〔2019〕3号）。

[②] 这里是指广东省推进粤港澳大湾区建设领导小组2019年7月5日印发的《广东省推进粤港澳大湾区建设三年行动计划(2018—2020年)》。

高科技农业、绿色农业、休闲农业、乡村旅游等，打造一批集生态、教育、文化、休闲、观光功能于一体的现代农业公园、休闲农场、田园综合体等农业功能区，建设一批农村一二三产业融合发展的现代农业产业园和先导区。

三是加快建设大湾区连通东西两翼沿海地区和北部生态发展区以及贯通沿海经济带的快速大通道，推动珠三角地区世界级机场群建设，带动揭阳、湛江、梅县、韶关机场协同发展，推动形成以大湾区世界级港口群为主体、粤东和粤西港口群为两翼的港口发展格局。

（二）建设国际科技创新中心和构建现代化基础设施体系

建设国际科技创新中心，主要是配合国家实施粤港澳大湾区国际科技创新中心建设方案，深入实施创新驱动发展战略，深化粤港澳创新合作，构建开放型融合发展的区域协同创新共同体，集聚国际创新资源，优化创新制度和政策环境，着力提升科技成果转化能力，建设全球科技创新高地和新兴产业重要策源地。

一是推进国家重大科技基础设施建设和省实验室建设，布局建设重点领域粤港澳联合实验室，支持更多粤港澳有关机构积极参与国家科技计划（专项、基金等），支持相关高校参与国家空间探测与空间科学等重大航天工程项目。

二是在新一代信息技术、高端装备制造、现代工程技术等重点领域实施关键核心技术攻关，推动设立全球领先的科学实验室和研发中心，共建粤港澳大湾区大数据中心和国际化创新平台，制定向港澳有序开放国家在广东建设布局的重大科研基础设施和大型科研仪器的相关措施。

三是深港科技创新合作区及深港双方毗邻区域重点开展要素流动、财税政策、创业、产业监管、科技法制等创新试点；南沙粤港深度合作区及庆盛科技创新产业基地重点开展财税政策、合作办学、职业资格互认、生物医药和人工智能监管等创新试点；珠海横琴粤澳合作中医药科技产业园及周边适宜开发区域主要开展财税政策、中医医疗职业人员资格准入、中医药价格形成机制、中医药标准和国际化等创新试点。

四是打造高水平科技创新载体和平台，推进"广州—深圳—香港—澳门"科技创新走廊建设；建设区域专业技术平台，打造科技成果对接转化平台，争取国家支持开展科研成果转化创新特别合作区试点，建设科技创新金融支持平台。

五是加快推进中国（广东）知识产权保护中心、中国（佛山）知识产权保护中心的建设与运营，支持中新广州知识城开展国家知识产权运用和保护综合改革试验；探索制定商业模式等新形态创新成果的知识产权保护办法，推进电子商务领域知识产权保护地方立法。

构建现代化基础设施体系，主要是配合国家编制实施粤港澳大湾区基础设施互联互通专项规划，加快广州—深圳国际性综合交通枢纽建设，通过加强基础设施建设、畅通对外联系通道、提升内部联通水平，推动形成布局合理、功能完善、衔接顺畅、运作高效的基础设施网络，为粤港澳大湾区经济社会发展提供有力支撑。

一是推进大湾区世界级机场群建设，实施广州、深圳、珠海、惠州等机场改扩建，新建珠三角枢纽（广州新）机场，在广州、深圳、佛山、东莞、江门、肇庆等市规划建设若干通用机场。

二是推进大湾区快速轨道交通建设，配合国家编制实施粤港澳大湾区（城际）铁路建设规划，加快推进铁路项目建设；加快建设城际轨道项目，规划建设广清城际广州至广州北等项目；与香港合作推动深港西部快速轨道的论证和规划建设，支持澳门轻轨延伸至横琴与内地轨道交通便捷衔接。

三是完善大湾区高速公路网，做好港珠澳大桥通车后各项运营管理工作，完善便利港澳机动车入出内地的政策措施。建设深（圳）中（山）通道、虎门二桥、莲花山通道等跨珠江口通道，规划建设黄茅海跨海通道、沿江高速前海段与南坪快速衔接工程，启动狮子洋通道（南沙至虎门）、伶仃洋通道的前期研究工作；推动汕头至湛江、武汉至深圳等高速公路建设；加快沈海高速（G15）和京港澳高速（G4）、长深高速（G25）等国家高速公路交通繁忙路段扩容改造。

四是加强口岸基础设施建设，启用莲塘/香园围口岸，加快建设粤澳新通道(青茂口岸)、横琴口岸(探索澳门莲花口岸搬迁)等新口岸项目。建设世界级港口群,增强广州、深圳国际航运综合服务功能,推进广州南沙港铁路等疏港铁路改造建设,加快西江干线、北江干线至珠江口高等级航运主通道建设。

五是科学规划设计城市综合客运枢纽,推进轨道交通引入机场,强化港口、铁路、公路、机场等货运枢纽的集疏运功能,推动发展货运多式联运服务。

六是推进粤港澳间互联宽带扩容,全面布局基于互联网协议第六版(IPv6)的下一代互联网;建设珠三角国家大数据综合试验区、物联网与智慧城市应用示范区;全面推进新型智慧城市试点建设,推进粤港、粤澳电子签名互认,推动大湾区移动支付便利使用。

七是优化大湾区能源资源结构,研究编制大湾区能源结构调整优化专项规划;推进广州、深圳、珠海等建设世界一流配电网,在粤设立区域性天然气交易机构,推进珠海直湾岛 LNG 接收站建设;加快推进珠江三角洲水资源配置工程、对澳门第四供水管道工程、广州北江引水工程等建设。

八是建设和完善粤港澳大湾区城市群防洪(潮)排涝体系,编制实施《粤港澳大湾区气象发展规划(2020—2035 年)》,联合建设粤港澳大湾区气象监测预警预报中心。

(三)构建现代产业体系和建设宜居宜业宜游的优质生活圈

构建现代产业体系,主要是配合国家编制实施粤港澳大湾区构建现代产业体系专项规划,深化供给侧结构性改革,着力培育发展新产业、新业态、新模式,支持传统产业改造升级,加快发展先进制造业和现代服务业,瞄准国际先进标准提高产业发展水平,促进产业优势互补、紧密协作、联动发展,培育若干世界级产业集群。

一是大力发展智能制造、服务型制造和绿色制造,重点支持新一代信息技术、高端装备制造、海洋经济等战略性新兴产业发展;实施一批战略性新兴产业重大工程,加快建设电子信息、汽车、智能家电、机器人、绿色石化五个世界级产业集群。

二是加快建设广州国际金融城、深圳科技金融中心，研究探索建设澳门—珠海跨境金融合作示范区；推进跨境电子支票联合结算、跨境电子账单直接缴费、支付工具跨境使用等金融服务创新；推动建立大湾区金融监管信息共享机制，完善创新领域金融监管规则，建立大湾区金融监管协调沟通机制；探索粤港澳大湾区保险服务中心建设，支持大湾区保险机构开展跨境人民币再保险业务。

三是加快发展数字创意、智慧物流、现代供应链、人力资源等高端生产性服务业，建设珠三角工业设计走廊、广东工业设计城、军民融合创新设计服务中心。

建设宜居宜业宜游的优质生活圈，主要是配合国家编制并实施粤港澳大湾区生态环境保护专项规划，坚持节约优先、保护优先、自然恢复为主的方针，以建设美丽湾区为引领，着力提升生态环境质量，形成节约资源和保护环境的空间格局、产业结构、生产方式、生活方式，实现绿色低碳循环发展，使大湾区天更蓝、山更绿、水更清、环境更优美。

一是在强化区域大气污染联防联控方面，制定挥发性有机物总量控制指标审核及管理办法，全面完成重点工业企业低挥发性原料改造，大力推进燃煤锅炉和窑炉清洁能源替代，推进重点行业"煤改气"；在统筹陆海水环境综合整治方面，实施重要江河水质提升工程；在加强固体废物和土壤污染防治方面，开展受污染土壤的治理与修复示范，实施化肥、农药零增长行动；在打造生态防护屏障方面，加快建成珠三角国家森林城市群，推进珠三角绿色生态水网建设，建设一批国家级、省级湿地公园和森林公园；在完善区域环境保护合作方面，建立大湾区环保交流合作机制与平台，实施环保信用评价和环境违法企业"黑名单"制度，推行能源消费强度和总量双控行动；在推动绿色发展方面，建立大湾区绿色低碳发展指标体系，推进粤港清洁生产伙伴计划，推动节能环保产业基地建设。

二是支持香港科技大学、香港城市大学、香港大学（医学院）、香港中文大学（医学院）、澳门科技大学落户广东；完善跨区域就业人员随迁子女就学政策，确保符合条件的随迁子女顺利在流入地参加高考；鼓励三地幼儿园、中小学、中等职业学校参与姊妹校（园）缔结计划；争取国家支持与港澳共同制定粤港澳大专（副学位）学历分批实施互认方案；支持"粤港澳青年文化之旅"、香港"青年内地交流资助计划"在大湾区内地实施；共同组织开展粤港澳大湾区香港/澳门青年实习计划、青年同心圆计划、澳门青年到深圳实习及就业项目等活动；率先实施更优人才居留政策，完善外籍高层次人才认定标准，对在大湾区内地工作、符合一定条件的境外（含港澳台）高端人才和紧缺人才，配合国家制定个人所得税税负差额补贴政策措施。

三是推进粤港澳等地海上丝绸之路重点史迹申报世界文化遗产工作，加强粤港澳在弘扬岭南文化独特魅力方面的合作，挖掘保护富有岭南特色的建筑物；完善大湾区内地公共文化服务体系和文化创意产业体系，支持做强做大广州文化产业交易会；加强广东省与港澳在广播影视生产、演艺人才交流等方面的合作，支持建立大湾区演艺联盟，便利艺术院团在大湾区内跨境演出。

四是逐步简化及放宽大湾区内地邮轮旅客的证件安排，研究探索大湾区内地邮轮旅客以过境方式赴港参与全部邮轮航程；推动粤港澳游艇自由行有效实施，探索在合适区域建设国际游艇旅游自由港，探索开通香港—深圳—惠州—汕尾海上旅游航线；实施产区变景区、田园变公园、劳作变体验、农房变客房"四变工程"，拓展农业农村的休闲、康养、观赏等功能。

五是完善取消港澳居民来粤就业许可制度配套政策措施，推动在粤就业的港澳居民同等享受各类就业创业补贴政策。支持推动港澳医疗卫生服务提供主体在珠三角九市按规定以独资、合资或合作等方式设置医疗机构，便利港澳医师注册执业；建立疾病预防和控制的联动机制，建立区域内重症传染病人会诊机制，完善紧急医疗救援联动机制；放宽使用港澳药品及医疗器械限制，深化中医药领域合作。推动进一步完善在粤就业港澳人员参加社会保险有关政策，贯彻落实国家关于持有居住证的港澳居民参加城乡居民养老保险、医疗保险政策；全面放开养老服务市场，港澳投资者在珠三角九市按规定以独资、合资或合作等方式兴办养老院等社会服务机构。完善便利港澳居民在大湾区内地购房（租房）政策。

（四）加快形成全面开放新格局和共建粤港澳合作发展平台

加快形成全面开放新格局，主要是紧密合作共同参与"一带一路"建设，深化粤港澳合作，进一步优化珠三角九市投资和营商环境，提升大湾区市场一体化水平，全面对接国际高标准市场规则体系，加快构建开放型经济新体制，形成全方位开放新格局，共创国际经济贸易合作新优势，为"一带一路"建设提供有力支撑。

一是支持广州、东莞等开展深化营商环境综合改革试点，支持深圳、广州开发区创建营商环境改革创新实验区；完善对外资实行准入前国民待遇加负面清单管理模式，推动实现粤港澳投资跨境商事登记全程电子化；加快数字政府建设，建设在线智慧政府，建好"粤省事"综合服务平台；探索开展营商环境地方立法工作。

二是争取自贸试验区扩区，建设粤港澳大湾区自由贸易通道；研究向片区下放新一批省级管理权限，赋予自贸试验区更大改革自主权；研究制定广东自贸试验区对外开放负面清单指引；在CEPA框架下，放宽对自贸试验区内港资、澳资建筑业企业工程承包范围的限制性规定；推动全球报关服务系统、粤港澳自贸通等重点制度创新事项落地实施。

三是全面实施准入前国民待遇加负面清单管理制度，继续在自贸试验区进行开放试点；全面放开港澳居民个体工商户经营范围，在大湾区具备条件的口岸全面推广实施"一站式"通关，推进口岸查验单位一次性联合检查。

四是探索建立大湾区区域标准化合作机制，推进广州、深圳、珠海、东莞跨境电商综合试验区建设，加快推进现有市场采购贸易方式试点；支持香港与佛山开展离岸贸易合作，建立粤港澳离岸贸易试点。推动扩大大湾区内专业资格资质互认范围。促进人员车辆往来便利化，推动将广东自贸试验区的有关出入境政策措施复制推广至大湾区内地各市；实施外国人144小时过境免签政策，并延长可过境免签的逗留时长。

五是全面参与国际经济合作和"一带一路"重大项目建设。打造中白工业园中国（广东）光电科技产业园、中国·越南（深圳—海防）经贸合作区、尼日利亚广东经贸合作区、肯尼亚珠江经济特区、埃塞俄比亚华坚轻工业城、中国（广东）—乌干达国际产能合作工业园等一批高水平国际产能合作园区；推进川贵广—港澳—南亚国际物流大通道、粤港澳物流合作园、广州大田、广东（石龙）铁路跨境国际物流基地建设，加大对"中欧班列"的政策扶持力度；办好广东21世纪海上丝绸之路国际博览会。

共建粤港澳合作发展平台，主要是粤港澳加强合作，共同参与"一带一路"建设，深化与相关国家和地区基础设施互联互通、经贸合作及人文交流；加快推进深圳前海、广州南沙、珠海横琴等重大平台开发建设，充分发挥其在进一步深化改革、扩大开放、促进合作中的试验示范作用，拓展港澳发展空间，推动公共服务合作共享，引领带动粤港澳全面合作。

一是优化提升深圳前海深港现代服务业合作区功能，推动修编前海深港现代服务业合作区总体发展规划，探索放宽港澳投资者在深圳设立银行、证券、保险等机构准入门槛、业务开展等方面的限制。

二是加快建设大湾区国际航运、金融和科技创新功能的承载区，携手港澳建设高水平对外开放门户；加快南沙庆盛科技创新产业基地建设，规划建设粤港产业深度合作园，打造创新发展示范区；高标准建设南沙国际金融岛，推动设立粤港澳大湾区国际商业银行；提升南沙区域综合交通枢纽地位，加快创建国际化人才特区，高水平建设广州城市副中心。

三是高水平建设珠海横琴国际休闲旅游岛，优化拓展横琴"分线管理"政策；支持澳门将莲花口岸整体搬迁到横琴口岸，实施"一次查验、一次放行"通关新模式；支持横琴加强与港澳保险合作，加快横琴科学城建设；支持粤澳合作中医药科技产业园发展，推动在横琴探索设立中医药改革试验区，推进设立中药材大宗商品期货交易所；推动横琴总体发展规划续编，加快推进横琴、珠海保税区、洪湾片区一体化发展。

四是支持深港科技创新合作区建设，包括中新广州知识城建设、珠海西部生态新区建设、佛山粤港澳合作高端服务示范区建设、惠州潼湖生态智慧区建设、东莞滨海湾新区建设、中山翠亨新区建设、江门大广海湾经济区建设、肇庆新区建设等。

这些任务和工作安排，内容极其丰富、具体，为广东推进新一轮改革开放指明了前进方向，提供了广阔的发展空间。

三、广东创造性落实大湾区建设任务

（一）准确把握粤港澳大湾区建设重点任务

在"一带一路"的宏观视阈中，粤港澳大湾区建设的地理条件良好、区位交通便捷、城市体系完整、高端要素集聚、经济实力雄厚、市场基础扎实。粤港澳三地团结协作，努力把大湾区建设成世界级城市群和一流湾区，与美国的纽约湾区、旧金山湾区和日本的东京湾区相互促进，必将大大地提升广东乃至中国的竞争力和实现其高质量发展。

建设粤港澳大湾区是习近平总书记亲自谋划、亲自部署、亲自推动的重大国家战略。自大湾区建设启动以来，广东以习近平总书记关于粤港澳大湾区建设重要论述为引领，充分发挥粤港澳三地叠加优势，全力推进《规划纲要》各项目标任务落实，携手推动大湾区建设迈出了坚实的步伐。

2019年3月20日，广东省市厅级主要领导干部学习贯彻《粤港澳大湾区发展规划纲要》专题研讨班在省委党校开班，目的是进一步深入学习贯彻习近平总书记关于粤港澳大湾区建设的重要论述和对广东重要讲话、重要指示批示精神，全面学习领会好《规划纲要》，全力推动大湾区建设任务落地落实。广东省委书记李希做动员讲话，要求坚持以习近平新时代中国特色社会主义思想为指导，担当好大湾区建设的重要职责，把大湾区建设作为新时代广东改革开放的大机遇、大文章抓紧做实。他强调，要准确把握粤港澳大湾区建设重点任务，把各项工作抓细抓实抓具体。

一要建设具有全球影响力的国际科技创新中心，充分发挥粤港澳创新优势，营造有利于协同创新的体制机制环境，更好集聚创新资源。

二要制订切实可行的工作方案，加快推进粤港澳三地规则相互衔接。

三要加快基础设施高水平互联互通，加强交通基础设施"硬联通"和体制机制"软联通"，为大湾区建设提供有力支撑。

四要构建具有国际竞争力的现代产业体系，坚定高质量发展方向，促进粤港澳三地产业优势互补、紧密协作、联动发展。

五要把生态优先贯穿大湾区建设全过程，实行最严格的生态环境保护制度，打造天更蓝山更绿水更清环境更优美的美丽湾区。

六要建设宜居宜业宜游的优质生活圈，落实好改善民生各项举措，使三地人民广泛得实惠、生活更美好。

七要携手港澳打造"一带一路"建设重要支撑区，深化与沿线国家和地区更宽领域、更深层次的交流合作，加快构建开放型经济新体制，共创国际经济贸易合作新优势。

八要携手港澳共建功能性区域性产业性合作发展平台，发挥好南沙、前海、横琴三大重点平台的示范引领功能，推动各市谋划建设一批特色平台，更好承载三地合作，拓展发展空间[1]。

（二）广东推进粤港澳大湾区建设取得显著成效

从大湾区建设的起步阶段看，各项工作有条不紊、扎实推进，成效明显、前景可期。这突出表现在以下六个方面。

---

[1] 徐林：《李希：把粤港澳大湾区建设作为新时代广东改革开放的大机遇大文章抓紧做实》，南方网，2019 年 3 月 21 日，https://news. southcn. com/node_54a44f01a2/160f2f103b. shtml。

一是建立统筹协调和推进实施工作机制。广东省成立了推进粤港澳大湾区建设领导小组，加强对省推进大湾区建设工作的统筹协调。省领导小组之下，设立了基础设施互联互通、构建现代产业体系建设、国际科技创新中心建设、港澳青年创新创业基地建设、生态环境保护、金融、菜篮子建设等 7 个专项小组，强化对专项领域重点工作的统筹协调力度。此外，广东还制定了贯彻落实《规划纲要》的实施意见、三年行动计划和年度工作要点，配合中央编制完成了大湾区基础设施互联互通、城际铁路建设、现代产业体系建设、生态环境保护及国际科技创新中心建设等专项规划方案，形成了远、中、近相结合的规划实施体系。

二是要素流动便利水平明显提升。粤港澳大湾区是在一个国家、两种制度、三个关税区、三种货币的条件下开展建设的，制度规则的差异导致港澳与内地之间在要素流动方面存在不少限制，成为大湾区建设的最大堵点。大湾区建设启动以来，广东以"湾区通"工程为抓手，大力推动与港澳在规则、制度、标准等方面的联通、贯通、融通。对于营商环境、城市治理等港澳领先可以复制的，直接对接，实现规则"联通"；对于投资贸易自由化便利化等港澳领先但难以直接复制的，主要是学习其理念，加快构建与之接轨的制度体系，实现规则"贯通"；对于执业资格、社会保障等由于管理方式不同形成的规则差异，则在充分协商的基础上实现规则"融通"。目前，三地规则衔接取得显著成效，比如在投资贸易开放方面，推动港澳企业在法律、会计、建筑等领域在内地投资营商享受国民待遇；在商事登记制度改革方面，企业开办时间压缩到 3 个工作日以内，港澳企业商事登记实现"一网通办"；在职业资格互认方面，建筑师等 6 项专业领域资格实现互认，在前海、横琴试行香港工程建设模式；等等。

三是国际科技创新中心建设深入推进。大湾区创新要素集聚、产业体系完备，特别是香港、澳门、广州、深圳四个中心城市创新能力突出，佛山、东莞、中山、惠州等重要节点城市制造业基础深厚。在推进国际科技创新中心建设的过程中，广东主要将这些创新资源、产业资源串珠成链、融合提升，打造全球创新高地和新兴产业策源地。总体思路是：打造广深港、广珠澳两条科技创新走廊，一条位于珠江东岸，一条位于珠江西岸；建设深港河套、珠海横琴"两点"分别对接香港、澳门，打造科技协同创新合作的示范载体。在具体工作中，着重抓好两个方面的工作：其一，稳步推进大型科学基础设施集群、实验室建设，比如中国散裂中子源正式投入运行，中科院惠州"强流重离子加速器"开工建设；与港澳合作新建10家联合实验室，完成3批共10家省实验室布局。其二，促进粤港澳三地科技资源要素的便捷流动，目前广东已支持港澳高校和科研机构参与其财政科技计划，实现科研项目财政资金跨境拨付超过1亿元；简化研发用品跨境使用进出口手续，特殊物品审批时限压缩到10个工作日以内；建成科技资源共享服务平台，汇聚8354台(套)大型科学仪器向港澳高校、科研院所开放。

四是大湾区交通基础设施建设步伐加快。与世界三大湾区相比，粤港澳大湾区无论是在高速公路网密度，还是在港口集装箱吞吐量、机场旅客吞吐量方面，都是处于领先地位的。但与此同时，大湾区在珠江东西两岸的交通连接、与港澳更紧密的交通联系，以及粤港澳三地交通运行规则、管理方式、口岸通关衔接等方面还存在一些不足。围绕补足这些方面的短板，在国家的统筹支持下，广东全力抓好"硬联通"和"软联通"两方面工作，着力构建内联外通、高效衔接、功能完备的现代化交通基础设施网络。"硬联通"方面，先后建成港珠澳大桥、南沙大桥、广深港高铁、穗莞深城际等项目，开工建设深中通道海底隧道、广湛高铁等项目。"软联通"方面，先后推动广深港高铁西九龙站实现"一地两检"，港珠澳大桥珠澳口岸实现"合作查验、一次放行"，粤港两地牌车辆可免签通行港珠澳大桥。

五是参与"一带一路"建设取得重大进展。在推进大湾区建设过程中，广东注重推动港澳现代服务业与珠三角制造业"组团出海"，联合开拓"一带一路"沿线国家市场。香港、澳门服务业高度发达，香港是全球著名的金融中心、贸易中心、航运中心和航空枢纽；澳门旅游休闲业发展优势突出，还是中国与葡语国家商贸合作的桥梁纽带。珠三角九市素有"世界工厂"的美誉，并已培育形成了电子信息、汽车、智能家电、绿色石化等世界级产业集群。粤港澳在携手参与"一带一路"建设方面具有相当坚实的基础。从已经取得的成效来看，2017—2019 年，广东累计经备案（核准）在境外设立制造业企业 583 家，中方实际投资 39.2 亿美元，覆盖了计算机、通信、专用设备制造等先进制造业领域，有力地促进了大湾区传统优势产业加快全球布局。广东还积极推进境外经贸合作区建设，目前纳入商务部统计的合作区达 5 个，累计投资达 8.96 亿美元，其中中国·越南（深圳—海防）经贸合作区已成功引进 28 家高科技企业。此外，广东积极开展大湾区推介，携手港澳赴日本、格鲁吉亚、匈牙利等国家开展大湾区推介会，成功举办广东 21 世纪海上丝绸之路国际博览会、中国加工贸易产品博览会，支持香港举办"一带一路"高峰论坛，支持澳门举办澳门国际贸易投资展览会。

六是优质生活圈建设扎实推进。广东在推进大湾区建设过程中始终坚持对接"中央要求""港澳所需""广东所能"，推动出台系列便利港澳居民到大湾区发展的政策措施，不断增强港澳居民的获得感、幸福感。比如，印发实施《粤港澳大湾区（内地）事业单位公开招聘港澳居民管理办法（试行）》，允许港澳居民报考珠三角事业单位；全面落地实施粤港澳大湾区个人所得税优惠政策，对在大湾区内地发展的境外高端人才和紧缺人才，参照香港，按 15% 征收个人所得税；出台加强港澳青年创新创业基地建设的实施方案，港澳青年享有与本土青年同等的创业就业扶持政策；等等。此外，还积极引入港澳优质公共服务资源，提升大湾区整体公共服务品质，比如引进香港科技大学到广州南沙办学，肇庆与香港公开大学签订了合作办学协议。

好的开始是成功的一半。对于今后的发展，广东省有着明确的方向、目标和"路线图"：以大湾区建设为"纲"统筹推进疫情防控和经济社会发展工作，以"湾区通"工程促进三地规则衔接，以综合性国家科学中心建设提升大湾区协同创新能力，以基础设施互联互通缩短粤港澳时空距离，以深度参与"一带一路"建设助推构建全方位对外开放新格局，以优质生活圈建设增强老百姓的幸福感、获得感，携手港澳打造国际一流湾区和世界级城市群。

第三节　大湾区建设
与广东改革开放的新飞跃

一、广东与港澳地区的协同联动发展

（一）习近平总书记的殷殷嘱托

作为一项重大国家战略，粤港澳大湾区建设有利于深化内地和港澳交流合作，对港澳参与国家发展战略、提升竞争力、保持长期繁荣稳定具有重要意义。广东注重与港澳的协同联动发展，也成为大湾区建设的重要内容和突出亮点。

回顾改革开放 40 多年的历史进程，我们可以清楚地看到，港澳在国家改革开放过程中所处的地位是独特的，港澳同胞所做出的贡献是重大的，所发挥的作用是不可替代的。这种"不可替代"的作用体现在六个方面：一是投资兴业的龙头作用；二是市场经济的示范作用；三是体制改革的助推作用；四是双向开放的桥梁作用；五是先行先试的试点作用；六是城市管理的借鉴作用。

在改革开放进程中，好多"全国第一"都是港澳人士创造的，如内地第一家合资企业、第一条合资高速公路、第一家外资银行分行、第一家五星级合资饭店等。正如习近平总书记所说，国家改革开放的历程就是香港、澳门同内地优势互补、一起发展的历程，是港澳同胞和祖国人民同心协力、一起打拼的历程，也是香港、澳门日益融入国家发展大局、共享祖国繁荣富强伟大荣光的历程①。

今天，中国的发展已经迈入新时代，改革开放进入新阶段。在这个新时代、新阶段，港澳仍然有其特殊的地位，仍然有许多不可替代的优势，仍然可以大有作为。习近平总书记在会见香港澳门各界庆祝国家改革开放40周年访问团时提出了四点殷切希望：一是更加积极主动助力国家全面开放，二是更加积极主动融入国家发展大局，三是更加积极主动参与国家治理实践，四是更加积极主动促进国际人文交流②。这四个"更加积极主动"，就是港澳在未来国家发展和改革开放大格局中可以发挥所长、大显身手的地方。特别是粤港澳大湾区建设和"一带一路"倡议的实施，都为港澳提供了更加广阔的舞台。港澳可以把自身所长与国家所需更好地对接，培育新产业，增创新优势，同时也更好地助力国家发展和改革开放。

（二）粤港澳大湾区建设与港澳经济转型

粤港澳大湾区规划和建设对香港实现经济转型有着十分重要的意义。借助大湾区经济效应，香港的优势将获得更有效的发挥。香港近年来在经济转型中，一直面临着产业结构单一，创新科技、文化创意等新兴产业发展缓慢的问题。随着大湾区建设，粤港澳城市群将实现基础设施互联互通、城市功能互补、产业链延伸，构建更加国际化、高端化的湾区型产业体系。香港是国际金融、贸易和航运中心，这三者的发展都离不开珠三角实体经济的支持。粤港澳大湾区的形成有助于降低三地市场准入门槛，促进生产要素自由流动，将"珠三角制造＋香港服务"有机结合起来，使粤港能够充分发挥各自的优势。珠三角地区的优势在于制造业，香港的优势在于专业服务。珠三角良好的产业基础可以为香港巩固国际金融中心、贸易中心和航运中心地位提供坚强有力的支撑。

粤港澳大湾区建设既是国家所需，同时也能发挥香港所长。中央

---

① 习近平：《习近平谈治国理政》第三卷，外文出版社，2020，第398页。

② 同上书，第400—401页。

政府提出研究制定粤港澳大湾区城市群发展规划，是为了将该区域打造成中国经济发展和对外开放的高地，打造成推进"一带一路"建设的重要支撑区。制度的多样性和互补性是粤港澳大湾区的特征和优势之一。香港是国际金融中心、贸易中心、航运中心和自由港，相关法律制度和营商环境与国际接轨。比如，在金融方面，香港作为全球最大离岸人民币中心，未来可以继续助推人民币国际化进程；内地金融开放与改革需要继续借鉴香港经验，与香港合作，沪港通、深港通、债券通就是很好的先例，未来还会有更多的互联互通，推动内地资本市场与香港接轨、协同发展。再比如，大湾区要建设国际科技创新中心，就必须实行产学研结合。香港有 4 所世界排名前 100 位的大学，具有较高的高等教育水平和较强的科技创新能力，而广东制造业基础雄厚，被誉为"世界工厂"，可以将香港高校里的科研成果迅速产业化。大湾区科技创新产业格局较好，香港侧重搞研发和金融等服务，广东侧重搞成果转化和产品开发，从而共同形成"科学研究—成果转化—产品开发"一条龙的区域科技产业协同创新体系。目前粤港双方正在港深边境落马洲河套地区共同推进港深创新及科技园建设，前景令人期待。

香港在吸引国际科研机构和人才方面也有一些内地城市比不上的优势。香港在金融投资、贸易航运、现代服务和跨国人才等领域的积累，与"一带一路"建设的政策沟通、设施联通、贸易畅通、资金融通和民心相通等核心内容高度契合。在参与"一带一路"建设过程中，香港不仅可以继续发挥"超级联系人"的作用，成为 21 世纪海上丝绸之路的重要枢纽，还可以纾解自身现有结构性矛盾，推动经济转型升级，通过经济发展改善民生，营造和谐的社会环境。

在粤港澳大湾区建设中，澳门除了继续为区域发展提供休闲式服务外，更能发挥"精准联系人"作用，集中精力利用与葡语国家联系比较密切的独有优势，对准利基市场做好内地与葡语国家的供求对接，拉动更多葡语国家加入"一带一路"建设中来，在中国与葡语国家间的商贸合作、文化交流等方面发挥独特的平台作用。比如葡语国家巴西对网络视频的需求方兴未艾，全球主要的网络视频点播商网都将其视为海外第一大市场。澳门可以帮助内地众多的网络视频企业将内地优秀剧集、纪录片翻译成葡语，开拓葡语国家市场，推广中国文化。同样，澳门拥有中药质量研究国家重点实验室和世界卫生组织传统医药合作中心，两者对中医药现代化以及开拓"一带一路"沿线国家中医药市场有着战略意义①。

（三）粤港澳大湾区建设的"六个协同"

粤港澳大湾区建设是"一国两制"下区域合作的新实践，推进粤港澳大湾区建设需要面向港澳、依托港澳，突出重点，深化合作，以"六个协同"为重要抓手。一是机制协同。树立"一盘棋"思想，严格遵循中央要求，把大湾区建设纳入港澳工作大局统筹考虑。发挥好粤港、粤澳合作联席会议机制作用，推动合作机制创新，探索建立粤港澳大湾区建设的协同机制。二是产业协同。打造国际科技创新中心，依托"广州—深圳—香港—澳门"科技创新走廊，发挥粤港澳三地科研资源优势和高新技术产业优势，建设具有国际竞争力的先进制造业基地和战略性新兴产业集群。加强现代服务业合作，在CEPA框架下加快推进广东与港澳优势服务业协同发展。三是政策协同。贯彻落实中央部署，推动便利港澳居民到内地发展的政策措施在广东率先落地见效。广泛听取港澳社会诉求，积极回应港澳社会关切，认真研究一批广东支持港澳居民发展的"大湾区政策"，特别是在教育、医疗、居住、环保等方面，率先改革创新，更好地惠及广大民众。四是营商环境协同。坚持社会主义市场经济改革方向，对标对接港澳经济运行管理体制，充分发挥市场在资源配置中的决定性作用，善于运用市场化办法解决大湾区发展中的问题。携手港澳搭建大湾区投资合作平台，充分发挥自贸试验区作用，学习借鉴港澳成功经验，把大湾区建设成为最具国际投资吸引力的地区。五是人才资源协同。着力解决跨境工作许可及签注安排，完善教育、

---

① 苏宁：《认清优势 抓住机遇 澳门积极融入大湾区建设》，《人民日报》（海外版）2017年3月23日。

医疗、住房、社保等基本公共服务配套，发挥大湾区综合竞争力与吸引力，共同吸引国内外高端人才和要素集聚，为大湾区建设提供人才智力支撑。六是生态保护协同。践行绿水青山就是金山银山理念，扎实推进广东与港澳生态环保合作，以最严标准确保供港、供澳水质安全，优化临近海域水环境保护，提升大湾区空气质量，携手共建美丽湾区。

深圳毗邻港澳，在港澳工作上有深厚的积累、丰富的经验和广泛的交流合作渠道，这些在港澳工作上的基础优势，为深圳高质量推进粤港澳大湾区建设重点工作提供了重要支撑。在粤港澳大湾区建设中，深圳市充分发挥深港和深澳合作会议机制、深港高层联络机制以及经贸、科创、交通、口岸、医疗、教育、环保、边境联络等各领域工作推进机制的作用，推进国际科技创新中心建设、深港澳规则衔接、深港科技创新合作区"视同境外"、光明科学城大科学装置群建设、前海新一轮改革开放、跨境基础设施互联互通、金融市场互联互通等大湾区重点任务取得重要突破和积极成效，形成大湾区建设与港澳工作相互促进、相互补充、相互支撑的良好局面。比如，抓住大湾区建设关键环节，推进深港澳规则衔接，加速大湾区要素高效便捷流动；主动对接港澳特区政府，推动政府间合作更富成效；主动服务港澳青年，便利港澳居民特别是港澳青年在深圳学习、就业、创业、生活；主动促进优势资源互补，推动跨境合作项目和平台不断取得进展。但是，实现一体联动也是粤港澳大湾区建设面对的最大难点。毕竟，大湾区存在着两种社会制度、三个关税区、三种货币及三套法律体系，如何在把握制度差别的前提下，打破相互阻隔，实现体制贯通？"一国两制"是我们的创造，不能取消或改变，其他制度性差别也很难消除和屏蔽，要作为一个前提。在这个前提下，需要设法推进体制贯通，体制不贯通，各城市就难以实现一体联动。

二、实现比较优势的综合集成

（一）粤港澳大湾区的集成优势

粤港澳大湾区是中国开放程度最高、经济活力最强的区域之一。但不可否认，它也是差异化最显著、发展极不平衡的区域。面对世界上其他湾区建设不曾遇到过的挑战，粤港澳大湾区在"十三五"期间能够取得辉煌的建设成就，其中的关键就是将各地比较优势化为集成优势。在未来实施"十四五"规划过程中，应当继续发挥这一优势。

港澳广深四个中心城市各有所长，齐足并驱担当"领头羊"，珠海、佛山、惠州、东莞、中山、江门、肇庆等7座节点城市资源禀赋各异，发展水平参差不齐。广东、香港和澳门在先进制造业和现代服务业上的互补优势，是大湾区产业循环的内生动力。在产业转型升级方面，大湾区的四大核心城市各有优势，也各有短板和弱项。香港高校密集，基础研究能力较强，在人才、科研、资本、法治等创新要素上达到世界级水准，但没有全球性的科技企业，科技成果产业化的问题一直困扰着香港。深圳要建设中国特色社会主义先行示范区，已初步形成以企业为主体、以市场为导向的产学研紧密结合的科技创新体系，但缺乏研究型大学、世界级的基础性科研平台和大科学装置。广州的高校和科研平台资源丰富，但缺乏国家级龙头企业，科技创新成果转化体制的约束较多，产业技术的创新能力不足。澳门是全球知名的旅游胜地，现代服务业高度发达，但需要通过科技创新推动产业适度多元发展，培育新的经济增长点，逐步改变博彩业"一业独大"的局面。除四大核心城市外，大湾区内其他城市的产业结构以制造业和传统产业集群为主，多数企业处在全球价值链低端。

一个国家、两种制度、三个关税区、四个核心城市，还有三种流通货币和迥异的法律体系，形成了粤港澳大湾区的独特格局。具体来说，粤港澳三地在经济制度、法律体系、行政体制和社会管理模式等方面，以及经济自由度、市场开放度、营商便利度及社会福利水平等方面都存在不小的差异。辩证地看，一方面，我们要看到这种制度性的差异会影响到大湾区内人流、物流、资金流等生产要素的便捷流动，影响到跨境协同创新效率和市场融合深度。另一方面，有多样性，有差异性，就有互补性，把各自的特长、优势组合在一起，就能形成综合竞争力。特别是在"一国两制"下，可以把港澳市场经济成熟、国际联系广泛、科研力量比较强等优势，与广东腹地广、市场大、制造业发达等优势结合起来。

要提升大湾区竞争力，就要优化原有合作创新格局，增强协同创新能力。协同创新能带来怎样的竞争力？广州超算中心与大湾区各地共建"超级大脑"的成果就是极好的说明。作为大湾区重大创新平台，拥有"天河二号"的广州超算中心近年来建立了南沙、佛山、中山、珠海、东莞等多个分中心，构建了辐射粤港澳的超算资源集群，广泛服务于高校、政府和龙头企业，支持国家级课题超千项，不仅在智慧城市等领域发挥了重大作用，更有力支撑了大湾区战略性新兴产业的跃升。今天，随着一个个合作创新平台的加速建设发展，"广州—深圳—香港—澳门"科技创新走廊正撑起大湾区的创新"脊梁"。与此同时，大湾区各地充分利用各自所长，发挥港澳科技服务业发达、广州科研院所集聚、深圳企业创新能力强大、珠三角其他城市制造业体系完善等比较优势，正加速打造"研发—转化—制造—服务"全产业链科创产业集群。

中国国际经济交流中心首席研究员张燕生指出，以全社会研发经费支出占 GDP 的比重为例，深圳的研发强度是 4.13%，香港是 0.73%，广州是 2.6%[①]。从这个意义上来看，在粤港澳大湾区中，最有创新活力的地方是深圳。但深圳在基础研究方面存在短板，而这正是香港的优势——香港有多所一流的大学，有一流的多层次资本

① 庞无忌：《粤港澳大湾区的优势与挑战》，中国新闻网，2019 年 3 月 28 日，http://www.chinanews.com/ga/2019/03-28/8793001.shtml。

市场和直接融资效率最高的现代金融。在现代服务方面，香港也具有世界级的竞争优势。可以说，深圳的短板正是香港的优势，香港的短板也是深圳等城市的优势所在。这种优势互补还体现在区内其他城市之间，比如广州的商贸和服务业比较发达，包容性强，而佛山传统制造业最发达，草根经济占上风。

在香港中文大学（深圳）全球与当代中国高等研究院院长郑永年看来，广州是世界商贸中心，深圳是科创中心，香港则是金融中心，粤港澳大湾区各个城市的比较优势是不可能互相替代的。但是，粤港澳大湾区各城市在政策协调统一上还有待加强，要向欧盟学习，避免恶性竞争，形成合理的劳动分工[①]。

作为世界级的制造基地，粤港澳大湾区是中国成熟度最高的湾区，是中国开放程度最高、经济活力最强的区域之一。数据显示，2019 年粤港澳大湾区"9＋2"城市生产总值达 11.6 万亿元，较 2018 年增长 6.7%。可以说，比较优势的综合集成效果已初步显现。

（二）粤港澳大湾区实现集成优势的两个重点

一是互联互通催生粤港澳大湾区"金融＋创新"集成优势。在粤港澳大湾区中，深圳不断催生新业态带动传统产业转型升级，广东具备比较完备的产业体系和扎实的制造业基础，而香港资本市场成熟、金融服务优势明显。在内地与香港金融市场的互联互通机制下，大湾区内易于形成"金融＋创新"的集成优势，为区内企业的创新链条提供更为广阔的融资及成长平台。

最能彰显粤港澳大湾区"金融＋创新"集成优势的典型代表是金融科技产业。目前，在香港，金融科技初创企业已有 600 多个，在深圳则有移动支付、智能投资顾问、数字货币等金融科技产业正在扮演日益重要的市场角色。作为重要的国际金融中心，香港有着稳健高效的金融基础设施、完善的监管及法律制度，可以为金融机构及

---

① 《郑永年：粤港澳大湾区各城市的比较优势不可互相替代》，第一财经，2020 年 11 月 21 日，https://www.yicai.com/news/100847336.html。

金融科技公司提供有利环境促进创新发展。香港多类型的金融市场主体更是金融科技公司的潜在客户和合作伙伴。聚集了诸多金融科技人才和产业的深圳，则可以借助互联互通机制，将云计算、大数据、区块链、人工智能、电子支付等新兴技术与香港的金融服务融合，从而提升大湾区内金融机构及工商业的运营效率，协助业界开拓新的发展模式。香港金融管理局前总裁陈德霖曾表示，香港与深圳在金融科技发展方面可以优势互补，两地要加强合作，共同推动金融互联互通，达至双赢[1]。

除了金融科技公司，大湾区还拥有华为、腾讯、中兴、比亚迪、华大基因、大疆等多种类型的创新企业。在众多企业由小而大发展的过程中，互联互通的融资平台发挥了至关重要的支持作用。近年来推出的沪港通、深港通、债券通及基金互认安排等举措，既促进了内地资本市场对外开放，也让香港投资者和国际投资者获得更多渠道投资内地产品。根据香港特区政府财政司的统计，仅在基金领域，2015—2017 年 7 月底在互认安排下内地和香港两地总体净销售额已近 100 亿元人民币[2]。

大湾区内源于互联互通而形成的"金融 + 创新"优势，不仅体现在融资层面，还推动企业在商机开拓中将创新带向国际。多种类型的创新企业可以借此向全球价值链高端迈进。目前，香港已经成为全球离岸人民币业务枢纽，随着互联互通措施的先后落实，市场上的人民币投资产品的种类和额度大为增加。由此，大湾区内的创新资本将拥有更多向外扩围的路径，香港也可以更好地满足大湾区内的离岸人民币结算、融资及资金管理需求。

香港还拥有与国际金融服务紧密互动的规则体系和丰富的经验，可以成为大湾区内有意"走出去"的创新企业的扎实阶梯。汇立银行董

---

[1] 张欢、万厚德：《互联互通催生大湾区"金融 + 创新"集成优势》，央视网，2017 年 10 月 30 日，http://news.cctv.com/2017/10/30/ARTIstdi6qHoYb7pC9k9WKhc171030.shtml。

[2] 同上。

事局主席陈家强认为，大湾区的企业可以在香港成立财资中心，进行资金管理；在香港设立专属自保保险公司，提升风险管理效益；还可以借助香港在企业并购方面的专业服务，扩大业务规模和市场领域①。

二是进行创业板试点注册制改革。2020年4月27日，中央全面深化改革委员会第十三次会议审议通过了《创业板改革并试点注册制总体实施方案》。为贯彻落实这一方案，中国证监会、深交所发布了规章草案并向市场公开征求意见，创业板试点注册制改革正式启动。次日，A股沪深两市双双高开，盘初市场下挫，沪指、深成指、创业板指均一度跌超2%，随后指数探底回升陆续翻红，其中创业板指涨0.6%。

自2009年设立以来，创业板成为中国资本市场服务科技创新和战略性新兴产业企业的重要平台。设立在深圳证券交易所的创业板改革正式落地，有望进一步激发粤港澳大湾区企业活力，为区域发展带来新机遇。曾任中山证券首席经济学家、中山证券研究所所长李湛表示，无论来自传统行业还是战略性新兴产业，只要企业能在行业竞争中脱颖而出，且具备高成长性，创业板就应当为之提供发展壮大的平台，创业板规律对粤港澳大湾区和作为先行示范区的深圳各类高科技企业的投融资对接如虎添翼②。曾任粤开证券首席经济学家、粤开证券研究院院长李奇霖则指出，新经济对广东省、珠三角和深圳市增长的拉动率将越来越高，但新经济高度依赖于创新，而创新需要加大投入，在创业板改革后，科创企业登陆资本市场将更为便捷，资本市场通过提供资金和正向激励，能够加快创新活动。因此，鼓励具有自主创新能力、符合要求的高新技术企业到创业板上市，是广东省借力创业板改革发展新经济的关键，有助于粤港澳

---

① 张欢、万厚德：《互联互通催生大湾区"金融＋创新"集成优势》，央视网，2017年10月30日，http://news.cctv.com/2017/10/30/ARTIstdi6qHoYb7pC9k9WKhc171030.shtml。

② 张艳、唐子湉：《创业板改革加速上市公司优胜劣汰》，《南方日报》2020年4月29日。

大湾区建设"具有全球影响力的国际科技创新中心"①

三、坚定不移走高质量发展之路

（一）粤港澳大湾区建设关乎国家发展全局

粤港澳大湾区建设的重点是集聚创新资源，推动粤港澳三地深入开展创新及科技合作，统筹利用全球创新资源，把创新发展主动权牢牢掌握在自己手中，从而既推动粤港澳地区自身加快实现经济调整与升级，又助推我国经济发展动力变革，实现经济高质量发展。粤港澳大湾区是中国开放程度最高、经济活力最强的区域之一，在国家发展大局中具有重要战略地位。粤港澳大湾区建设事关我国经济发展、改革开放和"一国两制"事业的全局，是中国高质量发展的典范。

第一，粤港澳大湾区建设是推动"一国两制"事业发展的新实践，有利于进一步密切内地与港澳交流合作，保持港澳长期繁荣稳定。在经济发展层面，珠三角地区是中国重要的经济中心，通过湾区共建，形成统一、开放的商品和要素市场，港澳能够更加深入地融入区域产业分工体系，获得新的发展机遇，从而开辟新的经济增长点，焕发新的经济活力。在民生福祉方面，粤港澳大湾区建设有助于全面推动内地与港澳互利合作，包括就业、教育、医疗、公共服务等方面的衔接和合作，提升人们的幸福感。在民心相通层面，三地人民在共建大湾区特别是共同打造优质生活圈和人文湾区过程中，包容理解和情感认同将大大增加。

第二，建设粤港澳大湾区是新时代推动形成全面开放新格局的新举措，有利于进一步深化改革、扩大开放，建立与国际接轨的开放型经济新体制。粤港澳大湾区作为我国对外贸易的重要门户、全球投资最活跃的区域之一，是我国高水平参与国际经济合作的重要平

---

① 张艳、唐子湉：《创业板改革加速上市公司优胜劣汰》，《南方日报》2020年4月29日。

台。在提升开放质量上，粤港澳大湾区建设将强化三地在开放发展上的功能互补，有利于我国更好地统筹国际国内两个市场、两种资源，形成双向开放、内外联动的生动局面。在丰富开放内容上，粤港澳大湾区建设着力对接高标准贸易投资规则，探索放宽市场准入，促进基础设施互联互通、经贸合作、战略互信、人文交流等，可以大大提升全面开放水平。在促进开放共赢上，粤港澳大湾区位于"一带一路"建设的交汇点，粤港澳大湾区建设将构筑起丝绸之路经济带和21世纪海上丝绸之路对接融汇的重要支撑区，有利于我国更加主动地参与和引领经济全球化进程，推动构建人类命运共同体。

第三，建设粤港澳大湾区是深入推进供给侧结构性改革的有力抓手，有利于加快培育发展新动能，实现创新驱动发展，提升我国经济创新力和竞争力。从国际一流湾区的基本特征看，湾区经济是典型的创新型经济，湾区以其经济体量大、经济密度高、创新能力强，成为带动区域经济发展的强大引擎，在全球经济中扮演着火车头的角色。粤港澳大湾区是高新技术产业、高端生产服务业不断集聚创新的重要区域。香港拥有4所世界100强大学，珠三角作为国家自主创新示范区，区域创新能力领先全国，在全球创新网络中占据重要位置。粤港澳大湾区建设的重点是集聚创新资源，推动粤港澳三地深入开展创新及科技合作，统筹利用全球创新资源，把创新发展主动权牢牢掌握在自己手中，从而既推动粤港澳地区自身加快实现经济调整与升级，又助推我国经济发展动力变革，实现经济高质量发展。

（二）打造高质量发展的典范和引领国家高质量发展的动力源

实现高质量发展是国家经济转变的方向，关系到国家的持续发展和安全稳定。高质量发展不仅仅代表着经济结构的能量，更代表着经济运行的质态，代表着生产的层次，也代表着生活的状况。高质量发展既能给人民带来富裕，又能给人民带来幸福，而当一个国家或地区把富裕和幸福组合在一起就是长治久安或国泰民安。

粤港澳大湾区建设的第一个核心要求，无疑应是打造高质量发展的典范和引领国家高质量发展的动力源。其实，无论是把粤港澳大湾区打造成为具有国际竞争力的世界级城市群还是富有活力的国际一流湾区，都不是根本目的，根本目的还是实现高质量发展，因为高质量发展意味着提供满足人民日益增长的美好生活需要的高水平供给。这些年来，粤港澳大湾区的发展相当不错，广东的经济总量连续 30 年名列全国第一，甚至超过全球多个国家。

（三）以产业多元化发展助推高质量发展[①]

第一，要充分发挥不同行政区域建制的特殊优势。粤港澳大湾区内部包含两种不同的行政区域建制，其中，广东省属于省级行政区域，香港、澳门属于特别行政区，它们是三个地位平行的地方行政区域。因行政区划分割而形成的行政壁垒会对粤港澳大湾区产生一种"刚性约束"，从而使行政区划阻碍大湾区的发展。由于政治和历史的原因，粤港澳三地因行政区划而产生不同的政治制度。因此，需要充分发挥这些政治体制的独有特点，提升市场性区际关系的活跃程度，降低粤港澳大湾区产业协同发展的交易成本。在"一国两制"政策前提下，积极构建粤港澳大湾区产业多元化发展的各种组织结构与运行机制，探究粤港澳三个行政区域之间长期共存和共同发展的磨合途径与发展规律，增强相互之间进一步开展产业创新与合作的积极性。

第二，要破除制约产业多元化发展的市场经济体制因素。粤港澳三地市场经济体制发育的程度存在明显差异，在一定程度上影响了粤港澳大湾区产业多元化发展。港澳地区直接面对国际市场，市场经济发育比较成熟，而广东省由于市场经济发展时间短，政府行政干预仍在起作用，甚至还会出现行业垄断、地区封锁、城乡分割、物流和信息网络平台不配套等现象。因此，粤港澳大湾区产业多元化发展需要大力破除企业跨越行政区划进行科技创新与合作时常会

① 王鹏：《推动粤港澳大湾区产业多元化发展》，《群言》2020 年第 4 期。

面临的运作方式、操作规则等方面的对接障碍，从而促进大湾区内经济互补、资源优化配置的市场机制的正常发挥。要努力推动交通、关检、人员和规划的互联互通，打破行政区划界限，清除生产要素自由流通的障碍，克服硬件制约和制度制约。通过整合各行政区域之间的资源要素，采用市场化手段协调跨行政区域的经济、社会和文化利益，增强粤港澳大湾区产业发展活力和竞争力。

第三，要依靠自主创新能力促进产业多元化发展的动态均衡。粤港澳大湾区产业多元化发展是一个市场交易过程：一方面，由各行政区域资源比较优势产生的专业化及劳动分工能够节约创新费用；另一方面，随着市场交易的深入，由于存在着众多的制约因素，市场交易费用呈上升趋势，只有当专业化水平提高引起的单位创新费用节约大于相应增加的交易费用时，粤港澳大湾区产业多元化发展才能顺利进行。因此，为了发挥粤港澳创新资源配置的"存量效应"（现有资源的比较优势）和"增量效应"（由于跨行政区域合作带来的技术改进、观念更新和生产效率提高等），既要充分利用粤港澳三地的资源比较优势，如广州、深圳的科研和科技实力，香港、深圳和广州的金融实力，香港和澳门的高端服务业实力，以及佛山、东莞、珠海、中山、江门、惠州及肇庆的制造业实力，通过掌握核心技术提升企业自主创新能力；更应最大限度地减少和消除有关的制度性障碍及壁垒，在驱动因素与制约因素之间寻找粤港澳大湾区产业多元化发展的动态均衡，提高粤港澳大湾区整体创新能力和国际竞争力。

第四，要有效做好生产要素和经济资源的地域空间优化配置。尽管地理邻近性和经济互利性使粤港澳之间通过科技创新与合作，可以充分利用各自的资源发挥各自的优势，并给各方带来大于不合作所能获得的利益，但这种基于资源相对优势的区域分工与合作，由于先决条件的差异，各方所获得的利益的大小是不一样的。粤港澳三地都有着强烈的迅速发展、快速赶超的需求，表面上积极合作，暗地里从来没有停止过相互竞争。因此，当地方经济利益与粤港澳大湾区经济发展全局性、整体性、长远利益不一致时，要积极确保行政管理体制中横向沟通顺畅与信息对称，减少三地政府在制定和实施地方性政策时发生矛盾与冲突，使其符合市场经济的发展需要。香港、澳门最需要的是土地和较丰富的人力资源，而广东有比较大的地块和丰富的人力资源，港澳地区的制造业可以到广东扩大规模，从而腾出宝贵的空间、人力专注于金融贸易、服务业等产业发展。

第五，要分阶段、分层次加快不同技术水平的产业转型升级。粤港澳大湾区中存在着不同技术水平的产业，尤其是广东省自身的经济整合远未完成，本地产业的技术水平仍比较低，加上受产业同质化效应的影响，产业转型升级的方向也较相似，彼此之间互相支持配合的空间并不大。以高新技术产业为主的珠江三角洲地区，低水平的装配工业仍占据相当大的比重，传统的"三低一小"（产业层次低、技术产量低、附加值低、企业规模小）特征明显，产业链条短，因此粤港澳大湾区各个产业需要分阶段摆脱流动成本较低的产品交换和劳动力交流的基础，进入到以产业分工和技术、投资合作为主要内容的较高层次的差异化合作。同时，随着港澳地区制造业大规模向内地转移的完成，以及内地市场的全面开放，需要进一步改变在劳动密集型的出口加工制造业基础上的"前店后厂"低层次模式，逐步适应粤港澳大湾区经济发展和广东省产业转型升级的需要。

党的十九届五中全会提出，"十四五"时期经济社会发展要以推动高质量发展为主题，这是根据我国发展阶段、发展环境、发展条件变化做出的科学判断。广东经济转向高质量发展已有良好开端，在新发展阶段，广东必能立定时代潮头，继续书写新时代改革开放新篇章，实现"四个走在全国前列"、当好"两个重要窗口"，为实现中华民族伟大复兴的中国梦做出应有的贡献。

第三章

"一带一路"背景下
"一国两制"的探索发展

香港、澳门同胞是改革开放伟大事业的见证者也是参与者，是受益者也是贡献者。"一国两制"的制度优越性在改革开放进程中进一步彰显。中国特色社会主义进入新时代，如何发挥香港、澳门的独特优势？如何提升香港、澳门在国家发展大战略中的地位？如何推动香港、澳门经济、民生进一步发展？这些问题将在"一国两制"的新展望中找到答案。

香港、澳门融入国家发展大局，是"一国两制"的应有之义，是改革开放的时代要求，也是香港、澳门探索发展新方向、开拓发展新空间、增添发展新动力的客观要求。香港、澳门在融入祖国发展大局过程中获得许多新机遇。粤港澳大湾区建设是"一国两制"在全面开放格局下的制度红利，有助于解决香港、澳门自身发展的瓶颈问题，将进一步提升香港、澳门在全球产业链中的优势。

《推动共建丝绸之路经济带和21世纪海上丝绸之路的愿景与行动》提出，要发挥海外侨胞以及香港、澳门特别行政区独特优势作用，积极参与和助力"一带一路"建设。对于香港、澳门来讲，"一带一路"建设有助于其发挥独特优势，将"国家所需"与"自身所长"以及"自己所需"与"国家所长"结合起来，在世界和国家发展大局中找准自己的坐标。反过来，在"一带一路"背景下，香港、澳门的繁荣发展与社会稳定将进一步彰显"一国两制"的科学性与独特优势。

第一节 "一国两制"的
提出及经验和教训

一、"一国两制"的提出与实践

（一）"一国两制"的提出和港澳问题的解决

20 世纪 50 年代中后期，美国政府加强对台湾的军事援助，加紧制造"两个中国"。以毛泽东同志为核心的党的第一代中央领导集体从维护国家和民族根本利益出发，与美国等西方势力展开坚决斗争，同时保持与国民党接触，并争取通过与国民党谈判和平解决台湾问题。

20 世纪 70 年代末，国际国内形势发生深刻变化，我国实行改革开放，党和国家工作中心转移到经济建设上来。1979 年元旦，全国人大常委会发表《告台湾同胞书》，明确提出"在解决统一问题时尊重台湾现状和台湾各界人士的意见，采取合情合理的政策和办法，不使台湾人民蒙受损失"，郑重宣示了在新的历史条件下争取祖国和平统一的大政方针及一系列政策主张，两岸关系发展开启了新篇章。

1981 年 9 月 30 日，全国人大常委会委员长叶剑英发表谈话，详细阐释实现祖国和平统一的九条方针政策，其要义有：第一，国共两党对等谈判，实行第三次国共合作。第二，提出"通邮、通商、通航、探亲、旅游以及开展学术、文化、体育交流"的主张。第三，提出"国家实现统一后，台湾可作为特别行政区，享有高度的自治权，并可保留军队""台湾现行社会、经济制度不变，生活方式不变，同外国的经济、文化关系不变"。第四，提出"台湾当局和各界代表人士，可担任全国性政治机构的领导职务，参与国家管理"[1]。

1982年1月，邓小平指出，"九条方针是以叶副主席的名义提出来的，实际上就是一个国家、两种制度"。这是邓小平首次提出"一个国家、两种制度"的概念[2]。同年12月，五届全国人大五次会议通过的《中华人民共和国宪法》第三十一条规定：国家在必要时得设立特别行政区。在特别行政区内实行的制度按照具体情况由全国人民代表大会以法律规定。这为"一国两制"提供了宪法保证。1983年6月，邓小平会见华人学者杨力宇时，进一步阐述了两岸和平统一的设想，丰富和充实了和平统一方针和"一国两制"构想，使之更系统化和具体化。

"一国两制"的基本内容是，在祖国实现统一的前提下，国家的主体坚持社会主义制度，而香港、澳门、台湾保持原有的资本主义制度和生活方式长期不变。这一科学构想，既体现了实现祖国统一、维护国家主权的原则性，又充分考虑香港、澳门、台湾的历史和现实，体现了高度的灵活性，是原则性和灵活性的有机结合[3]。

"一国两制"构想提出后，首先用于解决香港问题和澳门问题。1978年8月，为协助统筹港澳工作，中共中央决定成立港澳小组。之后又成立国务院港澳办公室，开始为解决香港问题做准备。1979年3月和1982年9月，邓小平先后会见香港总督麦理浩和英国首相撒切尔夫人，阐明了中国政府对香港问题的基本立场，并由此拉开了中英两国关于香港问题谈判的序幕。此后，中英两国政府经过多轮谈判，于1984年12月签署《中英联合声明》，确认中华人民共和国于1997年7月1日对香港恢复行使主权。1985年4月，六届全国人大三次会议决定成立香港特别行政区基本法起草委员会。1990年4

---

① 中共中央台湾工作办公室、国务院台湾事务办公室：《中国台湾问题：干部读本》（修订版），九州出版社，2015，第37页。

② 同上书，第37—38页。

③ 同上书，第39页。

月，七届全国人大三次会议通过《中华人民共和国香港特别行政区基本法》，同时做出设立香港特别行政区的决定。

《中华人民共和国香港特别行政区基本法》是根据《中华人民共和国宪法》制定的法律，规定了在香港特别行政区实行的制度和政策，为"一国两制"在香港特别行政区的实践提供了法律保障[①]。1996年1月，由150名委员组成的、具有广泛代表性的全国人大香港特别行政区筹委会成立，为香港特别行政区成立和香港平稳过渡做了必要准备。1997年7月1日，中华人民共和国恢复对香港行使主权，全面开启在香港实施"一国两制"新纪元。

与香港问题相比，澳门问题的解决较为顺利。1979年2月，中国同葡萄牙建交，两国就解决澳门问题达成原则谅解，确认澳门属于中国领土，并将归还中国，归还的时间与细节由两国通过谈判解决。在香港问题解决后，中国政府又确定了解决澳门问题的三条基本方针：一是一定要在2000年以前收回澳门，恢复行使主权；二是在恢复行使主权的前提下，保持澳门的稳定和发展；三是恢复行使主权后，按照"一国两制"方针和宪法第三十一条的规定，在澳门设立特别行政区，继续实行资本主义制度[②]。中葡两国经过多轮谈判，于1987年3月达成关于澳门政权交接安排的共识。随后，两国签署关于澳门问题的联合声明。《中葡联合声明》确认澳门地区是中国领土，中国政府于1999年12月20日对澳门恢复行使主权。1987年6月，六届全国人大常委会第二十一次会议通过决定，批准《中葡联合声明》。1988年9月，七届全国人大常委会第三次会议决定成立澳门特别行政区基本法起草委员会，并于1993年3月底八届全国人大一次会议通过《中华人民共和国澳门特别行政区基本法》。总体上，国家对于香港和澳门实行"一国两制"的基本方针政策具有一致性。1998年5月，全国人大澳门特别行政区筹委会成立，为澳门特别行

---

① 全国干部培训教材编审指导委员会组织编写《坚持"一国两制"推进祖国统一》，党建读物出版社、人民出版社，2019，第33页。

② 同上书，第37页。

政区成立和平稳过渡做了必要准备。1999 年 12 月 20 日，中华人民共和国恢复对澳门行使主权，澳门开始进入新的历史发展阶段。

（二）"一国两制"在港澳地区的实践

香港、澳门回归祖国后，"一国两制"由科学构想变成生动现实。港澳在"一国两制"方针指引下，团结带领社会各界，充分发挥各自优势，保持港澳政治、经济、社会总体稳定，实现港澳持续不断向前发展。

一是港澳居民的基本权利和自由得到充分保护。港澳回归以来，两地居民享有的基本权利和自由受到宪法、基本法以及港澳本地法律的充分保障，比以往任何时期都更为广泛。如香港制定了《性别歧视条例》《种族歧视条例》《个人资料(私隐)条例》《最低工资条例》等法例，澳门制定了《个人资料保护法》《劳动关系法》《社会保障制度》《存款保障制度》《网络安全法》等，加大了对居民各项权利的保护力度。根据基本法的规定，两个特别行政区居民中的中国公民依法参与国家事务的管理。两个特别行政区先后举行数届全国人大代表选举，每届均由具有广泛代表性的全国人大代表选举会议选举产生多名代表。同时，中国人民政治协商会议历来重视吸收港澳同胞参加，除特邀人士外，其他一些界别也吸收港澳代表人士。

二是民主政制依法稳步推进。按照基本法的规定，香港、澳门特别行政区政府和立法机关由当地居民组成，体现了"港人治港""澳人治澳"的原则，改变了回归之前被殖民统治的历史。中央政府及特别行政区政府依照基本法和全国人大常委会有关决定，不断完善特别行政区行政长官和立法会产生办法，提高特别行政区行政长官和立法会民主成分，推动特别行政区政治体制稳步向前发展。

香港特别行政区第一任行政长官人选经 400 人组成的推选委员会选举产生，第二任至第五任行政长官选举委员会的规模由 800 人增至1200 人，由"工商、金融界""专业界""劳工、社会服务、宗教等界"以及"立法会议员、区议会议员的代表、乡议局的代表、香港特别行政区全国人大代表、香港特别行政区全国政协委员代表"四大界别人士按相同比例组成，充分体现了参与的均衡性、广泛性。澳门特别行政区行政长官选举委员会人数也由 300 人增至 400 人，包括了澳门 7 个界别或界别组。

三是经济保持平稳发展。回归以来，港澳经济总体保持稳定增长。香港作为"一国两制"由构想变为现实的"第一站"，回归后的发展速度在全球发达经济体中一直位居前列，先后抵御了亚洲金融危机、"非典"疫情、国际金融危机，巩固了国际金融、航运、贸易中心地位。香港地区生产总值由 1997 年的 1.37 万亿港元增至 2018 年的 2.84 万亿港元，人均地区生产总值由 1997 年的 21 万港元增至 2018 年的 38.19 万港元。从 1995 年起，香港连续 25 年被评为全球最自由经济体，香港的竞争力在 63 个经济体中排名第二。

《2019 年世界投资报告》显示，2018 年外资流入目的地，香港居全球第三；2018 年对外投资方面，香港以 850 亿美元居全球第四。香港是极具竞争力的金融和商业中心，也是世界上抗逆境能力最强的经济体之一。澳门地区生产总值从 1999 年的 519 亿澳门元增至 2018 年的 4447 亿澳门元，实现了跨越式发展，人均地区生产总值也由 1999 年的 12 万澳门元跃升至 2018 年的 67 万澳门元，名列世界前茅，澳门地区人类发展指数为 0.909，属于极高范畴[①]。澳门失业率从回归初期的 6.3% 下降到 2018 年的 1.8%[②]。

2020 年新冠肺炎疫情暴发后，澳门特别行政区政府通过澳门基金会设立了 100 亿澳门元的抗疫援助专项基金，对受疫情影响在生活或经营上有困难的澳门居民和企业提供援助，极大地缓解了疫情带来的冲击。

四是对外交往进一步扩大。港澳回归以来，享受"两制之利"，以"中国香港""中国澳门"名义单独进行对外交往以及参与一些国际

① 李强：《"一国两制"托起"澳门巨变"》，金羊网，2019 年 12 月 13 日，https://sp.ycwb.com/2019 – 12/13/content_30410285.htm。

② 丁铁：《澳门生动注脚"一国两制"行得通办得到得人心》，《新民晚报》2019 年 12 月 17 日。

事务。在国家总体对外关系的引领和带动下，港澳对外交往取得可喜成绩，对外联系更加广泛，国际影响力进一步扩大。截至 2017 年 6 月，香港以中国政府代表团成员或其他适当身份参与的以国家为单位参加的政府间国际组织有 41 个、不限主权国家参加的政府间国际组织 37 个，已有 157 个国家和地区给予香港特别行政区护照持有人免签证或落地签证安排①。香港以中国代表团成员身份参与以国家为单位参加的国际会议 1800 余次，以"中国香港"名义参与不以国家为单位参加的国际会议 27800 余次，举办或协办国际会议 1200 余次②。

香港与多个国家签署了民用航空运输、避免双重征税、促进和保护投资、刑事司法协助等协定。香港在日内瓦、伦敦、东京、纽约、柏林等 11 个地方设立了驻外经济贸易办事处。欧盟委员会等 6 个国际组织在香港设立了代表机构③。澳门对外交流合作形成了以欧盟、美国、东亚和东南亚国家及葡语国家为重点的点面结合式布局。澳门参与国际事务的意愿和能力逐步提升，截至 2019 年 12 月，参与国际组织数量从回归前的 51 个增加到 120 个④。给予澳门特别行政区护照免签或落地签待遇的国家和地区达到 144 个。

五是科教文卫等各方面迈上新台阶。在教育方面，香港特别行政区政府经常性开支中，教育支出长期处于榜首位置。自 2017 年开始，香港实行从公立幼儿园到高中的 15 年免费教育。高等教育发展水平也处于世界前列。根据 QS 2020 年世界大学排名，香港大学、香港科技大学、香港中文大学、香港城市大学、香港理工大学等 5 所大学均

① 《香港中联办主任张晓明：20 年的检验足以作出有说服力的评判》，环球网，2017 年 6 月 20 日，https://oversea. huanqiu. com/article/9CaKrnK3C65。

② 全国干部培训教材编审指导委员会组织编写《坚持"一国两制"推进祖国统一》，党建读物出版社、人民出版社，2019，第 60 页。

③ 《"一国两制"在香港特别行政区的实践》白皮书（全文），新华网，2014 年 6 月 10 日，http://www. locpg. hk/jsdt/2014–06/10/c_1111067166_3. htm。

④ 刘明洋、章利新、郭鑫：《"一国两制"赋予澳门对外交往独特优势 取得可喜成绩——访外交部驻澳门特区特派员公署特派员沈蓓莉》，中国新闻网，2019 年 12 月 13 日，http://www. chinanews. com/ga/2019/12–13/9032774. shtml。

进入前 50 名。澳门从 2007 年开始即推行从幼儿园到高中的免费教育。2019 年 12 月，根据经济合作与发展组织（OECD）发布的 15 岁学生在阅读、数学和科学方面表现的国际测评报告，在参与测评的 79 个国家和地区的约 60 万名学生中，澳门学生和香港学生分别获得第三名和第四名。

在医疗卫生方面，香港公立医疗机构的开支 90% 由政府提供，其医疗水平居于世界前列。当前，香港市民人均寿命超过日本，成为世界最长寿地区，也是世界新生婴儿存活率最高地区之一。澳门则实行免费医疗制度，拥有健全的基层医疗网络。该网络由澳门的家庭医生和社区医院一起组成，每个澳门居民从出生开始，就有自己的家庭医生。澳门的初级医疗制度，被世界卫生组织评为"太平洋地区典范"。

在文化、体育事业方面，港澳地区的多元文化艺术，对促进中外人文交流发挥了重要作用。香港有潮人盂兰胜会、大坑舞火龙等 10 个项目入选国家级非物质文化遗产名录，澳门神像雕刻、鱼行醉龙节等 8 个项目入选国家级非物质文化遗产名录。澳门历史城区被列入世界文化遗产名录。澳门还被联合国教科文组织评为世界创意美食之都。2005 年香港特别行政区政府成立体育委员会，大力培育和促进体育文化。2008 年香港协办了北京奥运会马术比赛项目，2009 年成功举办了东亚运动会，并相继举办了自行车、桌球、羽毛球等各类赛事。澳门也成功举办了第四届东亚运动会。澳门格兰披治大赛车被公认为世界上最佳的街道赛事。澳门国际马拉松、国际帆船比赛、国际龙舟赛等赛事在国际上的影响力也不断增加，成为澳门新的文化名片。

"一国两制"是一个伟大创举，是中国为国际社会解决类似问题提供的一个新思路、新方案，是中华民族为世界和平与发展做出的新贡献，凝结了海纳百川、有容乃大的中国智慧。"一国两制"在港澳的实践，积累了很多成功经验。

二、"一国两制"的经验和挑战

（一）"一国两制"的成功经验

"一国两制"的成功经验主要体现在以下四个方面。

一是全面准确理解和贯彻"一国两制"方针。全面准确理解和贯彻"一国两制"方针，需要正确处理"一国"和"两制"之间的关系，确保"一国两制"方针不会变、不动摇，"一国两制"实践不变形、不走样。作为一项前无古人的开创性事业，"一国两制"需要在实践中不断探索。习近平主席在庆祝香港回归祖国20周年大会暨香港特别行政区第五届政府就职典礼上的讲话中指出，"一国"是根，根深才能叶茂；"一国"是本，本固才能枝荣。"一国两制"的提出首先是为了实现和维护国家统一，在具体实践中，必须牢固树立"一国"意识，坚守"一国"原则，正确处理特别行政区和中央的关系。任何危害国家主权安全、挑战中央权力和特别行政区基本法权威、对内地进行渗透破坏的活动，都是对底线的触碰，都是绝不能允许的。与此同时，在"一国"的基础上，"两制"的关系也完全可以做到和谐相处、相互促进。要把坚持"一国"原则和尊重"两制"差异、维护中央权力和保障特别行政区高度自治权、发挥祖国内地坚强后盾作用和提高港澳自身竞争力有机结合起来，任何时候都不能偏废。只有这样，"一国两制"这艘航船才能劈波斩浪、行稳致远。

"一国两制"是一项基本国策，是战略抉择而不是权宜之计。坚持"一国两制"是习近平新时代中国特色社会主义思想和基本方略的重要组成部分。港澳回归以来取得巨大成就的关键在于坚持了"一国两制"的基本方针。尽管"一国两制"在港澳的实践并非一帆风顺，但继续推进"一国两制"伟大事业是包括港澳台同胞在内的全体中华儿女的共同使命，无论遇到什么样的困难和挑战，我们坚持"一国两制"方针是一贯的和坚定的，推进"一国两制"方针的信心和决心都不会变、不动摇。

港澳的成功实践在于认真贯彻"一国两制"方针。只有确保"一国两制"实践不变形、不走样，才能推动"一国两制"事业行得稳、走得远。

二是严格按照宪法和基本法治港治澳。香港、澳门回归后，随着"一国两制"的实施，完成了宪制秩序的巨大转变，中华人民共和国宪法和特别行政区基本法共同构成港澳的宪制基础。宪法作为国家根本大法，是国家的重要标志和象征，具有最高的法律地位，是特别行政区制度的法律渊源。基本法是根据宪法制定的基本法律，规定了在特别行政区实行的制度和政策，是"一国两制"方针的法律化、制度化，为"一国两制"在特别行政区的实践提供了法律保障。坚持"一国两制"必须坚定维护宪法、遵守基本法，按照宪法和基本法办事，落实宪法和基本法确定的宪制秩序。

香港基本法、澳门基本法实施以来，从中央到特别行政区逐步建立了与之相关的一系列制度和机制。比如，在行政长官和立法会产生办法的修改方面，确立了"五步曲"法律程序；在基本法解释方面，建立了全国人大常委会主动释法、特别行政区行政长官向国务院报告并由国务院提请全国人大常委会释法、特别行政区终审法院提请全国人大常委会释法等相关程序和工作机制；在特别行政区立法方面，建立了特别行政区向全国人大常委会备案、全国人大常委会对有关法律进行审查的制度和机制；在特别行政区与内地司法协助方面，达成了相互送达民商事司法文书、相互认可和执行仲裁裁决与部分民商事判决等一系列安排；在行政长官向中央负责方面，形成了行政长官向中央述职的制度安排；等等。

长期以来，香港基本法第 23 条的补充立法迟迟没有得到落实，形成了"维护国家安全"的司法权力"真空"，严重影响国家安全与香港的稳定。2020 年 6 月 30 日，十三届全国人大常委会第二十次会议通过了《中华人民共和国香港特别行政区维护国家安全法》（即香港国安法）。香港国安法明确规定，香港特别行政区执法、司法机关应当切实执行本法和香港特别行政区现行法律有关防范、制止和惩治危害国家安全行为和活动的规定，有效维护国家安全。香港国安法的实施，对乱港分子产生了极大的震慑作用，乱港分子作鸟兽散。香港国安法为"一国两制"行稳致远提供了强大支撑，为维护香港居民的权利和自由提供了坚实保障。

中国是单一制国家，中央政府对包括香港特别行政区在内的所有地方行政区域拥有全面管治权。香港特别行政区、澳门特别行政区的高度自治权不是固有的，唯一来源是中央授权。中央对港澳的全面管治权和特别行政区的高度自治权是统一的，不是对立的。中央全面管治权是授予特别行政区高度自治权的前提和基础，而特别行政区的高度自治权是落实中央对特别行政区行使全面管制权的具体体现。"高度自治"不是"无限自治"，高度自治权的限度在于中央授予多少权力，特别行政区就享有多少权力，不存在"剩余权力"。因此，践行"一国两制"必须坚决拥护中央对特别行政区的全面管治权。否定中央的全面管治权，特别行政区的高度自治权就成了无源之水、无本之木。同时，特别行政区基本法将管制权力授予了特别行政区，尤其是在特别行政区高度自治范围内的事务，中央政府不直接行使有关权力，真正做到中央全面管制权和保障特别行政区高度自治权有机结合。

三是发展壮大爱国爱港爱澳力量。港澳回归以来，爱国爱港爱澳力量不断壮大，在维护宪法和基本法实施、积极参与特别行政区社会事务、支持特别行政区政府依法施政、维护港澳繁荣稳定和促进港澳与内地交流等方面发挥了重要作用。发展壮大爱国爱港爱澳重要力量，对于夯实"一国两制"港澳实践的社会基础，激发港澳同胞参与中华民族伟大复兴有着重要意义。

以爱国者为主体的"港人治港""澳人治澳"，是"一国两制"的必然要求。爱国是对治理主体的基本要求，否则"一国两制"的实践就会偏离正确方向，不仅国家主权、安全、发展利益难以得到有效维护，港澳的繁荣稳定和广大港澳同胞的福祉也将受到损害。因此，要珍视和传承爱国爱港爱澳的光荣传统，增强社会凝聚力，焕发港澳同胞的最大积极性、主动性、创造性，共同致力维护港澳的繁荣稳定，自觉维护国家根本利益和民族尊严。

澳门回归以来，澳门特别行政区政府和社会各界高度重视爱国爱澳核心价值的培育和传承，深入推进政府、学校、家庭和社会"四位一体"的爱国主义教育工程。习近平主席在庆祝澳门回归祖国 20 周年大会上的讲话指出，澳门特别行政区政权机关均以爱国者为主组成，爱国爱澳力量日益发展壮大，爱国爱澳核心价值在澳门社会居于主导地位。在行政长官亲自领导、政府部门切实履职、社会各界共同参与下，澳门各类学校的爱国主义教育有声有色，国家意识和爱国精神在青少年心田中深深扎根。

青少年是国家的未来、民族的希望，是新时代的接班人。在庆祝香港回归祖国 20 周年大会上，习近平主席强调，要注重教育、加强引导，着力加强对青少年的爱国主义教育，关心、支持、帮助青少年健康成长。

在庆祝澳门回归祖国 20 周年大会上，习近平主席再次强调，要不断提高教育水平，打造高标准教育体系，为青少年成长成才创造更好条件。要实现爱国爱港爱澳的光荣传统代代相传，就要加强对港澳青少年的教育培养，把中华优秀传统文化和国情教育摆在青少年教育的突出位置，让港澳青少年领略中华灿烂文明的博大精深，感悟近代以来中华民族救亡图存、奋发图强的光辉历程，认识到新中国走过的不平凡道路和取得的伟大成就，更多理解"一国两制"与中华民族伟大复兴的内在联系，从而牢牢把握港澳同祖国紧密联系的前途命运，增强民族自豪感和爱国爱港爱澳情怀，自觉投身于"一国两制"伟大事业[1]。

四是与外部势力干预港澳事务做坚决斗争。党的十八大报告指出，要防范和遏制外部势力干预港澳事务。港澳回归之前，西方敌对势力就曾多次插手港澳事务，千方百计给港澳顺利回归制造障碍。港澳回归后，一些外部势力出于各种目的，继续扶持反对派势力，试图搅乱港澳社会秩序，干涉中国内政。这不仅损害了港澳的繁荣稳定，损害了"一国两制"的实践，而且损害了国家的主权、安全、发展利益。因此，必须对外部势力插手港澳事务保持高度警惕。

---

[1] 全国干部培训教材编审指导委员会组织编写《坚持"一国两制"推进祖国统一》，党建读物出版社、人民出版社，2019，第 105—106 页。

"一国两制"实践在香港取得了前所未有的成功，但在践行过程中也遇到了一些新情况新问题，面临着新的风险和挑战。2019 年香港发生"修例风波"以来，反中乱港势力活动日益猖獗，暴力恐怖活动不断升级，严重践踏香港法治，严重破坏社会稳定，严重危害国家安全，重创香港经济。

为此，中央政府从维护国家安全的实际出发，制定了相关政策，其中最关键的是通过并颁布实施了香港国安法，设立了维护国家安全的新机构——中央人民政府驻香港特别行政区维护国家安全公署（简称"驻港国家安全公署"）。这样做的目的就是堵塞法律上的漏洞，补齐香港维护国家安全机制上的短板，改变香港在国家安全方面长期"不设防"的状态。

香港国安法对严重危害国家安全的四种犯罪行为的构成及其刑罚做出明确规定，并从中央和香港特别行政区两个层面建立健全维护国家安全的执行机制，完全符合"一国两制"方针，符合宪法和香港基本法，是完善"一国两制"制度体系的重大举措。

香港国安法的实施和驻港国家安全公署的设立是"一国两制"实践具有里程碑意义的大事，将为全面准确贯彻"一国两制"方针，切实维护国家主权、安全、发展利益，有效维护宪法和基本法所确立的特别行政区宪制秩序，保持香港长期繁荣稳定，确保"一国两制"行稳致远提供强大制度保障，香港也将迎来变乱为治、重返正轨的转机①。

（二）对"一国两制"的误读与挑战

港澳回归以来，在各项事业取得全面进步的同时，"一国两制"的实践也遇到了新情况、新问题。对"一国两制"的误读和挑战主要表现在以下两个方面。

一是片面强调"两制"差异，过度追求高度自治权。港澳社会上

---

① 《国务院港澳办发表声明：坚决拥护和支持实施香港国安法》，国务院港澳事务办公室，2020 年 6 月 30 日，https://www.hmo.gov.cn/xwzx/zwyw/202006/t20200630_21970.html。

还有些人没有完全适应港澳已回归祖国这一重大历史转折，特别是对"一国两制"方针政策和基本法有模糊认识和片面理解。更严重的是，部分人士对中央宪制权力的认识不足，特别是香港"泛民主派"甚至不愿意接受香港作为中国一个特别行政区的宪制地位。

"一国两制"是一个完整的概念，"一国"是"两制"的前提，"两制"从属和派生于"一国"。只有"一国"安全，"两制"才有保障。长期强调"两制"差异，排斥甚至否认"一国"，影响"一国两制"的有效实施，是对"一国两制"的严重歪曲和误读。

二是本土主义、分离意识滋长。近年来，随着社会矛盾的积累，本土意识在香港兴起，出现了一些诉诸"香港人身份"的运动，其主要表现为认同香港人身份、认同香港本地文化、认同香港核心价值观念，而抗拒国家、民族身份认同，抗拒内地意识形态及其他方面的影响①。其目的在于诱发香港本土意识，构建香港本土论述，反对中央政府权威，最终实现所谓"完全自治"。这些本土主义经媒体刻意渲染，并将其与民主、民生联系起来，逐渐表现出一种极端化、民粹化、分离化趋势，已超越"一国两制"框架下"港人治港"、高度自治的宪制要求。

这些本土主义和分离意识加上一些社会矛盾的累积，以及敌对势力的推波助澜，经过不断发酵，逐渐发展成"港独"意识，成为严重危害国家主权、安全和发展利益的重大隐患。

① 黄海：《影响香港青年的主要社会思潮》，《紫荆论坛》2015年3—4月号，第9页。转引自严安林、张哲馨等：《"一国两制"理论的实践与创新研究》，九州出版社，2018，第47页。

第三章 "一带一路"背景下"一国两制"的探索发展

167

第二节 "一国两制"
与粤港澳大湾区建设

一、"一国两制"的独特优势与依法治港和依法治澳

（一）"一国两制"是港澳的最大制度优势

在粤港澳大湾区建设中，香港与澳门具有得天独厚的优势。其中，"一国两制"是港澳最大的制度优势。以香港为例。香港1997年遭遇国际金融危机，2003年面临"非典"袭击，2008年又受新一轮全球金融危机的波及，但是，在祖国的大力支持下，香港挺过了难关，仍然保持了经济繁荣和社会稳定，保持了高水平发展，呈现出勃勃生机。回归之后，香港、澳门在祖国怀抱不断向前发展，保持了长期繁荣稳定。1997—2017年，香港主要经济指标同期增长速度在发达经济体中位居前列，其中，香港地区生产总值从1997年的1.37万亿港元增加至2017年的2.66万亿港元，港股市值从1997年的3.2万亿港元增加至2017年的27.9万亿港元，港交所上市公司数量从1997年的619家增加至2017年的2020家，香港的国际金融、航运、贸易中心地位进一步巩固。

澳门回归祖国以来，得益于中央政府的大力支持，澳门特别行政区政府以及澳门同胞充分发挥"一国两制"的优势，将"澳人治澳"、高度自治落到了实处，在经济发展、社会治理等各方面取得了显著成绩。此外，澳门将自身发展融入国家发展大局，在科技创新方面

有新的机遇。比如，2020 年上半年横琴新注册的澳门创业项目达到 37 个，科技创新类企业比例达 59.6%；澳门大学、澳门科技大学产学研示范基地落户横琴，澳门 4 所国家重点实验室在横琴设立分部，可为优秀科研项目提供产学研全链条成长环境①。

近年来，中央一直关心港澳发展。关于港澳的发展方向，"十四五"规划纲要指出，支持香港提升国际金融、航运、贸易中心和国际航空枢纽地位，强化全球离岸人民币业务枢纽、国际资产管理中心及风险管理中心功能，支持香港建设国际创新科技中心、亚太区国际法律及解决争议服务中心、区域知识产权贸易中心，支持香港服务业向高端高增值方向发展，支持香港发展中外文化艺术交流中心。支持澳门丰富世界旅游休闲中心内涵，支持粤澳合作共建横琴，扩展中国与葡语国家商贸合作服务平台功能，打造以中华文化为主流、多元文化共存的交流合作基地，支持澳门发展中医药研发制造、特色金融、高新技术和会展商贸等产业，促进经济适度多元发展。

"一国两制"是我国国家治理体系和治理能力的显著优势。2013 年党的十八届三中全会通过的《中共中央关于全面深化改革若干重大问题的决定》提出，要"推进国家治理体系和治理能力现代化"，这是未来中国政治发展的总目标。这一目标体现了制度和制度绩效的统一性，也体现了现代化改革的适应性和包容性②。坚持和完善中国特色社会主义制度、推进国家治理体系和治理能力现代化是全党的重大战略任务，坚持和完善"一国两制"制度体系、推进祖国和平统一是其重要组成部分。党的十九届四中全会通过的《中共中央关于坚持和完善中国特色社会主义制度　推进国家治理体系和治理能力现代化若干重大问题的决定》明确指出，"坚持'一国两制'，保持香港、澳门长期繁荣稳定，促进祖国和平统一"是我国国家制度和国家治理

---

① 邓媛雯：《横琴·澳门青年创业谷五年间累计孵化 244 个港澳项目》，中国新闻网，2020 年 6 月 29 日，http://www.chinanews.com/ga/2020/06 – 29/9224849.shtml。

② 杨光斌：《当代中国政治制度导论（第二版）》，中国人民大学出版社，2015，第 238—239 页。

体系的显著优势，充分显示了中国共产党对于和平统一、"一国两制"的坚持与自信①。将"一国两制"纳入国家治理体系研究有助于推进"一国两制"的深入发展，也是完善国家治理体系理论视野的重要内容②。

将香港、澳门纳入国家治理体系有利于港澳继续发挥自身优势。在"一国两制"的制度安排下，香港和澳门应构建有自身特色的资本主义制度，注重政治与经济的协调发展。在这样的制度构建中，祖国是香港和澳门的坚实依靠。香港和澳门在坚持一个中国的前提下，享有祖国带来的发展机遇和政策优惠等各种红利。例如，在庆祝香港回归祖国 20 周年大会上，习近平主席指出，我们既要把实行社会主义制度的内地建设好，也要把实行资本主义制度的香港建设好。视察香港期间，习近平主席还亲自见证了《深化粤港澳合作 推进大湾区建设框架协议》的签订。"两个建设好"原则有利于充分发挥香港资本主义的特色和优势，在实践中形成制度互补差异，获得更多更好的发展机会。

坚持自身发展与服务国家整体利益相统一是港澳治理的应有之义。澳门回归祖国以来，"一国两制"在澳门的成功实践充分彰显了这一制度的科学性。无论是在城市治理、经济发展、社会治理还是政治认同等方面，澳门都取得了不错的成绩。与之相比，"一国两制"在香港的发展遇到了一些波折和挑战。为什么会出现这样的情形？"一国两制"在实践过程中被别有用心的人曲解是重要原因。个别反对派为了自己的政治私利，刻意强调"两制"，而不突出"一国"，将经济发展与政治分割开来，造成了香港的困局。这也再一次表明，只有坚持自身发展与服务祖国利益相统一，香港才能持续发展好。

---

① 张文生：《坚持"一国两制"是中国国家制度与治理体系的显著优势》，《两岸关系》2020 年第 3 期。

② 徐环业、殷旭东：《试论"一国两制"对国家治理体系的完善与发展》，《武汉公安干部学院学报》2018 年第 3 期。

（二）全面推进依法治港和依法治澳

"一国两制"方针为保证港澳顺利回归、平稳过渡提供了制度支撑，对解决港澳回归后的社会治理问题也意义重大。香港、澳门回归祖国以来，在"一国两制"方针的指导下，港澳的治理取得了显著发展，但是也面临着"港独"等本土分离主义以及国家认同需要进一步稳固等严峻挑战。如何在国家治理体系中更好地推进港澳治理？如何继续保持港澳的稳定和繁荣？这些成为港澳治理中需要思考的问题。

习近平总书记在党的十九大报告中指出，全面依法治国是国家治理的一场深刻革命。依法治港和依法治澳是依法治国的有机组成部分，是全面准确贯彻"一国两制"方针的应有之义。推动依法治港治澳，需要从尊重由宪法和特别行政区基本法构成的宪制基础、发挥法律阐释的治理功能、推动港澳有序融入祖国发展大局等方面去考虑。

尊重宪制基础，明确新时代关于港澳工作的根本方略。"一国两制"的提出不仅旨在解决国家统一问题，而且旨在解决包括港澳在内的国家治理与发展问题。"一国两制"实践深入化的体现，符合其维护国家主权、安全、发展利益，保持港澳长期繁荣稳定的根本宗旨。习近平主席关于港澳工作的重要论述，已经形成新时代国家治理港澳特区的根本方略，对确保"一国两制"理论和实践行稳致远具有重大理论意义和现实意义。作为习近平新时代中国特色社会主义思想的十四条基本方略之一，习近平主席关于港澳工作的重要论述指明了新时代港澳"一国两制"事业行稳致远的新思路和新方向，部署了新时代港澳"一国两制"工作实践的新举措和新方法，形成了既确保国家主权和发展利益又推进港澳长期繁荣稳定的历史性成效[1]。

在坚持宪法和基本法是特别行政区的宪制基础这个大前提下，坚持"两个建设好"的原则，发挥香港资本主义特色和优势作用；坚持

---

[1] 许昌：《新时代国家治理港澳的根本方略》，《人民论坛》2019 年第 10 期。

依法治港、依法治澳原则，推进完善依宪法和基本法治理的各项实施机制①。依法治港、依法治澳是港澳治理的基本路径。新时代的治港新方略，更加注重坚持依法治港，更加注重从政权建设方向思考管治策略，更加注重筑牢"一国两制"社会政治基础，更加注重强力节制特别行政区反建制力量和外部干扰，为保持香港的长期繁荣稳定指明了方向②。那么，具体需要从哪些层面去落实依法治港、依法治澳呢？

第一，注重发挥法律解释的治理功能。在依法治港的过程中，要形成良法善治的新机制，厘清、落实好"一国两制"的治理责任就成为重中之重。法律解释已经成为强化与落实"一国两制"的治理新路径③。比如，全国人大常委会根据《中华人民共和国香港特别行政区基本法》第158条第1款，五次释法。这种权威的法律解释体现了"一国两制"的基础作用，厘清了中央事权和特别行政区事权的界限，消解了国家主权与特别行政区高度自治权之间的张力。此外，人大释法将法律方法论跃升为国家治理方式，释放了释法的国家治理功能。

第二，与时俱进完善法律体系。作为治理理念，宪法和基本法要落地需要一套系统的制度设计。2020年6月30日，十三届全国人大常委会第二十次会议表决通过了《中华人民共和国香港特别行政区维护国家安全法》，在法律层面堵住了国家安全领域的漏洞。2021年3月11日，经十三届全国人大四次会议表决，《全国人民代表大会关于完善香港特别行政区选举制度的决定》高票通过。这是中央完善香港法律和政治体制的又一重大举措。决定的通过，为堵塞香港现行选举制度漏洞，从制度机制上全面贯彻落实"爱国者治港"原则，确

① 黎泽国：《改革与融合："一国两制"下香港资本主义制度融入国家发展的思考》，《广东行政学院学报》2021年第1期。

② 刘恩东：《习近平新时代"一国两制"治港方略》，《湘潭大学学报（哲学社会科学版）》2020年第6期。

③ 李志明：《全国人大常委会解释香港基本法的国家治理功能》，《湖湘论坛》2018年第5期。

保中央对香港的全面管治权，确保香港长期繁荣稳定和"一国两制"实践行稳致远，提供了坚实有力的宪制保障①。

二、"一国两制"是粤港澳大湾区建设的有力保障

（一）"一国两制"与改革开放伟大事业相得益彰

"一国两制"构想源于国家实行改革开放前后。具体来看，党的十一届三中全会召开前后，面对国际国内形势的深刻变化，"真理标准问题大讨论"解放了国内禁锢已久的思想，在经济、政治、社会生活的各个方面开启了新的探索。在这样的背景下，中国共产党出于对国家和民族前途命运的思考，从和平统一的角度出发，提出了解决台湾、香港、澳门问题的构想。可以说，"一国两制"自构想之初就带有改革开放的基因。从这一构想的落实轨迹来看，无论是问题的提出、构想的逐步形成，还是系统的理论论证和具体的实践验证，都体现了中国共产党实事求是的原则和尊重历史与现实的态度。

"一国两制"构想的提出最初是为了解决台湾问题。在党的十一届三中全会召开以前，邓小平同志就表达了根据现实状况来解决台湾问题的想法。1978 年 10 月，邓小平同志在会见日本友人时指出，如果实现祖国统一，我们在台湾的政策将根据台湾的现实来处理。这次谈话体现了邓小平同志对"一国两制"的思考。后来，随着形势的变化，邓小平同志在不同场合也表达了用"一国两制"方针来解决香港、澳门问题的思路。1984 年 6 月，邓小平同志详细阐述了"一国两制""港人治港"的内涵。1985 年 3 月，六届全国人大三次会议召开。在这次会议上，"一国两制"被确定为我国的一项基本国策。无论是最初对台湾现实的考虑，还是后来逐渐应用到香港、澳门问题上，"一国两制"都展现了中国共产党人处理历史遗留问题的智慧，

---

① 新华社评论员：《丰富发展"一国两制"和基本法实践的重大举措》，《新华每日电讯》2021 年 3 月 12 日。

是中国共产党人的伟大创造。

香港、澳门同胞积极投身改革开放伟大事业，发挥了不可替代的独特作用。改革开放之初，港澳同胞率先响应国家号召，踊跃在内地投资兴业，创造了多个"全国第一"。港澳同胞不仅为内地的经济发展注入了资金和活力，而且带动国际资本纷至沓来。长期以来，港澳一直是内地最大的投资来源地，截至2017年底，内地累计使用港澳资金已超过1万亿美元。改革开放40多年来，港澳同胞发挥的作用是开创性的、持续性的，也是深层次的、多领域的。在国家改革开放进程中，港澳所处的地位是独特的，港澳同胞所做出的贡献是重大的，所发挥的作用是不可替代的[①]。港澳同胞是改革开放伟大事业的见证者也是参与者，是受益者也是贡献者。

"一国两制"的制度优越性在改革开放进程中进一步彰显。"一国两制"基本国策是历史唯物主义的集中体现，是中国特色社会主义的一项伟大创举，是实现祖国和平统一的制度设计，也是中国为国际社会解决类似问题、维护世界和平提供的新思路、新方案。尊重历史事实、尊重现实是"一国两制"的底色，体现了鲜明的时代特色和可行的实践取向。"一国两制"展现了以人民为中心的思维导向，从政策设计到具体落实体现了对香港、澳门民众生活方式的尊重和保障，兼顾了中华民族整体利益和当地民众的具体利益。"一国两制"坚持历史唯物主义，将香港、澳门问题放在中国大历史的脉络中考察，在历史创伤和民族独立的伟大斗争中明确了港、澳是中华民族不可分割的一部分，并为妥善解决历史遗留问题提出了解决方案。

改革开放进程进一步激发了"一国两制"的政策能动性。从构想之初，"一国两制"就反映了社会存在与社会意识的辩证关系。在历史唯物主义的指导下，中国共产党人尊重历史，从中国具体国情出发，提出了"一国两制"方针。"一国两制"是一个完整的概念，"一国"是实行"两制"的前提和基础，"两制"从属和派生于"一国"，并

① 习近平：《会见香港澳门各界庆祝国家改革开放40周年访问团时的讲话》，《人民日报》2018年11月13日。

统一于"一国"之内。"一国两制"、高度自治都是鲜活的政治实践，而不是呆板的政治教条，是一个互动、变化的过程，参与的本地各方的态度和言行都将对中央实施"一国两制"的具体形式和政策界线产生重大影响[1]。因此，"一国两制"并不是僵化的教条，而是具有高度的灵活性。改革开放的实践也推动它因应形势不断探索、完善和发展。

（二）粤港澳大湾区有助于推动港澳有序融入国家发展大局

香港、澳门自回归祖国以来，就走上了融入国家发展大局的道路。国家在关于发展的顶层设计中，历来注重将香港、澳门纳入其中。例如，国家"十五"计划中首次将香港"保持长期繁荣稳定"纳入国家整体发展战略。"十一五"规划首次明确支持香港发展金融、物流、旅游及资讯等服务。"十二五"规划则更进一步，首次将港澳发展单列成章。"十三五"规划和"十四五"规划中也明确提出国家支持港澳发展的方向。2015 年 3 月，国家发改委、外交部、商务部三部委联合发布《推动共建丝绸之路经济带和 21 世纪海上丝绸之路的愿景与行动》，明确提出"深化与港澳台合作，打造粤港澳大湾区""发挥海外侨胞以及香港、澳门特别行政区独特优势作用，积极参与和助力'一带一路'建设"。2017 年 7 月，国家发改委、广东省人民政府、香港特别行政区政府、澳门特别行政区政府共同签署了《深化粤港澳合作　推进大湾区建设框架协议》。

推动有序融合成为"一国两制"新的实践重心。党的十九大报告对"一国两制"已有的"分立"实践进行了客观公正的历史肯定，同时，直面新情况、新问题，对未来"一国两制"实践的"融合"模式做出了规划。有序融合成为今后的工作重点。这些战略统筹与调整有助于充分保障"一国两制"在香港的全面准确实施，从而为港澳繁荣稳定

---

[1]　阎小骏：《香港治与乱：2047 的政治想象》，人民出版社，2016，第 30—31 页。

及两岸完全统一提供强有力的历史依据和宪制构架①。除了在国家战略等顶层设计中给香港、澳门做出规划，在具体的制度上还有更多的支持。比如，2019年2月，《粤港澳大湾区发展规划纲要》在不同领域给予香港、澳门特别行政区有力支持。

在推动特别行政区有序融合的实践中，澳门的做法值得借鉴。政治上，澳门特别行政区政府坚定不移地贯彻实施"一国两制"基本制度，严格依照宪法和基本法办事，并高效发挥特别行政区政府的治理能力，提出了一系列行之有效的政策，为澳门地区的政治进步、经济繁荣和社会发展提供了重要支撑。除此之外，澳门特别行政区政府还致力于"公共行政改革"，追求提升行政效率、防治贪污腐败、提高服务质量，打造一个"以民为本"的特别行政区政府②。由此可见，通过法治来推动治理进程是有序融合的前提。在未来的实践中，坚持宪法和基本法的宪制基础，坚持中央的全面管治权和特别行政区的高度自治权的有机统一，是推进有序融合的基础。

（三）粤港澳大湾区是"一国两制"在全面开放格局下的制度红利

改革开放进程中，香港、澳门发挥了独特作用，习近平主席将其总结为投资兴业的龙头作用、市场经济的示范作用、体制改革的助推作用、双向开放的桥梁作用、先行先试的试点作用、城市管理的借鉴作用③。港澳同胞是改革开放的"见证者""参与者""受益者""贡献者"，也是"改革开放伟大奇迹的创造者"。可以说，香港、澳门与祖国内地在改革开放的伟大进程中互相促进、优势互补，共同取得了亮眼的成绩，充分体现了"一国两制"的科学性。

---

① 田飞龙：《依法治港和有序融合——十九大报告涉港论述之法理解读》，《学术界》2018年第7期。

② 黎泽国：《改革与融合："一国两制"下香港资本主义制度融入国家发展的思考》，《广东行政学院学报》2021年第1期。

③ 习近平：《会见香港澳门各界庆祝国家改革开放40周年访问团时的讲话》，《人民日报》2018年11月13日。

2017 年，习近平总书记在党的十九大报告中提出"推动形成全面开放新格局"。中国的发展离不开世界，世界的繁荣需要中国。中国开放的大门只会越开越大。新时代，我们要坚持主动开放、双向开放、全面开放、公平开放、共赢开放、包容开放，形成陆海内外联动、东西双向互济的新格局。在这一大的历史背景下，香港、澳门将有什么新定位、遇到什么新情况？如何继续发挥"一国两制"的制度优势，参与到全面开放进程中？如何在国家全面开放中迎来新的发展？粤港澳大湾区带来了新的重大机遇。比如，澳门在大湾区战略中有明晰的目标和定位。相比其他国际著名湾区，"一国两制"是粤港澳大湾区的显著优势。澳门应凭借自身条件和优势，结合大湾区其他城市的特点和优势，拓展与大湾区各个城市特定发展方向的合作，实现错位发展，避免不必要的同质化竞争①。

习近平主席会见香港澳门各界庆祝国家改革开放 40 周年访问团时强调，在国家扩大对外开放的过程中，香港、澳门的地位和作用只会加强，不会减弱。希望香港、澳门继续带头并带动资本、技术、人才等参与国家经济高质量发展和新一轮高水平开放②。自 2001 年加入世界贸易组织，到 2010 年成为世界第二大经济体，中国在与世界的互动中取得了傲人的成绩，同时，中国的发展也给世界带来了新的机遇。在全面开放新格局中，中国与世界的联系将会越来越密切。在这一历程中，香港、澳门将继续作为中国与世界互动的窗口和桥梁，发挥更加积极的作用，而粤港澳大湾区则成为"一国两制"制度红利的实践载体。

① 米健：《粤港澳大湾区建设与澳门未来发展》，《行政管理改革》2019 年第 12 期。
② 习近平：《会见香港澳门各界庆祝国家改革开放 40 周年访问团时的讲话》，《人民日报》2018 年 11 月 13 日。

三、坚持"一国两制"，推进粤港澳大湾区建设

（一）粤港澳大湾区建设有助于解决港澳自身发展瓶颈问题

新时代，香港、澳门融入国家发展大局，是"一国两制"的应有之义，是改革开放的时代要求，也是香港、澳门探索发展新方向、开拓发展新空间、增添发展新动力的客观要求。20世纪80年代，中国与英国政府在关于香港问题的数次谈判和交锋中，明确否定了英方提出的"主权换治权"的方案。英国方案的实质是希望中国仅保留对香港的名义所有权，而英国继续把持香港的实际管治权。需要强调的是，治权是主权的一部分，主权与治权不可分割。在这样的语境下，2014年6月，国务院新闻办公室发表《"一国两制"在香港特别行政区的实践》白皮书，第一次提出北京依据基本法对香港享有全面管治权[①]。从这个意义上讲，全面管治权是香港、澳门在"一国两制"框架下融入国家发展大局的应有之义。

港澳在融入祖国发展大局过程中获得许多新机遇。党的十八大以来，我国高举改革开放的旗帜，以前所未有的力度推进全面深化改革，做出顶层设计，在经济、政治、文化、社会、生态文明建设等领域共推出1600多项改革方案，其中许多是事关全局、前所未有的重大改革[②]。当前，在全面深化改革的新布局下，许多重大战略项目相继出台，比如，全球性的"一带一路"建设，京津冀协同发展、粤港澳大湾区等区域协同发展战略，再加上国内各个区域的发展相互联动，这些重大战略项目给港澳带来了新机遇。尤其是内地的部分省份，在全面开放新格局中有着很多对外交往机会，但是在面对国

---

① 阎小骏：《香港治与乱：2047的政治想象》，人民出版社，2016，第45页。

② 习近平：《会见香港澳门各界庆祝国家改革开放40周年访问团时的讲话》，《人民日报》2018年11月13日。

际市场和涉外业务方面需要港澳的专业知识和经验。凭借"一国两制"的制度优势，港澳可以抓住机遇，继续发挥对外开放的桥头堡作用，更好地发挥自由开放的特色，在国家形成全面开放新格局的背景下找准定位，聚焦发展。

2021 年是国家"两个一百年"奋斗目标的历史交汇点，也是"十四五"规划的开局之年。《中华人民共和国国民经济和社会发展第十四个五年规划和 2035 五年远景目标纲要》明确指出，支持港澳巩固提升竞争优势，更好融入国家发展大局。在这样宏大的历史进程中，港澳如何抓好"十四五"规划带来的机遇，积极参与国内国际双循环的新格局？港澳如何依托粤港澳大湾区，更好地融入国家发展大局？

"一国两制"帮助香港、澳门整合资源，克服资源短缺难题。众所周知，香港、澳门地域狭小，资源相对紧缺。港澳回归以来，在"一国两制"框架下，区域协同发展取得了新进展。以珠海横琴新区为例。横琴新区的开发可以帮助澳门拓展发展空间，克服土地资源短缺带来的发展限制。此外，在全球化时代，横琴新区成为粤澳两地整合优势资源，推动区域发展，从而实现携手共赢的范例。粤澳合作开发横琴，有利于扩大两地经贸往来，带动口岸、交通等基础设施建设，从而推动两地实现常态化合作。随着横琴新口岸建设与通关条件的日益便利，横琴与澳门深度合作的态势正在提速，粤澳在横琴合作领域将注重加快基础设施建设互通互融，加快打造交通基础[①]。

近年来，香港民生矛盾引起多方关注。香港贫富差距扩大，住房、养老等问题突出，究其原因，最根本的是香港原有资本主义社会与福利社会之间的结构性矛盾。回归以前，香港过度依赖市场，缺少适当的调节机制，导致贫富差距悬殊。长期以来形成的弊端制约了香港的发展。2019 年以来，受"修例风波"和新冠肺炎疫情的双重打击，香港经济形势更为严峻。2019 年、2020 年，香港经济连续

---

① 盛力：《粤澳合作中的跨域协同治理研究》，《国家治理》2021 年第 Z4 期。

两年陷入衰退。数据还显示，香港 2020 年 7—9 月的失业率已上升到 6.4% 的近 16 年来高位①。香港要化解经济复苏面临的难题，必须寄希望于更好地融入国家发展大局。粤港澳大湾区为香港提供了新的资源和机遇。

粤港澳大湾区发展将进一步深化粤港澳合作，为香港经济提供新的发展空间。从交通、经济、金融等各领域看，香港与粤港澳大湾区有着密切联系。当前，受新冠肺炎疫情影响，全球经济复苏的前景存在不确定性。在这样的时刻，粤港澳大湾区建设对香港经济寻找增长空间就更为重要。2020 年 6 月 20 日，时任香港特别行政区行政长官林郑月娥在 2020 财新夏季峰会上表示，特别行政区政府希望在粤港澳大湾区发展的过程中深化粤港澳合作。香港将成为内地发行者和全球投资者的绿色债券（募集资金主要用于支持绿色产业项目）中心。

（二）在"两个一百年"奋斗目标中开启新征程，推进粤港澳大湾区建设

在"一国两制"下，粤港澳大湾区建设将进一步提升香港、澳门在全球产业链中的优势。香港、澳门经济发展水平高，在金融、航运、旅游等领域的成绩是国际公认的。回归祖国以后，在"一国两制"的框架下，香港、澳门如何发挥既有优势，克服资源不足等短板，继续保持发展优势？是继续坚持原有路径不变，还是释放"一国两制"的制度红利，在祖国的发展大局中进一步提升全球竞争优势？这是香港、澳门面临的共同问题。显而易见，背靠祖国有利于香港、澳门进一步发展，提升全球竞争力。坚持"一国"原则，善用"两制"之利，推进粤港澳大湾区建设，是香港、澳门提升全球竞争优势的正确选择。

《深化粤港澳合作 推进大湾区建设框架协议》为香港参与大湾区

---

① 《更好融入国家发展大局是香港前途命运所系》，《新华每日电讯》2020 年 11 月 7 日。

建设提出了目标，即巩固和提升香港国际金融、航运、贸易三大中心地位，强化全球离岸人民币业务枢纽地位和国际资产管理中心功能，推动专业服务和创新及科技事业发展，建设亚太区国际法律及解决争议服务中心。这一框架协议对港澳发展意义重大，尤其是在经贸领域。香港是重要的国际金融、贸易、航运中心，以及全球公认的最为自由的经济体。据国务院国资委主任郝鹏在2019年第四届"一带一路"高峰论坛上介绍，截至2019年9月，88家中央企业在港设立了经营单位2300多家，资产总额超过了4万亿元，在港控股的上市公司119户，市值约占香港市值的近20%；2018年以来在港发行各类债券超过2000亿元，为"一带一路"建设筹措了大量资金，也为香港经济社会发展做出了重要贡献。

2020年，粤港澳大湾区的经济总量已达11.5万亿元人民币，根据《规划纲要》，未来大湾区要建成国际一流湾区和世界级城市群，香港、澳门、广州、深圳等城市将发挥重要作用。《规划纲要》提出的目标是到2022年粤港澳大湾区"综合实力显著增强"，到2035年形成一个"以创新为主要支撑的经济体系和发展模式"。尽管仍存在种种挑战和困难，但以创建优质生活圈和打造世界级城市群为目标的粤港澳大湾区建设正稳步推进。

党的十九届五中全会提出了新的战略布局，即协调推进全面建设社会主义现代化国家、全面深化改革、全面改革开放、全面从严治党。"十四五"规划是全面开启社会主义现代化新征程的新起点。我们在全面建成小康社会、实现第一个百年奋斗目标后，又乘势而上，开启了全面建设社会主义现代化国家新征程，向第二个百年奋斗目标进军。实现第二个百年奋斗目标，实现中华民族伟大复兴，港澳同胞大有可为，也必将带来香港、澳门发展新的辉煌。在实现中华民族伟大复兴的历史征程中，港澳同胞不应该缺席，也一定不会缺席。

坚持创新，在助力国家现代化建设中实现自身发展。党的十九届五中全会强调，坚持创新在我国现代化建设全局中的核心地位。这对具有科研基础实力的香港来说，是可以发挥独特作用的重大机遇①。《中华人民共和国国民经济和社会发展第十四个五年规划和2035年远景目标纲要》中清晰指出，支持香港建设国际创新科技中心，支持澳门发展中医药研发制造、特色金融、高新技术和会展商贸等产业。《规划纲要》提出打造"广州—深圳—香港—澳门"科技创新走廊，将推动澳门与大湾区其他城市开展科技合作，为澳门技术升级和产业转型提供技术来源和支撑②。在全面建设社会主义现代化国家的新征程中，香港、澳门必将大有可为。

此外，区域协同发展有利于发挥各自优势，形成产业集群的乘数效应，从而在全球价值链中占据有利位置。无论是顶层设计，还是制度建设，又或是政策落地，粤港澳三地都有着明确的规划和深厚的合作基础。未来，粤港澳三地在经贸合作、跨域治理和对外开放中将越来越亮眼。在"一国两制"框架下，充分发挥香港—深圳、广州—佛山和澳门—珠海强强联合的引领带动作用，不断创新合作体制机制，增加区域合作中制度互补性收益，携手共建国际一流湾区和世界级城市群③。粤港澳大湾区建设必将进一步提升香港、澳门在全球竞争中的优势。

"一国两制"是实现中国梦的必然要求。党的十九大报告从国家发展和民族复兴的高度提出了14条新时代坚持和发展中国特色社会主义的基本方略，"坚持'一国两制'和推进祖国统一"是其中的重要内容。习近平主席在庆祝香港回归祖国20周年大会上指出，不断推进"一国两制"在香港的成功实践，是中国梦的重要组成部分。换句话说，如果"一国两制"在香港实践不成功，香港繁荣不再、稳定不保，甚至产生离心离德、"渐行渐远"的倾向，对实行社会主义制度

---

① 《更好融入国家发展大局是香港前途命运所系》，《新华每日电讯》2020年11月7日。

② 焦德武、王斯敏、蒋新军：《探寻澳门融入国家发展大局的战略路径》，《光明日报》2019年12月16日。

③ 陈广汉：《如何更好发挥"一国两制"的优势》，《社会科学报》2019年5月16日。

的内地并不是一件好事，整个中国梦的完成也就像缺了一只角、少了一份圆满①。未来，在"一国两制"框架下，在实现"两个一百年"奋斗目标的进程中，港澳必将乘着粤港澳大湾区建设的东风，开启新征程。

---

① 《中央从"中国梦"高度力保"一国两制"成功》，《大公报》2017 年 7 月 5 日。

第三节 "一带一路"
与"一国两制"的发展

一、"一带一路"建设中的香港和澳门

（一）"一带一路"建设中的香港

"世界那么大，问题那么多"，国际社会期待中国方案。在这样的背景下，中国提出构建人类命运共同体，解决世界和平与发展中的难题。"一带一路"倡议是落实人类命运共同体理念的重要平台。"一带一路"倡议提出以来，受到世界多个国家和地区的广泛支持。对于香港来说，"一带一路"倡议是重大机遇，比如，在全面对外开放新格局中，加强旅游合作，扩大旅游规模，互办旅游推广周、宣传月等活动，联合打造具有丝绸之路特色的国际精品旅游线路和旅游产品，提高"一带一路"沿线各国游客签证便利化水平。推动21世纪海上丝绸之路邮轮旅游合作。积极开展体育交流活动，支持"一带一路"沿线国家申办重大国际体育赛事。

根据《关于支持香港全面参与和助力"一带一路"建设的安排》，香港将发挥自身优势，为"一带一路"建设提供多元化融资渠道。同时将发挥香港作为全球离岸人民币业务枢纽的地位，推进人民币国际化，并推动基于香港平台的绿色债券市场的发展。

如前所述，香港具有得天独厚的优势，在中国全方位对外开放中发挥着独特作用。在"一带一路"建设中，中央对香港的定位、期许

和政策支持将为香港发展注入新的动力。香港特别行政区前行政长官林郑月娥在 2018 年施政报告中表示，香港已确立为"一带一路"建设中的重要节点和内地企业"走出去"的首选平台。"一带一路"具有鲜明的开放、包容属性，是突破隔阂、倡导合作的国际倡议，是人类命运共同体理念落地的主要平台，也是中国实行全方位对外开放的重要体现。中央和香港各界对香港的定位是将其视为通往"一带一路"国家的重要通道。这一定位得益于香港重要的战略地理位置。在"一国两制"的方针下，香港能将中国内地和"一带一路"其他国家联系起来。在"一带一路"建设过程中，香港将发挥自身所长，服务国家所需。

（二）"一带一路"建设中的澳门

澳门属于典型的微型甚至是超微型经济体，受制于地理面积、经济结构、人力资源等各种因素，自身发展面临不少瓶颈和难题。澳门回归之前黑社会横行，刑事案件频发，老百姓生活在恐惧和不安之中。1996 年至 1999 年澳门经济持续下滑，本地生产总值连续 4 年负增长，失业率高企①。回归祖国以后，澳门坚持"一国"原则，善用"两制"之利，将"国家所需"与"澳门所长"结合起来，在世界和国家发展大局中找准了自己的坐标。澳门拥有"自由港"和"单独关税区"的独特优势，有与葡语国家交往的经验和积累，有多元文化融合的休闲文化资源。

《规划纲要》将澳门明确为大湾区四大中心城市之一，这个定位意味着澳门与香港、广州、深圳同为大湾区的核心城市。为落实《规划纲要》，国家也出台了许多相应的配套措施。例如，为了深化大湾区在文旅领域的合作，共建人文湾区和休闲湾区，2020 年 12 月，由文化和旅游部、粤港澳大湾区建设领导小组办公室、广东省人民政府联合印发的《粤港澳大湾区文化和旅游发展规划》明确提出，到

---

① 张仕荣：《澳门回归 20 年彰显"一国两制"显著优势》，《学习时报》2019年 12 月 20 日。

2025 年，人文湾区与休闲湾区建设初见成效；到 2035 年，宜居宜业宜游的国际一流湾区全面建成。

推进澳门建设世界旅游休闲中心，打造中国与葡语国家商贸合作服务平台，建设以中华文化为主流、多元文化共存的交流合作基地，促进澳门经济适度多元可持续发展。在"一带一路"建设和粤港澳大湾区建设中，澳门发挥自身优势，推动"经济适度多元发展"，着力构建"一中心（世界旅游休闲中心）""一平台（中国与葡语国家商贸合作服务平台）""一基地（以中华文化为主流、多元文化共存的交流合作基地）"，进一步挖掘优势，拓展发展空间。

在打造多元文化并存的交流合作基地方面，世界娱乐中心澳门可以通过与大湾区其他城市的合作来促进旅游业发展。澳门有着生机勃勃的旅游业，随着港珠澳大桥的开通，2019 年 1 月到澳门的游客增加了 340 万人，同比增加 25% 。通过与葡语国家结成伙伴关系，预计游客人数会继续增加。此外，澳门凭借其独特的交通枢纽和自由港地位，在打造特色枢纽方面大有可为。有报告指出，"一带一路"沿线未来 10 年基础设施投资需求达 8 万亿美元，巨大的资金缺口对融资租赁业务提出新需求。在"一带一路"建设中，澳门可发挥连接国内、国际两个市场的特色金融枢纽的作用。

二、"一带一路"建设对港澳发展的重要意义

（一）"一带一路"建设对香港发展的重要意义

港澳在"一带一路"建设中将处于什么样的地位？将扮演什么样的角色？《推动共建丝绸之路经济带和 21 世纪海上丝绸之路的愿景与行动》提出，要发挥海外侨胞以及香港、澳门特别行政区独特优势作用，积极参与和助力"一带一路"建设。这表明，"一国两制"方针下的港澳将在"一带一路"建设中发挥积极作用。

一是发挥自身金融优势，为"一带一路"各方集资、融资提供多元平台。"一带一路"建设有大量的基础设施项目，需要大量融资，

这就需要多元化的融资渠道以满足资金需求。参与"一带一路"建设的企业在经营过程中有着不同程度的融资需求，而香港在上市集资、银行贷款、债券等金融服务方面有特殊优势，融资渠道和币种多元、成本较低。此外，香港在促进国际金融合作方面也大有可为。香港可以在亚洲基础设施投资银行、金砖国家新开发银行、上海合作组织银行联合体、丝路基金等多边金融机构的运营方面，为国家承担部分任务[1]。

二是发挥法律优势，为"一带一路"各方定争止纷提供专业法律服务。中国企业在"走出去"的过程中，将会面临诸多风险，其中，法律对接风险和国际仲裁成为重要方面。香港在提供专业法律服务方面具有独特优势：其一，香港拥有大量的国际化法律和风险管理人才；其二，香港在国际法律服务实践中经验丰富；其三，香港的法律服务和仲裁的国际认可度高。正是基于上述优势，香港的全球竞争力一直名列前茅。根据世界经济论坛公布的《2014—2015 年度全球竞争力报告》，在争议解决制度方面，香港在 144 个国家或经济体中排名第三，比英国、美国还要高。香港可以被打造成中资企业管理上述风险的中心。

三是发挥地理位置优势，成为连接"一带一路"各方的"超级联系人"。香港地处亚洲中心要冲，位置得天独厚，只需 4 个小时即可从香港飞往亚洲各主要市场，而全球一半以上的人口居住于香港 5 小时机程范围内，香港港口航线可达全球逾 500 个目的地[2]，所以，香港被认为是连接"一带一路"的"超级联系人"。香港作为国际航运枢纽和国际船舶融资中心，在"空中丝绸之路"和"21 世纪海上丝绸之路"的建设中必将发挥更积极的作用。比如，中国已经是世界第一大贸易国，在全球排名前十的集装箱港口中，中国占 7 ~ 8 个，但是，由

---

① 《梁振英：香港在"一带一路"建设中可发挥六大作用》，中国新闻网，2015 年 9 月 20 日，http://www.chinanews.com/ga/2015/09-20/7533923.shtml。

② 马常艳：《"一带一路"快车上香港有"预留席"》，中国经济网，2017 年 6 月 15 日，http://www.ce.cn/xwzx/gnsz/gdxw/201706/15/t20170615_23640126.shtml。

于历史原因，海洋金融和海事法律仲裁中心依然在伦敦。面对服务和业务发生地分离这一现状，香港可以借助"一带一路"释放的红利，努力将自己打造成国际海洋金融和法律仲裁中心，进一步提升专业性和话语权。

四是发挥人文交流优势，成为"一带一路"建设民心相通的典范。香港拥有国际化的高校、科研机构，培养了大量通晓不同语种和专业知识的国际化人才。中西方文化在香港融合、碰撞，使得香港文化具有鲜明的多元性，香港在文旅领域优势突出。香港青年、妇女、学术团体等不同的群体在多元化、国际化的环境中，对外语言交流、文化交流、学术交流活动较多，可以在消除语言和文化隔阂、促进民心相通方面加强沟通交流，配合"一带一路"建设，在对外交流中释放新的发展潜力。

（二）"一带一路"建设对澳门发展的重要意义

"一带一路"对澳门的发展也有重要意义。澳门是世界著名的旅游休闲城市。自回归祖国以来，在"一国两制"、"澳人治澳"、高度自治的方针下，澳门选择融入国家发展大局，在经济、民生、国际交往等方方面面取得了显著成就。自"一带一路"倡议提出以来，澳门各界一直高度评价并积极参与建设。澳门在"一带一路"建设中积极发挥桥梁作用，服务国家所需，获得大量新的机遇。

一是承担独特桥梁角色，积极发挥文化纽带作用。由于便利的地理区位，澳门自古以来便是海上丝绸之路上的一个重要站点。在"21世纪海上丝绸之路"建设过程中，澳门的独特桥梁作用和影响力更为突出。以澳门为支点，可以辐射到东亚、拉美、欧洲以及非洲地区。澳门是一个中西方文化交融的城市，是中国最早的文化和技术交流中心之一，擅长用西方人听得懂的语言讲好中国故事，有助于中华文化的传播交流。此外，澳门还是一个"社团社会"，大大小小的侨联会、同乡会、宗亲会等社团多达八九千个。这些社团历史久远，与海外尤其是葡语国家和东南亚国家的华侨华人有着密切交往。同时，澳门又是国际旅游休闲中心，旅游资源丰富，以博彩、会展、酒店为代表的文旅产业优势突出，纽带作用明显。

二是发挥特色葡语优势，积极开拓葡语国家市场。2018年12月，国家发改委与澳门特别行政区政府签署《关于支持澳门全面参与和助力"一带一路"建设的安排》，指出要促进澳门世界旅游休闲中心建设、中葡商贸合作服务平台建设与"一带一路"建设有机结合。中国与葡语国家在"一带一路"建设中的合作为澳门提供了很多机会。内地已有部分地区与葡语国家开展商贸合作，但是，语言、人才等方面存在不同程度的挑战。澳门的中葡双语优势突出，可以结合税率、外汇、金融等营商优势，对接不同地区的需求，搭好桥梁，连接内地企业、澳门企业和葡语国家企业，共同开拓葡语国家市场。

三是发挥人才交流特色，打造青年人才培养基地。"一带一路"建设中，人才尤其是青年人才是重中之重。《关于支持澳门全面参与和助力"一带一路"建设的安排》支持将澳门打造成中葡双语人才培养基地，助力"一带一路"建设。一方面，中国企业"走出去"，拓展2亿人规模的葡语市场，需要大量对口专业人才，如语言、法律、会计等。人才需求空间很大，澳门需要围绕这一需求，结合《关于支持澳门全面参与和助力"一带一路"建设的安排》，做好人才培养。澳门也清楚自身在葡语人才培养方面的优势，加大了培训和交流力度。比如，设立共建"一带一路"奖学金，举办"第一届中国与葡语国家高校校长论坛"，各高校领导共同探讨在"一带一路"倡议下如何推动中国与葡语国家高校交流，培养更多高层次的中葡双语人才，为中葡合作交流与政治互信提供人才支持。澳门凭借自身的独特优势，积极融入"一带一路"建设中。澳门结合自身实际，把"一带一路"与自身定位紧密结合，在打造"一中心、一平台、一基地"的规划中积极发挥专业优势，成为中国内地和葡语国家的联系人。澳门在推动多个葡语国家成为"一带一路"建设的参与者、贡献者和受益者的同时，也为自身发展开拓了广阔空间①。

---

① 汪灵犀：《澳门抢抓"一带一路"建设机遇》，《人民日报》(海外版)2019年12月19日。

三、整合多方资源，推动区域经济新发展

（一）注重人才交流，筑牢社会政治基础

人才是创新的关键因素。人才的交流和碰撞，会迸发出原子裂变般的能量。"一带一路"倡议和粤港澳大湾区建设需要大量的国际化、专业化人才。以澳门为例，人才资源紧缺一直是制约澳门深度参与"一带一路"建设和粤港澳大湾区建设的重要因素。如何解决这一棘手问题？如何保障地区发展中的人才交流与合作？学界和政府都在思考上述问题，并给出了相应的建议和举措。有学者建议，可以从五个方面着手来保障人才资源，即制定人才长远发展规划、构建大湾区人才共享机制、优化专才引进制度、加大本地人才培养和海外人才回流力度以及改革人才工作机构和机制[①]。政府层面推动的方案和措施也很多。比如，2020 年 10 月 30 日，珠澳（横琴）女性人才培育基地暨珠澳（横琴）女性创新创业人才交流中心落户珠海横琴，旨在充分发挥女性在推动粤港澳大湾区建设中的作用。2020 年 11 月 27—29 日，珠澳国际人才交流大会在珠海举办，开展了珠澳人才创新创业挑战赛、"澳珠极点"科技创新合作峰会等 11 场活动。大会还首次推选出"珠海十大英才"，为在大湾区奋斗的青年树立榜样。形式多样的人才交流活动必将促进港澳与祖国内地的人才交流，推动人才资源在区域发展中发挥牵引效应。

除了推动合作与创新，人才交流在人心回归方面也将发挥积极作用。习近平主席在视察香港期间发表了一系列重要讲话，特别是在不同场合多次专门讲到青年和青年工作，系统阐述了在"一国两制"条件下培养什么样的青年、怎样培养青年、谁来培养青年等重大命题。青少年是祖国的未来，如果青少年没有形成正确的价值观，对

---

① 王万里：《澳门参与粤港澳大湾区建设的人才保障问题》，《科技导报》2019 年第 23 期。

自己的身份和国家认同的认知就会存在问题。帮助港澳青少年树立正确的价值观，培养"一国两制"的建设者和接班人，任重而道远。通过人才交流提升国家认同将会产生积极效果。事实上，粤港澳大湾区建设已经将青少年交流项目纳入其中。比如，通过港澳青少年内地游学基地建设项目、粤港澳青少年文化交流示范项目和粤港澳青年艺术人才交流培养计划，加强青少年文化培育和交流。

综上所述，一方面，人才交流有助于激发创新活力，推动产业发展和文化互动。例如，2017年4月21日，时任澳门特别行政区行政长官崔世安在立法会答问大会上指出，发挥澳门归侨侨眷众多优势，加强与"一带一路"沿线国家和地区的交流和文化互动，打造文化交流平台。另一方面，人才沟通与交流，尤其是青少年交流活动和项目有助于推动港澳青少年对国家和祖国内地的了解和认同，促使其形成正确的价值观，培养"一国两制"的接班人，落实以爱国者为主体的"港人治港"和"澳人治澳"，保证港澳的持续繁荣和长治久安。

（二）创新合作机制，促进区域发展

随着"一带一路"建设的持续推进，中国需要结交不同经济体制、不同文化背景的国际合作伙伴。一方面，粤港澳大湾区城市群"一个国家、两种制度、三个关税区、四大核心城市"的多元格局，可以为"一带一路"建设提供更加灵活的制度安排；另一方面，积极进行粤港澳大湾区合作机制上的探索试验，也可为"一带一路"建设提供参考。在机制创新方面，可以通过先试点后推广的模式，更好地挖掘机制潜力。比如，深圳前海、广州南沙和珠海横琴自贸试验片区以及香港与深圳、澳门与珠海的跨界地区可以成为粤港澳大湾区合作体制机制、营商环境和社会管理制度对接的先行区和示范区，探索利用市场和法制手段，从民生出发，破解区域经济和社会发展与合作中难题的新模式和体制，丰富"一国两制"的实践内涵。

中央政府支持港澳全面参与和助力"一带一路"建设，并为此做出了相应的政策和制度安排，比如，《关于支持香港全面参与和助力"一带一路"建设的安排》和《关于支持澳门全面参与和助力"一带一路"建设的安排》的签署。上述文件是在坚持"一国两制"方针、在宪法和基本法这一宪制基础下签署的，有利于港澳发挥独特优势，助推"一带一路"建设，也有利于港澳在融入国家发展大局的过程中获得更快更好的发展。

政策要落地，关键要做好各项制度的对接。因此，打破区域和行政壁垒，理顺各项制度，就显得尤为重要。粤港澳大湾区是新时代国家全面开放格局下的重大战略措施，建设一流湾区是其重要目标。如何跻身世界一流湾区？关键是制度创新。通过制度创新消除制度性障碍，降低制度成本，提高对外开放水平，优化营商环境，从而提升粤港澳大湾区的竞争优势，更好地推动大湾区建设和区域发展。一方面，要理顺现有制度。粤港澳大湾区的特殊性就在于"一个国家、两种制度、三个关税区、四大核心城市"，不同制度之间有明显的差异，这是客观现实。如何在这么复杂的现状中理清头绪，为后续实践打下坚实的基础？这需要国家层面的顶层设计和大湾区各个地区和城市的协调配合。另一方面，要借鉴国际有益经验，进行制度创新。在国际贸易、金融合作等各领域，适度借鉴世界一流湾区的建设经验，发挥各地的主观能动性，结合"一国两制"的实际情况开展创新。比如，粤港澳三地应持续强化在国际贸易投资规则制定方面的共商协调机制，不断升级经贸负面清单管理模式，实现国际贸易"单一窗口"的标准化建设，并积极创新国际商事争端的解决机制①。

科学配置资源，合理利用各项资源。理顺已有制度和进行制度创新是解决"有没有"的问题，而科学有效配置资源则是要解决"如何更好"的问题。目前，粤港澳三地在制度层面都做了大量工作，政府官网上经常公布各项新制度、新举措，可以说，制度建设成效显著。然而，在探索的过程中，需要注意政策攀比和资源浪费等现象，避免资源的重复投入。可以通过加强三地的政策协调，建立信息共享

---

① 庞川：《粤港澳区域协同机制下的澳门创新发展》，《金融经济》2018 年第 23 期。

和资源共享模式来规避资源浪费，从而实现互通有无、优势互补，让资源发挥最大的作用。

（三）促进要素流动，提升协同发展效益

在"一带一路"框架内，港澳作为重要节点，需要将自身与"一带一路"沿线国家和地区对接起来，主要是通过要素流动推动更好地合作。2015年3月，《推动共建丝绸之路经济带和21世纪海上丝绸之路的愿景与行动》提出，要充分发挥深圳前海、广州南沙、珠海横琴、福建平潭等开放合作区作用，深化与港澳台合作，打造粤港澳大湾区。粤港澳大湾区占中国国土面积不到1%，但对国内生产总值的贡献率达12%。粤港澳大湾区建设为港澳参与"一带一路"建设提供了新机遇。在全面准确贯彻"一国两制"方针的基础上，粤港澳大湾区建设推动港澳与内地实现互利共赢。通过粤港澳大湾区城市群建设，继续支持港澳实现长期繁荣和稳定。

粤港澳大湾区建设是"一个国家、两种制度、三个关税区、三种货币、三种法律体系"下的合作，本质是在复杂的现实条件下建设一个统一市场。在统一市场下，区域内的人才、资金、物流等各种要素可以实现高效有序流动，从而提升区域内的协同发展效益。要素的高效有序流动可以通过不断完善硬件、软件配套来实现。港澳在"一带一路"和粤港澳大湾区的大框架下，可以在人流、物流、交通、资金等各项要素之间进行检视，消除阻碍因素，推动区域资源"动"起来。

在人才流动方面，便利人才通关，优化高层次人才的签证、居留手续，通过各种优惠政策吸引人才流入。比如，广东省落实公安部支持广东16项出入境政策，在珠三角九市先行先试，进一步延长所有创新主体科技人员商务签注有效期，高校、科研机构以及企业的科技人员均可申请有效期3~5年的多次商务签注①。深圳市率先实施

---

① 阎豫桂：《粤港澳大湾区打造世界一流创新人才高地的思考》，《宏观经济管理》2019年第9期。

"十大人才工程"，持续实施"孔雀计划"。面对人才流动的需求，港澳可以推出便利大湾区居民的"人才常驻计划"等措施，有针对性地吸引急需的专才、优才赴港澳从事长期工作或项目工作。为了鼓励企事业单位发挥吸引人才的更大积极性，可以给予企业相应的自主权。比如，通过建设人才合作示范区，制定区内政府人才管理服务权力清单和责任清单，全面落实国有企业、高校、科研院所等企事业单位用人自主权①。此外，针对大湾区各地居民之间的商贸、科研等往来活动，精简手续，为符合条件的大湾区内地城市居民赴港澳提供更加便利的签注安排。通过各种措施吸引人才流入，弥补港澳人才紧缺状况，盘活港澳各项资源。对于人才，除了"引进来"，还要"留得住"。对此，可以通过税收、养老、住房、教育等方面的配套政策来保障。

在物流方面，可以加大力度进行创新，探索更便捷的通关模式。此外，各地之间在物流技术标准方面也应加强协调沟通，探索建立统一标准，提高各地之间的通关效率。时任澳门特别行政区行政长官崔世安在《2019 年财政年度施政报告》中提出，推进粤澳新通道建设，落实莲花口岸搬迁至横琴口岸；在新建口岸陆续采用"合作查验，一次放行"的通关模式；探讨城际客运票务支付联通的方式；推动澳门纳入珠三角西岸高铁规划的可行性，加快进入国家高铁网络等规划，为澳门经济和社会发展的明天规划发展方向②。另外，在创新要素跨境流动方面，也应加强合作，在保证安全的前提下，简化手续，提升效率。

在营造区域发展的软环境方面，要充分发挥粤港澳三地的主体作用。比如，为了共建具有国际影响力的人文湾区和休闲湾区，《粤港澳大湾区文化和旅游发展规划》提出，要充分发挥粤港澳三地主体作

---

① 阎豫桂：《粤港澳大湾区打造世界一流创新人才高地的思考》，《宏观经济管理》2019 年第 9 期。

② 孙翠萍：《"一国两制"在澳门从理论到实践——基于改革开放四十周年的回溯与思考》，《团结报》2018 年 12 月 20 日。

用，全面准确贯彻"一国两制"方针，发挥三地比较优势，加强政策协调，对接三地发展战略和政策诉求，合理安排粤港澳大湾区各城市功能分工与业务协同，增强区域发展整体性、协调性和互补性，促进粤港澳大湾区文化和旅游协同发展、互利共赢。总之，当前及今后一段时期，粤港澳三地要聚焦如何实现跨境下的有效融合，打造更加有利的软环境，从而提升区域协同发展效益。

第四章

"一带一路"背景下
海洋强国的角色定位

粤港澳大湾区具有优越的海洋地理区位和独特的资源禀赋，区内各城市在发展创新型海洋经济方面有着良好的基础和较强的互补性。大湾区内主要海洋城市依托各自优势制定和实施海洋发展战略，打造各具特色的海洋发展目标与体系。

大湾区中心城市——广州、深圳、香港、澳门各具海洋发展特色：广州是老牌的海洋城市，有着雄厚的海洋产业基础、丰富的科教资源、得天独厚的政治条件，是大湾区海洋事业发展的基石；深圳作为中国改革开放之窗，城市文化具有国际性、包容性、开放性、合作性的显著特色，当下的深圳同时具有中国特色社会主义先行示范区、全球海洋中心城市、大湾区核心城市之一等多重身份的优势，是大湾区对外开放、打造海洋人类命运共同体的重要平台；珠海是多维度发展的海洋枢纽，发挥"湾区之心"优势，围绕打造"湾区西岸海洋中心城市"目标，推动粤港澳海洋深度合作，全面统筹陆海协调发展，致力建设粤港澳海洋海岛深度合作先行示范区、世界级海洋海岛群可持续发展典范；香港、澳门着重建设海洋经济资源配置中心，打造海洋第三产业前沿，在海洋发展领域同内地形成差异。香港以港口物流、航运服务、海洋金融保险、科研教育等为核心的海洋服务业极为发达，其中尤为重要的是利用与国际接轨的贸易平台，以及香港作为全球融资和航运中心的优势，力争成为珠三角九市拓展海洋经济的资源配置中心。

建设粤港澳大湾区，既要深入挖掘海洋要素，激发海洋活力；也要利用海洋的无限潜力进一步深化改革开放，推动"一带一路"建设乃至国家整体建设向前发展。

第一节　海洋强国和"一带一路"
建设的战略支撑

一、海洋强国战略和"一带一路"倡议的提出及发展

（一）海洋强国战略和"一带一路"倡议的提出

中国自古以来以陆地发展为主，海洋文化、海洋经济、海洋方向的对外交往虽然也曾创造过辉煌的成就，但从来不是国家政治、经济和军事建设的主流。自清末开始，中国虽被迫面对海防问题，但在近百年的历史中因疲于战争与内乱，始终未曾真正重视海洋发展。新中国成立后尤其是改革开放以来，如何看待海洋发展才作为国家建设的重要议题被提出，并引发大范围的讨论。2012 年，党的十八大报告提出，要"提高海洋资源开发能力，坚决维护国家海洋权益，建设海洋强国"，建设海洋强国作为基本国策被确定下来。

在 2013 年 7 月 30 日中共中央政治局第八次集体学习中，习近平总书记指出，要进一步关心海洋、认识海洋、经略海洋，推动我国海洋强国建设不断取得新成就。其中，"关心海洋"是基于海洋事业在国家发展中的重要地位，无论国家意志还是国民意识，都应该认识到海洋事业的重要性，关心海洋、支持海洋事业的发展。"认识海洋"是在"关心海洋"的基础上更进一步，将感性的关注转化为理性的探索，在国家发展层面，要清晰地认识到海洋事业的重要性体现在政治、经济、科技、安全、外交等各个方面，制定符合国家实力和外在环境的海洋发展战略；在海洋资源探索方面，要加大科技发展

力度，尤其是新能源的开发力度，为国家发展提供更清洁、更长远的资源保障；在对外战略层面，要认识到海洋发展在国家安全、对外关系中的重要作用，制定符合国家总体外交布局的海洋安全战略。"经略海洋"是海洋事业发展最终的落实手段，值得注意的是，"经略"一词包含了"策划"和"处理"双重含义，体现了在海洋事业发展过程中，要将战略规划、战略调整和战略推进有机结合，最终完成海洋强国的建设目标。

2017 年，党的十九大报告进一步提出"坚持陆海统筹，加快建设海洋强国"，并将这一表述放在第五部分"建设现代化经济体系"中，而非延续之前的做法将其放在"大力推进生态文明建设"部分。至此，关于是否大力发展海洋、如何发展海洋的问题完全与国家发展问题融为一体。

海洋强国战略提出后不久，"一带一路"倡议正式提出，中国对外开放与对外交往由此呈现出清晰的陆海统筹格局。陆上丝绸之路与海上丝绸之路虽都有着极悠久的历史，且均为古代中国对外交往的重要通道，但并非同时兴盛。陆上丝绸之路自汉代开通以来，至隋唐发展至顶峰，后伴随大运河的开通、政治经济中心的东移和南移而走向衰落，代之而起的是海上丝绸之路的繁盛。海上丝绸之路至海禁以后戛然而止，国家也开始步入风雨飘摇之中。

党的十八大以后，党和国家领导人正式提出"实现中华民族伟大复兴的中国梦"。复兴丝绸之路，既是对历史的继承，也是对历史的全面超越。"一带一路"倡议是站在陆海统筹战略高度构建的宏伟开放格局。"一带一路"涉及陆上、海上通道，陆路通过铁路、公路联通中国到中亚、东南亚、西亚和欧洲，形成若干条陆地大动脉；海上丝绸之路在古代路线的基础上不断拓展新航线，形成 21 世纪海上丝绸之路。两者之间实现陆海连接、双向平衡。"一带一路"将打破长期以来陆地与海洋、陆权和海权分割对立的局面，推动欧亚大陆与太平洋、印度洋、大西洋甚至北冰洋构成完全连接的陆海一体化系统，形成陆海统筹的世界经济循环和地缘空间格局。

（二）海洋强国和"一带一路"倡议的发展

海洋强国建设和"一带一路"倡议是一体两面的关系。前者是目标，后者是手段，两者相辅相成。在国内坚持陆海统筹发展，坚持走依海富国、以海强国、人海和谐的发展道路；在国际上坚持"合作共赢"，倡导营造和平、合作、和谐之海，通过海洋强国和"一带一路"建设，面向全球传播合作共赢的理念和实践。

在海洋强国建设和"一带一路"建设的基础上，习近平主席进一步提出了构建"海洋命运共同体"的倡议。2019年4月23日，在庆祝人民海军成立70周年海上阅兵活动中，习近平主席会见了多国海军活动外方代表团团长，并在讲话中首次提出"海洋命运共同体"的理念。习近平主席指出，我们人类居住的这个蓝色星球，不是被海洋分割成了各个孤岛，而是被海洋联结成了命运共同体，各国人民安危与共。当前，以海洋为载体和纽带的市场、技术、信息、文化等合作日益紧密，中国提出共建21世纪海上丝绸之路的倡议，就是希望促进海上互联互通和各领域务实合作，推动蓝色经济发展，推动海洋文化交融，共同增进海洋福祉。

"海洋命运共同体"理念的提出，进一步丰富、完善了中国特色海洋强国建设理论体系，其中至少包括三重含义。第一，作为海洋命运共同体理念的倡导国，中国必须大力提升自身海洋开发、海洋治理的能力，不断创新机制、总结经验，丰富和完善理论体系。第二，海洋的公共性和流动性决定了海洋治理不可能由某个单一的国家独立完成。然而可以想象，海洋命运共同体的建设将面临重重阻力与困难。海洋发展的历史在很大程度上是一部争霸史，加上近年来"逆全球化"在海洋治理与海洋安全领域带来的消极影响，在海洋上建构命运共同体绝非易事。"21世纪海上丝绸之路"为其提供了实践的机会与平台。近年来，通过与沿海国家共建海上丝绸之路，中国积极推行多边主义，推动与周边国家的合作，在海洋环境保护、海洋生态系统多样性、海洋管理、海上基础设施建设等方面取得了积极进展。第三，海洋命运共同体建设不仅意味着各国应树立合作共建海洋的理念，同时也意味着海洋治理最终应指向人海和谐共存的前景，服务于人类的共同利益。

40 多年前，中国开始实施改革开放，并设立了深圳、厦门、汕头、珠海这四个沿海城市作为第一批经济特区。沿海地区飞速发展，成为改革开放的排头兵，展现出非凡的活力，成为中国经济腾飞的一股举足轻重的推动力量。在经济腾飞的动力里，海洋是不可或缺的因素。据统计，中国进出口贸易中 80% 以上靠海运，优良港口、陆海联运、海上交通、自贸港等与海洋密切相关的因素支撑着对外贸易的迅速发展。国家综合国力的增强，对海洋开发能力、海洋治理能力提出了新的要求。

二、海洋禀赋、经济发展、科技创新和海洋文化

（一）粤港澳大湾区的海洋禀赋与海洋经济发展

粤港澳大湾区总面积 5.6 万平方千米，2019 年常住人口 7264.92 万，经济总量达 11.62 万亿元，预计到 2050 年大湾区人口将达到 1.2 亿至 1.4 亿。这一地区区位优势突出，产业基础良好，海洋经济发达，海洋传统深厚，产业、研发、金融、交通等领域的资源互补优势突出，能有效支撑中国海洋强国建设。

广东省海岸线长 4114.3 千米，居全国之首，海岛共计 1431 个，海湾 510 多个，其中天然良港 150 个，有 200 个地方适合建设港口，气候宜人，自然条件十分优越。珠三角九市有效依托整个广东乃至华南的海洋经济体系，为粤港澳大湾区建设奠定了强大基础。据统计，广东全省海洋生产总值从 2012 年的 1.05 万亿元增长至 2017 年的 1.78 万亿元，年均增长 11%；2018 年继续增长至 1.93 万亿元；2019 年率先突破 2 万亿元，达到 2.11 万亿元，同比增长 9.3%。广东已形成以海洋渔业、海洋生物、海洋油气、海洋工程装备制造、海上风电等为重点产业的海洋第一、第二产业集群，以及海洋交通运输、滨海旅游等海洋第三产业即海洋服务业。广东省海洋经济结

构持续优化，2020 年海洋三次产业结构比调整为 2.8∶26.0∶71.2。

港澳两地海洋经济发展蓬勃。澳门的海洋经济相关产业集中在运输与服务业领域，尤其是服务业，近年来入境游客一直呈上升趋势，澳门海上游成为热点路线。香港是亚洲乃至世界重要的海上航运中心和运输枢纽，有成熟的市场和完备的法律体系，其海洋金融支持体系较为完备。据统计，香港贸易及物流业、金融服务业、旅游业、专业服务及其他工商业支援服务这四大产业在全港生产总值中占比50% 以上。

凭借优越的海洋资源禀赋和发达的海洋经济，在海洋强国建设和"一带一路"建设中，粤港澳大湾区都将为其提供有力的支撑。

面向未来，中国将推动形成以国内大循环为主体、国内国际双循环相互促进的新发展格局，粤港澳大湾区建设将为利用好国内和国际两大资源积累经验、创造制度创新的平台。粤港澳大湾区的建设不仅包含传统湾区的开放性、包容性、协同性特点，更重要的是涉及两种制度、三个关税区、三种货币，这是粤港澳大湾区面临的挑战，同时也可转化为优势，为"一带一路"建设与构建海洋命运共同体提供范本。

（二）粤港澳大湾区的海洋科技创新

近年来，广东省深入落实《关于进一步促进科技创新的若干政策措施》（即"科创 12 条"）等政策，持续加强基础研究和应用研究。围绕"两点"（深港河套、珠海横琴）和"两廊"（广深港、广珠澳）的空间布局，扎实推进粤港澳大湾区国际科技创新中心建设，加快推进珠三角国家自主创新示范区建设。中国（东莞）散裂中子源正式投入运行，中科院惠州"强流重离子加速器装置"和"加速器驱动嬗变研究装置"两大科学装置建设加快推进。截至 2020 年 8 月，沿海经济带已建成国家重点实验室 28 家，省重点实验室 322 家；科技企业孵化器800 家，孵化器在孵企业数量 2.61 万家，创业密度保持全国第一；高新技术企业 4.01 万家，占全省的 88.6%；省级新型研发机构 177家，占全省的 80.82% 。2020 年，广东省省级促进经济高质量发展

（海洋战略性新兴产业、海洋公共服务）专项资金重点支持了 66 个项目，涉及海洋电子信息、海上风电、海洋生物、海洋工程装备、天然气水合物、海洋公共服务 6 个产业，推动新技术、新成果不断涌现。截至 2020 年，全省建有省级以上涉海平台 150 多个，海洋领域专利授权 1700 多项。根据相关统计数据，近几年大湾区内海洋科研机构发明专利年均增长率大约为 67%[①]。

据统计，2018 年，广东全省共建成涉海涉渔科研机构 24 个，启动南方海洋科学与工程广东省实验室建设，形成以企业为主体、产学研紧密结合的海洋科技创新体系，带动超过 40 亿元社会资本投入海洋科技创新领域，有 52 项创新成果得到转化应用。截至 2019 年底，全省有涉海高新技术企业 594 家，其中 2019 年认定涉海高新技术企业达 147 家。在大力推动海洋科技创新的同时，广东通过部署南方海洋科学与工程广东省实验室等举措，从科技创新源头和成果转化两端发力，弥补海洋产业创新能力不足的短板。据悉，深圳海洋大学和国家深海科考中心正加速落地，这将进一步提升广东海洋经济的创新基础。

在科技发展领域，港澳在基础研究、国际交流等方面具备优势。如香港大学、香港中文大学、香港科技大学、香港理工大学等在海洋资源开发利用技术、水体污染控制与治理、转基因生物新品种培育、重大新药创制、高分辨率对地观测系统、深海空间站、种业自主创新等领域具备研究基础和优势。2018 年，粤港澳海洋科技创新联盟在珠海成立，联盟囊括中山大学、香港理工大学、澳门科技大学等 20 多所高校，联盟合作领域包括海洋科学、海洋技术、海洋工程、海洋人文、海洋战略和海洋产业研究，海洋研究公共实验平台建设，海洋人才培养，学术交流，海洋科研项目申报，海洋科技成果转化等，粤港澳三地携手共建"粤港澳海洋资源共享圈"。2019 年，南方海洋科学与工程广东省实验室在广州成立，并依托香港科技大

---

① 原峰、李杏笋、鲁亚运：《粤港澳大湾区海洋经济高质量发展探析》，《合作经济与科技》2020 年第 15 期。

学建设实验室香港分部，标志着粤港澳大湾区海洋领域首次实现实验室跨境科研布局，为实现科技项目、科技团队与人才、科研资金的全方位畅通提供宝贵经验，助力构建粤港澳大湾区海洋科技协同创新新格局。

海洋的流动性与开放性决定了海洋经济与海洋科技发展必须以协同方式推进，这不仅是资源要素配置的必然需求，也是粤港澳大湾区建设的本质内容与题中应有之义。

（三）粤港澳大湾区丰富的海洋文化

粤港澳大湾区境内拥有深厚的传统文化底蕴及丰富的海洋文化。海上丝绸之路自秦汉时期开通以来，广东岭南地区一直是海上丝绸之路要地。岭南文化呈现出的务实、开放、包容的特点，与海外交通、对外交流有着密切关系。粤港澳大湾区境内的中山、江门是著名的侨乡，是中国先民对外开拓的重要出发点。港澳所呈现的有异于内地的文化特色，也是大湾区丰富、开放的文化体系的重要组成部分。

广东海洋文化历史悠久。如广州市的市舶司和十三行，见证了过往对外贸易的兴盛繁荣；东莞的虎门炮台旧址提醒人们勿忘历史；海洋祭祀遗址、妈祖庙、海神庙，记载了先民与海洋相关的活动与思想。在广东阳江海域发现的"南海一号"沉船，是迄今为止世界上发现的海上沉船中年代最早、船体最大、保存最完整的远洋贸易商船，将为复原海上丝绸之路的历史、陶瓷史提供极为难得的实物资料，甚至可以获得文献和陆上考古无法提供的信息。

广东拥有丰厚的海上丝绸之路文化积淀。广州是海上丝绸之路的发祥地，留下诸多历史遗迹，如：南越国宫署遗址，该遗址上叠压着2000多年各个时期的文化层；南越王墓，出土器物突出地体现了中原文化、百越文化和海外文化在此地的交流和融合；光孝寺，从东晋起至唐宋，有不少印度、中亚高僧如真谛、昙摩耶舍等到此传教译经，对中外文化交流有很大影响；怀圣寺光塔，是中国现存年代最早、最具特色的伊斯兰教建筑之一，由于是由来华的阿拉伯人所建，唐人称阿拉伯国家为狮子国，因而怀圣寺也被称为"狮子寺"，是唐宋以来到广州贸易以及定居的阿拉伯商人最重要的宗教活动场所；清真先贤古墓，是唐初来华传教的阿拉伯先贤赛义德·艾比·宛葛素的陵墓；南海神庙及码头遗址，是中国古代皇家祭祀海神的场所，是中国古代四座海神庙中唯一完整保存下来的官方庙宇，也是海上丝绸之路的重要历史见证；琶洲塔，由于位于清代广州城与黄埔古港的中间，是外国人进入广州的必经之地，因此被欧洲人称为"中途塔"，是清代珠江航道上的又一重要标杆。

丰富的海洋文化与海上丝路遗址，不仅是海洋强国建设的内在支撑，也是海洋命运共同体理念的重要历史源头。著名的"阔阔真公主号"仿古木帆船即是体现中国丰富的海洋文化、中国着力构建海洋命运共同体的一个典型案例。20 世纪后期，按照从大英博物馆找来的中国福船图形，著名的"阔阔真公主号"帆船在香港建造成功。"阔阔真公主号"原型于元世祖忽必烈时期建造，原为忽必烈女儿阔阔真公主下嫁波斯阿鲁浑汗的陪嫁船只。据马可·波罗的《东方见闻录》记载，马可·波罗乘坐该船护送阔阔真公主从福建泉州出发，历时两年多抵达波斯。2009 年 3 月 11 日，"阔阔真公主号"成为广州亚组委"亚洲之路"活动海上路线的大使，并从科威特启航，在 3 个月的时间里，沿着波斯湾和东南亚近海造访了亚洲近 30 个国家和地区、40 余个港口城市，完成了广州亚组委赋予的"重走海上丝绸之路"的使命。"阔阔真公主号"把传统与时尚、东方与西方文化的交融演绎得恰到好处。

三、海洋生态、海洋事业协同发展与国际经验

（一）注重海洋生态与可持续发展

保护生态、走可持续的绿色发展道路是海洋事业健康发展的保障。《规划纲要》明确指出，要推进生态文明建设，打造生态防护屏障，加强环境保护和治理，创新绿色低碳发展模式，建设宜居宜业

宜游的优质生活圈。广东省高度重视海洋生态，将海洋生态文明建设纳入海洋开发总布局之中，坚持开发和保护并重、污染防治和生态修复并举，划实守牢海洋生态红线。统筹山水林田湖海系统治理，组织编制了《广东省国土空间生态修复规划（2021—2035年）》，建立大湾区生态修复项目库，继续推进自然岸线保护修复、魅力海滩打造、海堤生态化、滨海湿地恢复以及美丽海湾建设工程，加快"蓝色海湾"整治行动。着力推进红树林"增量提质"，建设沿海防护林基干林带4400公顷，筑牢海上生态安全屏障。强化陆海污染综合治理，控制污染物入海排放。统筹实施"固本强基"和"智慧海洋"工程，以近海地形测绘、海洋经济调查、海洋观测监测设施建设和灾害预报预警、应急救援体系完善为重点，全面提升海洋基础数据支撑和防灾减灾能力。

由于海洋的流动性与整体性特征，海洋生态环境保护不仅极为迫切，且需要各地协同应对。粤港澳大湾区各城市多年来一直致力于协力推进海洋生态保护。20世纪90年代，粤港澳三地政府即成立了"粤港环境保护联络小组"、开展了粤澳环保交流，合作解决跨境污染问题，并在此后不断拓展。2000年，粤港环境保护联络小组升级为"粤港持续发展与环保合作小组"，内设珠三角水质保护、粤港清洁生产合作、海洋资源护理等7个专题小组。2002年，"粤澳环保合作专责小组"设立，下设水葫芦治理等3个专题小组，澳门、中山、珠海联手，治理澳门附近海域的水浮莲蔓延。2019年全国"两会"期间，全国政协常委、粤港澳大湾区企业家联盟主席蔡冠深建议，由三地政府联手建立粤港澳大湾区"9＋2"城市生态环境保护联席会议制度，及早编制大湾区环境保护总体规划，坚持区域统筹、流域统筹、陆海统筹，形成责任到人的区域环境管理新模式。

（二）注重海洋事业协同发展

协同发展是粤港澳大湾区海洋事业发展的核心和灵魂。一方面，要保障基础设施建设，不断提高区域内的互联互通水平；另一方面，粤港澳各城市要根据自身海洋发展的条件及特点，选取侧重点，形成合理配置、优势互补的协调发展态势；此外，还需提升政府间合作协调能力，不断优化顶层设计，促进要素的自由流动。

基础设施建设方面，广东省沿海经济带内高速公路已基本实现网络化，港珠澳大桥、南沙大桥顺利通车，深中通道等跨江通道顺利推进。辐射至泛珠三角地区的高速公路主骨架基本形成，规划建设的 30 条经粤东西北通往周边省区的高速公路通道目前已建成 20 条。全省新增湛江、茂名、阳江等 3 个沿海地市通达高快速铁路；广州至湛江、广州至汕尾、汕尾至汕头等铁路项目建设加快推进。沿海经济带港口群和机场群初步形成辐射全国、连通全球的交通枢纽体系；截至 2020 年 12 月底，广州港已开通集装箱航线 217 条，航线网络覆盖世界主要贸易港口；深圳开通国际班轮航线数量与新加坡、上海等国际航运中心相当；汕头广澳港区 10 万吨级航道已建成投入使用；湛江港 30 万吨级航道改扩建工程于 2021 年 7 月开始试运行。

在此基础上，大湾区内各城市根据自身条件与发展特点，制定了不同的海洋事业发展路径。如广州着力发展海洋经济，深圳着力打造全球海洋中心城市，港澳两地也具有强大的海洋经济基础，但与珠三角九市有较大差距，其优势基本集中在海洋服务业。香港是高度开放和国际化的城市，拥有开放便利的营商环境及优质的专业服务，拥有国际著名的港口物流、海运服务、海洋金融保险等综合海洋服务优势。澳门历史上的发达海运业早已衰退，现有的海洋经济以滨海旅游业为主。通过推动粤港澳大湾区协同发展，有助于进一步提升香港国际金融、航运、贸易中心和国际航空枢纽的地位。

此外，粤港澳大湾区和海南自贸港可以合作打造区域物流联盟。在"十四五"期间，中国将进一步加强高铁货运和国际航空货运能力建设，加快形成内外联通、安全高效的物流网络。自贸港和大湾区组建区域物流联盟可以将储存、包装、装卸、流通、加工、配备等集于一身，加强区域间合作，促进国内国际双循环。

（三）借鉴国外湾区海洋事业发展经验

优良的湾区早已是人类社会经济生活的重心之一。自古人们进行海上贸易，便会选取适宜的湾区建设港口，这对当地的经济、文化、社会发展起到积极的推动作用。湾区在全球的分布非常广泛，最好的湾区规模适中、气候适宜，且同时具备可深入陆地、岸线便于建造港口等特点。美国的纽约湾区、旧金山湾区以及日本的东京湾区即拥有良好的自然条件。国外湾区依托良好的自然条件发展海洋事业的经验值得借鉴。

一是重视滨海城市建设规划。回顾世界著名湾区的发展史，都经历了港口经济、工业经济、服务经济、创新经济四个阶段。世界著名湾区的发展带给我们的经验是应深入研究，合理规划，引导港口城市实现高效发展。如东京湾的横滨市能成为举足轻重的海湾城市，离不开政府的规划：利用海湾的自然资源，建立起全国物流配送基地，一举成为日本现代物流的核心和枢纽；在政府的大力支持下，拓展贸易渠道，建立起国际物流中转站，并计划 10 年内成为中美物流中转港；大力发展滨海旅游与休闲产业，吸引总部经济与现代服务业，启动"港口未来 21 世纪计划"，建设滨海湾建筑群，吸引大型公司总部及机构进驻，促进城市发展，影响着世界经济的流动。

二是重视滨海服务业。世界著名湾区皆以气候温和、风景优美、宜游宜居著称。港口城市依山临海，自然条件优越，旅游资源丰富。湾区城市凭借开放的文化氛围、充满活力的城市精神、优美的生态环境，不仅吸引了游客，也吸引了大量的投资和新兴产业以及大批年轻移民，为城市发展增添新鲜生命力。如横滨的"港口未来 21 世纪计划"，着力突出横滨的海湾特色和亲水功能，建造了横滨湾建筑群，大批造型独特的公寓和商业楼，吸引了大批移民与投资。

三是重视区域协调。东京湾内分布着多个世界级港口。横滨港的集装箱运输以重化工业、机械为主，整车出口量占到了全日本的14%。川崎港依托京滨工业区，主要负责与能源相关的进出口，其原油和液化石油气进出口量在全国的占比分别达到 7% 和 9%。千叶港背靠京叶工业区，是石化工业、钢铁业原材料的供给据点。木更津港的铁矿石进口量占全日本的 10%，钢材出口量占 9%，是名副其实的"钢铁港口"。横须贺港则主要负责汽车整车和零部件进出口①。港口间并没有出现恶性竞争，反而整合为分工不同、协调发展的港口群，更进一步提升了湾区的整体竞争力。

四是对外开放与制度创新。开放性是湾区与港口城市的天然属性，也是其最重要的优势特点。港口是世界经济互联互通的关键节点，湾区以开放的经济结构、高效的资源配置能力、强大的集聚外溢功能和发达的国际交往网络，成为带动一国乃至全球经济发展的动力，并引领技术革新。第一次工业革命即是由伦敦湾区引领的。湾区的开放性为其吸引了各地乃至全球的资金投入与人才涌入，带来最新最先进的技术与生产方式。

在纽约湾区，外籍居民来自全世界150多个国家和地区，约占纽约总人口的40%，形成了世界不同文化、不同文明相互融合的集合体。旧金山湾区作为美国西岸仅次于洛杉矶的最大都会区，总人口在700万以上。旧金山湾区是文化多元之地，堪称美国"民族大熔炉"。近十几年来，亚洲人大量移民到美国，在旧金山的一些地区，亚洲人密度高居全美第一，有些城市甚至高达50%。许多亚裔是拥有高学历的科技新贵，带动了当地的文化融合。文化融合为湾区发展带来极大的活力。

---

① 钟达文、王纳、卢政：《港口的协调合作如何推动湾区城市的发展？》，《广州日报》2018年5月29日。

第二节　大湾区中心城市
广州和深圳的向海发展

一、海洋科教中心和产业旗舰：广州的向海发展

（一）广州发展海洋经济的优势和规划

广州海域北起黄埔老港西港界，南至进口浅滩，面积460平方千米。广州积极发展船舶和海洋工程装备制造业、海洋科研教育管理服务业、高端滨海旅游业，成效极为显著。2011—2015年，广州市海洋生产总值从1547.2亿元增加到2632.8亿元，年均增速达14.21%，第三产业占比高达79.79%。近年来，广州采取一系列有力措施，以"一核四片"的全域布局为引领，以配套产业、基础设施建设、研究创新和人才培养为抓手，积极以粤港澳大湾区建设助力海洋强国建设，取得了突出成效。在这一过程中，广州根据自身与粤港澳大湾区各地有明显差异的比较优势，进行错位式互补性发展，正在探索一条新的发展路径。大湾区各地发展海洋经济的区位条件较为类似，在珠江入海口的不大范围内，连续分布有广州、深圳、香港三个世界级的优良海港。因此，在粤港澳大湾区建设中主动进行错位优势互补而不是同质化竞争就具有非常重要的意义。

广州最大的比较优势主要有三个。一是引领珠三角发展的政治优势。广州是整个华南地区的中心城市，负有引领珠三角发展的政治任务，作为省会城市的广州在协调珠三角城市方面也享有得天独厚的政治条件。二是独一无二的科教优势。广州的科教资源极为丰富，

远超大湾区内的珠海、佛山、惠州、东莞、中山、江门、肇庆、澳门等地，也持续领先于新兴科教中心深圳。与香港相比，广州在海洋领域的科教实力更强。三是雄厚的海洋产业基础。广州拥有中船重工物资贸易集团广州有限公司等一大批船舶制造旗舰企业，依托智能制造和可燃冰开发、无人船、半潜船等领域的科研与装备研发，建设了一批业内领先的综合海洋工程装备建设的龙头企业。广州依托上述有利条件，采取了具有创新性的综合措施，推动以粤港澳大湾区建设助力海洋强国建设。

广州以粤港澳大湾区建设助力海洋强国建设的重大举措是，规划了"一核四片"的全域布局，调动市域内的全部相关资源，全力发展海洋经济。这里的"一核"指南沙区，"四片"指黄埔、番禺、海珠和荔湾四大片区。广州南部的南沙区位于粤港澳大湾区的地理中心，与珠三角其他大中城市和港澳的距离相等；在珠江三角洲的端口，是西江、北江、东江三江汇集之处。与已经深度开发的广州市区不同，南沙区仍处于初步开发阶段，土地资源有很大的配置空间，已被确定为广州的城市副中心，同时也是广州海洋产业高端发展核心区和海洋经济发展的"领头羊"，有国家级新区和自贸试验片区双区叠加的优势。在全面启动南沙新区科技兴海产业示范基地孵化器建设工作的基础上，南沙区还与广州中科院工业技术研究院合作洽谈"双创"园地建设，与广东省渔业种质保护中心合作建设南沙海洋人才培训中心。

与南沙区不同的是，黄埔片区定位为海洋综合服务与高技术产业拓展区，番禺片区定位为特色滨海旅游与休闲渔业融合发展区，海珠片区定位为海洋总部经济和专业服务优先发展区，荔湾片区定位为海洋总部经济和航运综合服务优先发展区。

上述"一核四片"的全域规划充分、全面地考虑了广州发展海洋经济的历史基础和现实条件，具有较大的可行性。从历史基础来说，广州历来是改革开放和海洋经济发展的前沿，经济外向性和海洋性极为突出，理应走在海洋经济发展的最前沿。从现实条件来说，广州市域各地在客观上早已形成星罗棋布的海洋产业。在粤港澳大湾区建设的背景下，既要充分发挥已有的产业基础，又必须借助合理的整体规划，进行合理整合与引导，以实现市域内的错位发展，避免恶性竞争和重复建设，形成互补合力和整体优势。

（二）以科教资源助推创新驱动型发展

粤港澳大湾区建设需要走创新驱动的道路，高强度的研发活动和源源不断的人才资源供给是创新驱动的重要保障。广州的研发条件和教育资源在整个大湾区乃至全国范围内都处于领先水平。就研发条件而言，截至 2018 年底，广州拥有国家和省属涉海科研院所 17 所，省部级海洋重点实验室（重点学科）25 个，国家级海洋科技创新平台 3 个，海洋科技服务人员超 5 万人。广州海洋地质调查局是我国海域天然气水合物首次试采成功的主力单位。2015 年，广州市海洋高技术产业研发投入 6.29 亿元，海洋高技术产业完成固定资产投入带动新增产值率达 16%。

广州在海洋科研创新领域布局较早，优势突出，颇有特色。广州正全力建设南方海洋科学与工程广东省实验室。2018 年 12 月 27 日，广州海洋地质调查局在广州南沙开工建设深海科技创新中心基地，占地约 100 亩，规划总建筑面积 20.8 万平方米。深海科技创新中心是实施海域天然气水合物资源勘查与试采工程、深化海洋油气资源勘探、拓展深远海资源调查和地球科学考察研究的重要科研实验基地。基地将建设天然气水合物国家工程研究中心、南海地质研究所、海洋环境与工程中心、大洋与极地中心、海底矿产重点实验室、实验测试中心、探测技术研发中心和科学计算中心等 8 个科研平台。2019 年 5 月，广州与中国科学院签订协议，共同建设广州南沙科学城和中国科学院明珠科学园，包括中国科学院大学广州学院、力学所南方中心、沈阳自动化研究所智能研究院、中科院广州分院、中科院南海海洋所、华南植物园等新建科研院所、迁建科研院所以及三个重大科技基础设施等一批重点项目建设已全面铺开。

特别值得一提的是，广州已成为中国可燃冰研究的领先高地，在未来的海洋能源开发利用中将发挥独一无二的重要作用。中科院广州能源研究所从 20 世纪 90 年代初开始进行可燃冰基础研究，2003年组建中科院广州天然气水合物研究中心，联合中科院南海海洋研究所、广州地球化学研究所等单位开展可燃冰的勘探、开采基础理论和关键技术研究。在中国地质调查局、科技部、国家自然科学基金委等机构的支持下，通过开展南海神狐海域可燃冰的富集规律和成藏机制的研究，指出了开采的有利靶区；建立了国际领先的可燃冰开采综合模拟技术系统，确立了基于模拟的水合物开采和安全控制方案，助力中国可燃冰的成功试采。广州海洋地质调查局是中国海域天然气水合物首次试采成功的主力单位。

就教育资源来说，广州拥有极为丰富的高等教育和职业教育资源，有中山大学、暨南大学、华南理工大学、华南师范大学、华南农业大学、广东外语外贸大学、广东财经大学、广东工业大学、广州航海学院、广州大学等众多高校，可以为海洋强国建设贡献强大的人才资源。中山大学全校有涉海科研人员 1000 多人，其中教授和研究员 300 多人，海洋科研教学实力雄厚。中山大学建校之初即开展了海洋科学研究，早在 1924 年就开展了南海近岸渔业资源调查研究，1928 年前往西沙实地调查。2008 年 6 月中山大学正式成立海洋学院，2016 年 5 月将海洋学院更名为海洋科学学院，2017 年又成立海洋工程与技术学院，后者围绕"船舶与海洋工程"一级学科重点发展海洋工程装备与技术、智能水下机器人、水下通信与探测技术、河口海岸与岛礁工程等四个学科发展方向。中山大学的涉海学院还包括地球科学与工程学院、生命科学学院、国际关系学院等多个文理学院，在科技领域建有南海海洋生物国家工程研究中心、广东省海洋资源与近岸工程重点实验室、广东省海岸与岛礁工程技术研究中心、海洋石油勘探开发广东高校重点实验室、海洋微生物功能分子广东高校重点实验室等创新平台，在人文社科领域建有粤港澳发展研究院、海洋经济研究中心等研究基地。

暨南大学涉海学科主要包括海洋生物学、海洋地质学、海洋环境科学、海洋农业和海洋管理，涉及学士、硕士和博士 3 个培养层次，主要研究方向包括海洋环境与生物修复、海洋污染与生态毒理、海洋农业、海洋生物资源利用、海洋管理与海权战略等。学校在海洋生物学研究领域优势突出，从事涉海研究的专职研究人员有 40 多人，在读硕、博研究生 100 多名，建有多个专门的涉海研究团队。

华南理工大学船舶与海洋工程系创建于 1958 年，具有船舶与海洋工程的完整人才培养体系，为船舶工业、国防建设、海洋资源开发、交通运输等行业和部门培养了大批专业技术和管理人才，已形成新型船舶与海洋工程结构物开发与设计、船舶节能技术、船舶与海洋工程结构力学、船舶与海洋工程水动力学、海洋能利用、船舶与海洋工程振动与噪声、船舶与海洋工程先进材料、近岸与近海工程、带缆遥控水下潜器系统等特色研究方向。

华南农业大学海洋学院于 2016 年成立，现有学生 740 人，在职教工 56 人（正高职称 14 人），有水产养殖学和海洋科学等专业。

广东财经大学海洋经济研究院于 2018 年初正式成立，由校长兼任院长，7 人具有高级职称。研究院积极服务粤港澳大湾区建设，主办以"湾区经济高质量发展"为主题的全国海洋生态经济论坛。现有内设研究机构 6 个，分别为海洋自然资源资产管理研究中心、海洋生态环境研究中心、智能海洋经济研究中心、海洋发展战略研究中心、海洋经济与法律研究中心和海洋权益保护研究中心。

广东海洋大学坐落于湛江，现有教职工 2061 人，学生近 3.3 万人，设有水产学院、海洋与气象学院、食品科技学院、滨海农业学院、机械与动力工程学院、海洋工程学院、海运学院等 19 个二级学院，建校 80 多年来向国家及地方输送了近 20 万名各类高素质专门人才。

近年来，广州在"一核四片"的布局下，进一步加强南沙区在海洋领域的教育资源配置，引进了若干涉海高等教育机构。2017 年 8 月，广州市南沙区与上海海事大学签订战略合作协议，商定在南沙成立上海海事大学广州研究生院，为南沙提供航运、物流、商贸、金融等领域的高端人才。2018 年 10 月，与香港科技大学签订合作建设香港科技大学南沙分校的协议，项目已破土动工。2018 年，广州南沙区与广东海洋大学签约合作建设研究生院，重点围绕海洋电子信息、海洋高端工程与装备、海洋生物资源综合开发利用、海洋环境监控与防灾减灾、传统水产养殖技术转型升级、人工智能、现代海洋服务业等7个领域开展技术研发与应用，双方还商定共建南沙海洋高新技术成果转化中心，共建海洋高端技术南沙论坛。

（三）海洋制造业高端化发展和海洋服务业智能化发展

广州的另一重点工作领域，也是未来进一步发展的机遇，是有效利用产业中心优势，进一步发展海洋制造业，推动海工产业高端化、智能化、全球化。广州船舶及海洋工程装备制造产业极为发达。作为全国三大造船基地之一，广州有船舶企业40多家，其中有船舶建造能力的企业20多家，船舶建造能力达500万载重吨/年，单船造船能力突破30万载重吨。全球首艘智能商船 iDolphin 38800吨智能散货船"大智"轮在广州中船黄埔文冲船厂制造，2017年12月首发。广州企业还生产了30.8万吨超大型油轮"新埔洋"号、国内自行设计建造的绞刀功率最大的绞吸式挖泥船"新海豚"号、中国最大载重吨位的半潜打捞工程船"华洋龙"号、中国最大原油轮"凯桂"号等。广州南沙已成为国内海洋工程装备制造业的重要基地，中船集团龙穴造船基地已形成百亿级海洋产业集群，推动形成集造船、修船、海洋工程、邮轮及船舶相关产业于一体的海洋工程装备产业集群。

广州持续有效发挥在海洋产业领域的领先优势，一方面继续发展先进船舶制造业，另一方面以无人船、潜水器和水下机器人为突破口，推动人工智能技术在海洋领域的应用和发展，已经在钻井平台、水下机器人、半潜船制造、可燃冰开采设备等领域形成一批龙头企业和集聚基地。中船黄埔文冲船舶有限公司建造了全球首座 R-550D型自升式钻井平台，2016年12月交付使用。该平台是广州建造的首座400英尺（1英尺＝0.3048米）钻井平台，也是目前国内建造的唯一一座核心装备国产化率达到90%的自升式钻井平台，获得世界石油2015"引领未来"最佳钻井技术设计奖。中船澄西船舶(广州)有限公司承接了4500米载人潜水器工作母船"探索一号"船舶改造工程，改造工程的定位是基于深海潜水器目标海域的科学研究和工程项目，如海洋资源探测、地球化学研究、海洋生物采集等。4500 米载人潜水器项目是在"蛟龙号"载人潜水器研制工作的基础上，以实现国产化、降低运行成本为目标研制的拥有自主知识产权的载人潜水器。项目的开展将进一步完善我国的深潜装备技术体系，满足我国的深海科学研究需求，强化我国在载人深潜科学应用和技术领域的优势。

广州持续推动以现代港口业为核心的海洋服务业智能化发展。广州港是中国最大的客货海运基地。截至 2019 年 1 月，广州港拥有各类码头泊位 807 个，其中万吨级以上泊位 76 个[①]。广州港共开通集装箱班轮航线 150 条，其中外贸航线 67 条、内贸航线 83 条。2019 年广州港全港累计完成货物吞吐量 6.27 亿吨，完成集装箱吞吐量 2324 万标箱，居全球第五位。全港集装箱班轮航线达 165 条，其中外贸班轮航线 120 条，此外还开通了 69 条"穿梭巴士"驳船支线和 11 条海铁联运班列。广州港国际邮轮旅客吞吐量突破 48 万人次，稳居全国第三。2015—2016 年南沙港开辟了越南、日本等国际邮轮航线，首年旅客吞吐量达 32.6 万人次，居国内邮轮母港城市第三。

在上述基础上，广州港南沙港区积极打造大湾区首个全自动化集装箱码头即南沙四期集装箱码头项目，规划建设 4 个深水集装箱泊位和 12 个驳船泊位，设计年吞吐量 480 万标箱。南沙四期自动化码头采用装备北斗卫星导航定位系统的无人驾驶智能引导车（IGV）作为水平运输设备，码头前沿采用振华重工自主研发、量身定做的单小车全自动化岸桥，项目投产后南沙港区年集装箱吞吐能力有望超过 2200 万标箱。此外，广州正实施广州港深水航道拓宽工程、广州港环大虎岛公用航道工程、桂山锚地扩建等工程建设，加快推进广州南沙港铁路以及配套物流基地建设，建设南沙海铁联运物流枢纽。

---

① 李妍：《世界港口大会今年在广州举行》，《广州日报》2019 年 1 月 4 日。

二、全球海洋中心城市：深圳的向海发展

（一）深圳建设全球海洋中心城市的基础条件

2012 年，挪威海事展、奥斯陆海运等国际机构联合发布了《全球海洋中心城市报告》，此后又于 2015 年、2017 年、2019 年发布该报告，从全球有影响力的海洋城市中评选出前 15 名，评选指标主要包括五项：航运中心、港口与物流、海事金融与法律、海洋科技、城市的吸引力与竞争力。全球海洋中心城市的评选标准不同于过去对城市海洋发展的单一评价，而是将其纳入全球海洋发展体系之中，同时也强调以海洋发展为特色带动整个区域的发展。在已发布的 4 次报告中，香港、上海连续 4 次排名前 10 位，广州曾于 2017 年排名第 15 位。

无论在全国海洋城市还是粤港澳大湾区城市群中，深圳目前的海洋发展水平都并非最突出的，但在《全国海洋经济发展"十三五"规划》中提出的"推进深圳、上海建设全球海洋中心城市"表述中，深圳甚至排在上海前面。究其根本，全球海洋中心城市建设不仅需要有传统的航运、物流、贸易等方面的优势，更重要的是全方位的海洋金融、海洋法律、海洋科技、海洋治理体系的支撑，并能通过机制、制度创新与引领，改善营商环境，吸引相关人才，为区域发展及全球海洋事业提供公共产品。深圳的区位优势、要素配备能力、制度创新能力、人才凝聚能力等，使其拥有建设全球海洋中心城市的巨大潜力。

2011 年，深圳被确定为国家海洋经济科学发展示范区；2016 年12 月，深圳成为全国首个海洋综合管理示范区；2017 年 5 月，《全国海洋经济发展"十三五"规划》首次提出，推进深圳建设全球海洋中心城市。此后，《粤港澳大湾区发展规划纲要》《中共中央 国务院关于支持深圳建设中国特色社会主义先行示范区的意见》再次强调，支持深圳加快建设全球海洋中心城市。

深圳拥有海洋综合发展的巨大潜力。从地缘条件看，深圳面对香港，背靠东莞、广州等制造业与贸易物流完备发达的城市，处于粤港澳大湾区东岸的核心位置，是大湾区向外发展的重要通道和门户，也是 21 世纪海上丝绸之路的战略节点。

从硬件条件看，2019 年上半年，深圳海洋生产总值达到 1229 亿元，同比增长 6.3%，深圳港在全球集装箱港口中排名第四，集聚了招商、中集、盐田港等一批龙头企业。目前，深圳有涉海企业 7000 余家。中国国际海运集装箱股份有限公司是世界领先的物流装备和能源装备供应商，中集集团和招商局重工已具备大规模制造海上钻井平台的能力，覆盖产业链设计研发、总装、建造和应用等上下游环节。中兴通信、研祥智能、华讯方舟等电子信息企业已进军海洋通信、船舶导航等海洋领域。电子信息、生物医药、装备制造企业也逐步涉足海洋领域。

从体制机制看，深圳拥有极大的制度优势及自主权。经济特区成立 40 周年之际，党中央决定以此为契机，支持深圳实施综合改革试点，以清单批量授权方式赋予深圳在重要领域和关键环节改革上更多自主权，一揽子推出 27 条改革举措和 40 条首批授权事项。中国特色社会主义先行示范区建设与全球海洋中心城市建设相辅相成、相互促进、互为支撑。

从创新能力及人才机制看，目前，深圳正加快推进大空港海洋新兴产业基地建设，规划建设南方海洋科学城，国际生物谷大鹏海洋生物产业园已完成二期改造和三期总体规划编制。海洋大学和国家深海科考中心正在加快组建，哈尔滨工程大学、中国海洋大学等正在深圳筹备设立海洋科研机构。南方科技大学设立省海洋实验室深圳分部，建设海洋风能研究院、海洋资源研究院。哈尔滨工业大学（深圳）正在推进设立船舶与海洋工程学科，大力培育海洋高素质人才。

根据深圳市政府批准、市规划和自然资源局制定的《关于勇当海洋强国尖兵 加快建设全球海洋中心城市的实施方案（2020—2025年）》，明确 2020—2025 年将持续推进和新增 63 个涉海重点项目。

其中持续推动重点项目 40 个，包括推动设立国际海洋开发银行、按程序组建海洋大学、建设智能海洋工程制造业创新中心、推动建立国家深海生物基因库、规划建设国家远洋渔业基地和国际金枪鱼交易中心、设立深圳港航发展基金、推动设立中国海洋大学深圳研究院等；新增重点项目 23 个，包括按程序组建国家深海科考中心、推动设立海洋产业发展基金、争取试点启运港退税政策、推动组建中国海工集团、推动建设中船南方海洋工程技术研究院、建设蛇口国际海洋城、规划建设水产实验基地、推动深圳湾红树林湿地纳入拉姆萨尔国际重要湿地名录、建设前海湾人工沙滩等[①]。

（二）全面推动全球海洋中心城市建设

建设全球海洋中心城市工作正在深圳全面展开。在深圳市《关于勇当海洋强国尖兵 加快建设全球海洋中心城市的决定(2020—2025年)》中明确了"三步走"的战略：到 2020 年，海洋经济实现高质量增长，科技创新能力显著提升，生态环境稳步改善，海洋综合管理水平国内领先，海洋国际竞争力明显增强，为全球海洋中心城市建设奠定坚实基础。到 2035 年，重点提升在亚太地区海洋领域的影响力，基本建成全球海洋中心城市。到 21 世纪中叶，实现海洋发展达到全球一流水平，全面建成全球海洋中心城市，成为彰显海洋综合实力和全球影响力的先锋。

第一，提升深圳港国际航运枢纽功能。在全球海洋中心城市的评选体系中，港口系统是一项重要的衡量指标。深圳港始建于 20 世纪 80 年代，借助深圳经济特区的发展及与毗邻香港的区位优势，港口发展非常迅速。尤其是集装箱吞吐量，曾连续多年排名全球前三。但集装箱吞吐量只是传统的衡量港口规模的方式，无法代表海洋中心城市对港口的综合性需求。尤其近年来，深圳港的发展进入了低迷阶段，进入暂时的吞吐量下降时期，2019 年已经由原来的全球第三位掉到第四位，这主要是由于全球贸易格局的改变和深圳产业链的变迁，深圳港业务面临迫切的调整转型需求。与此同时，粤港澳大湾区建设与全球海洋中心城市建设又对深圳港的发展调整提出了更进一步的要求。在这样的背景下，深圳港的转型升级应立足于支持全球海洋中心城市建设，以粤港澳大湾区协调发展为根本遵循，以创新为手段，寻求深圳港新的发展动力与转型升级方向。具体来说，就是要推动深圳港从运输大港转型为综合性服务强港。一方面，要完善港口的深水航道建设、集装箱码头自动化建设，重视清洁能源的使用与污染治理，实现港口作业的绿色发展。另一方面，要推进粤港澳物流领域的金融保险、税收制度改革，扩大国际中转业务，打造国际中转贸易港，支持港口企业向外开展"一带一路"合作项目，打通深圳与"一带一路"沿线国家和地区的物流大动脉。

第二，推动海洋产业升级，健全金融、法律等保障体系。建设全球海洋中心城市必然要求强大的海洋经济基础和完善的海洋服务体系。一是推动海洋高端装备制造产业智能化发展，推动陆域智能制造企业"下海"，推动传统海洋工程装备制造企业向高端化、智能化、品牌化方向转型升级。二是做大做强涉海企业。2018年《国家发展改革委 自然资源部关于建设海洋经济发展示范区的通知》明确，深圳海洋经济发展示范区的主要任务是"加大海洋科技创新力度，引领海洋高技术产业和服务业发展"。深圳海洋经济发展示范区将以中海油深圳分公司、中集集团、招商重工、中广核等企业为龙头，推动产业集聚化和规模化发展。三是依托良好的金融发展环境与传统金融产业基础，建立海洋金融服务实验平台，加强深港金融合作，大力发展海洋基金、融资租赁等新兴业态，为涉海企业提供更多的资金保障渠道与更优质的金融服务。《中共中央 国务院关于支持深圳建设中国特色社会主义先行示范区的意见》明确指出，深圳要探索设立国际海洋开发银行，当前世界范围内还没有国际性海洋银行，这是深圳创新发展、引领全球海洋治理的重大契机。四是着力完善法律保障体系。2014年，深圳设立了蓝海法律查明和商事调解中心，这是全国首家以域外法律查明为核心业务的事务机构。其业务主管单位是深圳市司法局，是根据《深圳经济特区前海深港现代服务业合作区条例》的规定，在前海设立的非营利性组织，通过平台化和专家库的方式为社会各界提供专业化的法律查明业务，创新了以国际商事调解、法律数据库以及信息化建设、智库研究等为特色的综合性法律服务系统。除此之外，香港在法律体系与相关制度上有着与国际接轨的优势，借助这一优势，深圳市司法局率先开展了粤港澳联营律师事务所的改革试点，支持中国第一批以华商前海联营律师事务所为代表的香港和内地合作联营的6家律师事务所在前海落地，为"一带一路"倡议与粤港澳大湾区建设提供法律支持和法律服务保障。在全球海洋中心城市建设中，深圳应继续加强与香港之间的海事法律合作，落实机构设置，完善包括仲裁、调解在内的海事法律服务体系。

第三，加强科技创新，建设国家深海科考中心。科技创新是引领21世纪世界经济发展的重要引擎，创新对区域经济增长的作用已逐渐由最初的自身创新驱动向创新空间溢出、知识技术扩散乃至创新网络延伸。未来，粤港澳大湾区高质量发展必将与旧金山南湾依赖硅谷创新生态一样，迫切需要构建大湾区科技创新生态系统。2017年，世界知识产权组织根据 PCT（专利合作条约）专利数据对全球的区域创新指数进行测算，深港地区的区域创新集群指数位居全球第二位，仅次于东京—横滨地区，高于以科技湾区著称的旧金山湾区。深港地区有着极佳的科技创新土壤。深圳初步建立了"企业＋高校"的海洋创新体系，截至2018年底，围绕海洋高端智能装备、海洋电子信息、海洋生物医药等海洋战略性新兴产业，全市已建成海洋领域创新载体39家。其中，重点实验室8个、工程实验室14个、工程中心6个、技术中心4个、公共技术服务平台7个，集聚了近千名海洋领域高级研究人员，为海洋科技创新和产业化提供了重要保障。

《中共中央 国务院关于支持深圳建设中国特色社会主义先行示范区的意见》明确提出，深圳要建设国家深海科考中心。2020年初，科技部、国家发展改革委等五部委联合印发的《加强"从0到1"基础研究工作方案》明确指出，深圳将加大基础研究投入力度，建设成为我国第四个综合性国家科学中心。我国的海洋科技能力在世界范围内并不突出，尤其是浅海领域，但在深海方向有局部领先的优势，如 2020 年 11 月，"奋斗者"号全海深载人潜水器成功完成万米海试并胜利返航，标志着我国具有了进入世界海洋最深处开展科学探索和研究的能力。目前，我国关于深海探测、进入、开发的研究和资源较为分散，涉及各个大学、科研机构、军工企业等相关单位，要加强深海科技研发，就必须进一步整合、融合国内的优质资源，形成一个核心，协同带动创新。当务之急，是要成立开放共享的深海科研研发平台，聚集国内外顶尖的技术、人才，落实资金渠道与制度保障，建设世界顶尖的深海科考中心。

第四，加强培育海洋文化与海洋意识。中国的海洋文化并非世界海洋文化的主流，但独具特色。西方的传统海洋观有着浓厚的海权色彩，重视海上安全、资源争夺乃至国家霸权的建立。中国的海洋文化与之极为不同。中国古代海洋文化以海上丝绸之路、海神崇拜、海外移民等为主要内容，带有开放、交流、和平的特色，现代海洋文化则加入了对外开放、生态保护、科技发展、资源开发等特点，注重濒海国家的共同利益。深圳是古今两种海洋文化的集大成者与融合者，有着海盐城、海防城、贸易城、移民城的特点。一方面，深圳有着历史悠久的海洋文化沉积，有"大鹏所城、盐田中英街、赤湾天后庙、南头古城、沙井蚝壳屋、赤湾左炮台、大鹿湾海域界碑、南山大铲岛、沙鱼涌古港、内伶仃岛"十大海洋历史文化地标；另一方面，深圳作为中国对外开放的窗口，城市文化带有鲜明的开放、合作、创新、实干的特点，文化氛围非常适合现代海洋观念的培育。深圳应全方位加强海洋文化建设，培育市民海洋意识，打造能代表深圳乃至中国的海洋文化品牌，同时扩大对外交流，令世界其他地区的人们能感性、直观地认识中国海洋文化，进而理解中国提出的海洋命运共同体理念。此外，国家层面已明确提出深圳要按程序组建海洋大学，这是培育、发扬海洋文化的一个极大的利好因素，不仅能促进海洋发展相关要素的聚集，还能源源不断地培养新时期的海洋人才，使之成为海洋文化传播与传承的主体。

第五，提升管理水平，推动体制创新，促进要素优化配置。粤港澳大湾区建设不仅面临着一个国家、两种制度、三个关税区、三种货币、三种法律制度，还涵盖了多种语言、多种文化，这种复杂的背景对地区治理提出了极高的要求，同时也蕴藏着生机与活力。中国特色社会主义先行示范区建设，在改革与创新方面赋予了深圳更大的自主权优势。依靠该优势，深圳应继续发扬先行先试精神，强化陆海统筹，建设全球海洋综合管理创新城市。作为深圳市机构改革设置的新部门，中共深圳市委推进粤港澳大湾区建设领导小组办公室于2019年1月设立，这一领导小组办公室对港澳工作、"一带一路"工作都非常熟悉，能充分利用港澳这个窗口，融入国际化的营商环境、通行规则，以提升深圳的治理能力和治理水平，更好地实现市场中的要素流动与配置。习近平总书记2012年12月在前海深港现代服务业合作区考察时提出，前海要打造最浓缩、最精华的核心引擎。目前，《前海深港现代服务业合作区总体发展规划》实施已逾十年，在总结经验、编制未来发展规划之际，围绕中国特色社会主义先行示范区与全球海洋中心城市建设工作，前海提出打造高水平对外开放的门户枢纽、全面深化改革的实验平台、未来产业变革的策源地、国际化城市信息中心等目标，继续发挥高质量发展核心引擎的作用。除此之外，作为粤港澳大湾区三大自贸试验片区之一，前海将继续加强与南沙、横琴的合作，交流、探索促进与港澳经济模式的对接、资源要素的自由流动、行政管理的同构等做法，推动大湾区内部制度衔接。

（三）推动粤港澳大湾区海洋事业联结全球，构建海洋命运共同体

《规划纲要》明确指出，香港、澳门、广州、深圳四大中心城市作为区域发展的核心引擎，继续发挥比较优势做优做强，增强对周边区域发展的辐射带动作用；发挥香港—深圳、广州—佛山、澳门—珠海强强联合的引领带动作用，深化港深、澳珠合作，加快广佛同城化建设，提升整体实力和全球影响力，引领粤港澳大湾区深度参

与国际合作。从这两处描述可见，深圳不仅是四大中心城市之一，港深合作也被列在极点带动的首要位置。深圳是粤港澳大湾区中唯一在建的全球海洋中心城市，又同时拥有经济特区、大湾区、中国特色社会主义先行示范区叠加的绝佳区位，且与香港合作密切，推动粤港澳大湾区海洋事业协调发展，深圳责无旁贷。

第一，深圳正着力打造"海洋新城"。2020 年 10 月，中国海洋经济博览会在深圳会展中心拉开帷幕，深圳重点打造的海洋新城这一重大项目"崭新登场"。事实上，海洋新城规划早在 2018 年 3 月就已发布，海洋新城的规划建设区域为机场西北的滨海、填海区（珠江口），规划面积达 7.44 平方千米。这是深圳继前海之后，再次获得的又一个承载国家战略的稀缺性增量发展空间。作为建设全球海洋中心城市的"十二个一"工程之一，海洋新城的总体定位为"湾区海洋门户、蓝色创新海湾"，将对标世界三大湾区，重点聚焦世界海洋产业前沿领域，广泛聚集国际国内高端海洋创新资源，深入开展粤港澳和全球海洋创新合作，建设成为全球海洋治理的战略合作平台、中国海洋生态文明的示范标杆和粤港澳大湾区的海洋科创高地[①]。海洋新城的发展理念对标海洋命运共同体理念，从合作、开放、共享三方面构建发展战略的价值体系。从合作的维度看，海洋新城将深度探索粤港澳及国际海洋领域合作，重点与香港以及全球海洋类企业、科研院所、金融机构、人才机构对接，将海洋新城打造成海洋产业合作平台；从开放的维度看，海洋新城将搭建开放式产业公共服务平台，构建"空间载体 + 服务平台 + 科技金融"综合服务体系，创新海洋产业生态模式；从共享的维度看，海洋新城将引入海洋共享实验室、海洋智慧大数据、海洋共享技术等，为入驻企业提供技术共享服务。

第二，借助"中国海洋经济博览会"（简称"海博会"）等品牌项

---

① 《打造开放共享的蓝色产业空间，粤港澳大湾区核心将崛起海洋新城》，深圳新闻网，2019 年 10 月 16 日，https://www.sznews.com/news/content/2019-10/16/content_22545797_0.htm。

目，推动海洋资源整合，提升国际化水平。举办中国海洋经济博览会是深圳建设全球海洋中心城市的"十二个一"工程之一。自2019年第七届开始，海博会已在深圳连续举办三年。2020年海博会以"开放合作、共赢共享"为主题，充分发挥其在促进海洋科技创新、深化海洋国际交流合作、助推海洋经济高质量发展等方面的平台作用，努力把深圳打造成为海洋经济发展的高地、海洋科技创新的策源地、海洋国际交流合作的先锋地。除此之外，深圳还于2016年举办了"第十届泛太平洋海运亚洲大会""'一带一路'国际智库合作联盟研讨会"，于2017年举办了"第三届21世纪海上丝绸之路国际合作港论坛"。各类涉海国际性大型活动的成功举办，得到参与各方的广泛认可，尤其是在加强海洋领域国际交流、经贸合作方面起到了不可替代的积极作用。

第三，依靠全球海洋中心城市建设，深度参与"一带一路"建设，推动构建海洋命运共同体。

深圳是中国对外开放的窗口。2020年11月，参考消息报社发布的《中国城市海外影响力分析报告（2020）》显示，北京、上海、深圳的海外影响力居于前三位。在取样范围内，关注深圳的新闻网站分布在22个国家和地区，共计104家海外媒体，名列第一。深圳作为中国最年轻的一线城市，在经济社会发展和海外传播力方面有明显的优势[①]。

在"一带一路"建设推进过程中，深圳与"一带一路"沿线国家的交往交流更加深入，截至2019年底，已与56个国家的88个城市建立了友好城市关系，以友城为抓手开展了广泛的城市交流。在2020年初的抗疫合作中，深圳向全球24个国家的36个友城捐赠了150万个医用口罩，2020年8月向非洲的12个国家捐赠了物资和口罩。

除此之外，深圳也非常重视民间外交。在深圳市外办的指导下，深圳市国际交流合作基金会注册成立，在东南亚的相关国家开展合

---

① 《海外影响力前三！权威报告解读深圳如何"圈粉"全球》，金羊网，2020年11月15日，https://news.ycwb.com/2020-11/15/content_1286918.htm。

作项目，主要对柬埔寨、缅甸、越南等欠发达国家援建基础设施，通过"湄公河太阳村""湄公河光明行"等援助项目，体现人类命运共同体理念。

深圳是一个移民城市，无数的人带着相同的目标和理念汇聚在这座城市，奋斗出了深圳的今天，这本身就是人类命运共同体的生动写照。借助广泛深远的海外影响力以及全球海洋中心城市建设的契机，深圳的未来将更深刻地烙上国际性及海洋性的印记，成为人类命运共同体理念的实践及传播平台。

第三节 大湾区中心城市港澳和海洋枢纽珠海的向海发展

一、海洋资源配置中心：港澳的向海发展

（一）在政府层面采取对接措施

香港是高度开放和国际化的城市，拥有开放便利的营商环境及优质的专业服务，具有国际著名的港口物流、海运服务、海洋金融保险等综合海洋服务优势。2018 年，香港集装箱吞吐量为 1964.1 万标箱，在全球集装箱港口中排名第七。香港的滨海旅游业久负盛名，1977 年开业的海洋公园是香港最有名的旅游项目之一，已成为香港旅游的名片。澳门在历史上发达的海运业早已衰退，现有的海洋经济以滨海旅游业为主。粤港澳大湾区协同发展有助于进一步提升香港国际金融、航运、贸易中心和国际航空枢纽的地位，助力澳门经济适度多元发展。总的来说，香港与澳门在海洋发展领域同内地形成明显反差，海洋服务业极为发达，海洋制造业已不具有优势。

《规划纲要》指出，支持香港发挥海洋经济基础领域创新研究优势，支持澳门科学编制实施海域中长期发展规划，进一步发展海上旅游、海洋科技、海洋生物等产业。支持粤港澳通过加强金融合作推进海洋经济发展，探索在境内外发行企业海洋开发债券，鼓励产业（股权）投资基金投资海洋综合开发企业和项目，依托香港高增值海运和金融服务的优势，发展海上保险、再保险及船舶金融等特色金融业。推动形成连通港澳的滨海旅游发展轴线，探索开通香港—深

圳—惠州—汕尾海上旅游航线等。

在这一背景下，港澳两地也采取了一系列措施来推进海洋经济发展。首先是在政府层面采取对接措施。香港致力融入大湾区建设，特别行政区政府未来的重点工作包括：①巩固和提升香港国际金融、航运、贸易中心和国际航空枢纽的地位；②建设国际科技创新中心；③为优势范畴开拓发展空间；④加强大湾区内城市互联互通；⑤推动青年创新创业；⑥充分用好香港的国际联系和国际网络，向海外推广粤港澳大湾区，吸引资金和人才落户大湾区。香港不但可以借大湾区建设促进区内生产要素高效流通，支持实体经济发展，也可以把握大湾区的庞大人口和经济规模，推动香港金融服务业发展。特别行政区政府已获中央支持配合的多项具体措施，包括：①实现中央科研资金"过河"跨境拨付到香港；②与科学技术部签署合作安排，加强内地与香港的科研合作；③确定中国科学院在香港设立院属机构，推动其研究院所落户在香港科学园的两个科技创新平台；④在香港成立"大湾区院士联盟"，促进大湾区内两院院士的交流合作。香港特别行政区政府在这一方面的具体工作与海洋强国建设相关的主要有：①全力发展落马洲河套地区为港深创新及科技园；②联系国内外顶尖企业、科研机构及高等院校，建立科研合作基地。

澳门海洋经济发展空间广阔。85平方千米海域将成为澳门参与建设粤港澳大湾区最重要的基础条件，为澳门经济适度多元发展打开新空间；澳门可以以蓝色海洋和大湾区经济为切入点，推动国际旅游休闲中心的综合发展，积极挖掘新的经济增长点，培育新兴涉海产业，为澳门积极建设"一个中心，一个平台"注入新动力。

（二）支持企业积极参与珠三角城市的海洋产业发展

支持企业投资、开发项目，积极参与珠三角城市的海洋产业发展。港企投资运营深圳蛇口港、盐田国际和大铲湾港。深圳盐田国际由和记黄埔控股，2018年集装箱吞吐量为1316万标箱，占深圳一半以上的份额，拥有20个大型集装箱深水泊位、85台岸吊和241台龙门吊。盐田港区集装箱码头5～6号泊位在2018年初正式对外开放。总部位于香港招商局集团旗下的招商局港口也占了深圳港集装箱吞吐量近半的业务。广州粤澳青创国际产业加速器是"澳门青年创新创业计划"在广东的首个落地项目，由内地和澳门共同注资成立的广州粤澳青创科技孵化器有限公司，总投资为 2 亿元人民币(含配套基金)，注册资本 2000 万元人民币。项目地址位于广州大学城信投创智大厦，首期建筑面积约 6000 平方米，已有广州花镇教育咨询有限公司、澳门高迅发展有限公司等企业签约入驻。

早在 2011 年，粤澳合作中医药科技产业园就已正式落地珠海横琴。产业园由澳门和横琴共同组建公司进行开发建设与运营管理。产业园占地 50 万平方米，总开发面积约 140 万平方米，2015 年 6 月正式成立"国际交流合作中心"，通过发挥澳门中葡平台的作用，以葡语国家为切入点，开展国际注册、进出口贸易、人才培训等业务，结合"以医带药"的国际化推广模式，以点带面，不断拓展与葡语国家周边的不同国家和地区的合作关系，搭建连接东盟、非洲、欧盟的商贸对接模式和市场网络。截至 2020 年 9 月，产业园已完成包括澳门企业在内的 5 家企业共 6 款产品在莫桑比克成功注册；首试欧盟传统草药注册成功，成为国内首个同时在德国、奥地利、比利时、卢森堡等欧盟多国获批上市的中药品种。产业园孵化区自 2018 年底落成后已注册企业 208 家(其中通过产业园平台培育的澳门企业 49 家)。为了推动澳门青年中医药人才发展，产业园为澳门青年提供中医专业培训和实训，并创设"国际青年中医生交流基地"等，为澳门青年搭建自我成长的交流平台。同时，通过引进和培养中医药、项目管理、招商运营等多方面的专业人才，打造专业化、多元化的人才引进与培育机制。

2019 年 12 月，包括澳中致远、澳门博览集团以及澳门大学、澳门科技大学、澳门城市大学青年创新创业团队等在内的 105 家澳门企业和创业团队进驻珠海横琴。随着澳门经济的适度多元化发展，将来还会有更多企业以及从事海洋经济与海洋研究的机构进驻珠海横琴，为澳门和珠海两地的海洋经济发展提供强劲动力。截至 2020 年6 月，2015 年成立的横琴·澳门青年创业谷已累计孵化项目 433 个，其中港澳项目 244 个，引进培育高新技术企业 50 家，为 30 家企业融资 5.03 亿元，成为该区服务港澳、招商引资、招才引智、青创孵化的重要载体和平台。2020 年上半年，在横琴新注册的澳门创业项目有 37 个，科技创新类企业比例达 59.6%，澳门大学、澳门科技大学产学研示范基地落户横琴，澳门 4 所国家重点实验室在横琴设立分部。

（三）利用金融和国际化优势，打造拓展海洋经济的资源配置中心

澳门利用作为全球融资和航运中心的优势，力争成为珠三角九市拓展海洋经济的资源配置中心。海洋金融的定义有狭义和广义之分。从狭义上看，海洋金融就是运用资金来为海洋产业提供融资，如海洋渔业信贷、船舶制造或远洋运输的投融资等。从广义上看，海洋金融是服务于海洋经济发展的一切金融活动的总称，包括海洋信贷、保险、信托、证券以及海洋保护区的可持续性融资、地区间的金融合作等。也有观点认为，海洋金融应包括融资、保险、结算、衍生品交易等金融手段。香港可以有效发挥其作为全球领先金融中心的既有优势，将自身建设为粤港澳大湾区的海洋金融中心。早在 2011 年 5 月，山东海洋投资有限公司与中国明石投资管理集团有限公司即正式签约，共同发起设立了总规模为 30 亿美元的中国海洋经济产业投资基金（首期募集规模不低于 10 亿美元），由各发起人在香港合作设立投资公司管理。基金以服务海洋经济为主导，坚持市场化运作，重点投向国家政策允许的，具有境内外上市前景的境内企业。

不仅如此，香港企业还可以利用在国际化领域的领先优势，与珠三角九市企业开展合作，在共建"一带一路"的国家共同拓展海洋基建、物流和相关产业发展新空间。

澳门可利用其作为中国和葡语国家合作的平台的有利角色，支持澳门企业与内地企业联合开拓葡语国家的贸易和基建市场。

（四）牵头打造大湾区海洋旅游业黄金线路

2017 年 12 月，港澳和珠三角九市成立了粤港澳大湾区城市旅游联合会。2020 年 9 月 11 日，港澳和珠三角九市又签订了《粤港澳大湾区"9＋2"城市旅游市场联合监管协议书》，决定遵循开放合作、互利共赢的原则，共同构建联席会议、学习交流等工作机制，联手整治大湾区旅游市场突出问题，共同维护旅游者和经营者的合法权益，推进粤港澳大湾区旅游市场联合监管，打造宜居、宜业、宜游的优质生活圈和文化繁荣的休闲湾区。

粤港澳大湾区具有极其丰富的海洋旅游资源，而港澳有较好的条件牵头打造大湾区海洋旅游的黄金线路。香港和澳门外向性突出，与内地关系密切，海洋旅游基础良好，但本土海洋旅游资源总体有限，既有需要也有条件牵头打造大湾区海洋旅游业的黄金线路。具体而言，港澳可牵头与珠三角九市整合旅游航运线路，打造环珠江口海岸线旅游线路；联合推动珠江口生态保护，推动设立珠江口国家海洋公园；在珠江口打造一批旅游岛，推动海岛休闲游。在条件具备的时候，可考虑建设跨越内地和港澳的"珠江口旅游自由区"，给予特定人员 144 小时过境免签证（签注）区内旅行便利。

二、多维度发展的海洋枢纽：珠海的向海发展

（一）对标国际一流，实施生态城市战略

改革开放 40 多年来，以广州、东莞、深圳、香港为核心，粤港澳大湾区东岸已取得长足发展，西岸的潜力尚未得到更深的挖掘。要实现大湾区的要素优化配置与协调发展，西岸的远景规划极为重要。珠海作为西岸城市，因具有极其丰富的海洋资源与独特的区位位置，拥有建设为多维度海洋枢纽城市的潜力。

珠海是我国 5 个经济特区之一，市域面积 7787 平方千米，其中，陆地面积 1737 平方千米，海域面积 6050 平方千米，大陆岸线 224.5

千米，海岛岸线 525.5 千米，拥有大小海岛 262 个（有居民海岛 10 个，无居民海岛 252 个），是珠三角城市中海洋面积最大的城市，岛屿众多，岸线绵长。随着港珠澳大桥建成通车，珠海是内地唯一与香港、澳门同时陆路相连的城市。珠海并非粤港澳大湾区城市群中海洋经济、海洋科技发展的领先者，但依托特殊的地理位置和得天独厚的海洋资源，珠海市着力打造多维度的海洋发展战略，发挥"大湾区蓝心"优势，围绕打造"大湾区西岸海洋中心城市"目标，推动粤港澳海洋深度合作，全面统筹陆海协调发展，致力建设粤港澳海洋海岛深度合作先行示范区、世界级海洋海岛群可持续发展典范。

珠海一直坚持生态与经济双赢的发展模式，让良好的生态环境成为经济社会持续健康发展的支撑点、人民美好生活的发力点，是"绿水青山就是金山银山"的坚定践行者。在宜居方面，1998 年获联合国改善居住环境最佳范例奖，连续多年获"中国十佳宜居城市"称号，成功创建国家生态市、国家生态园林城市、国家森林城市，获得首届中国生态文明奖；在宜业方面，入选福布斯中国 2018 年发布的"创新力最强的 30 个城市""中国大陆最佳地级城市 30 强"；在宜游方面，是全国唯一以整体城市景观入选"全国旅游胜地四十佳"的城市，被文化和旅游部授予"中国旅游休闲示范城市"荣誉称号，在欧睿国际发布的 2017 年度全球百大（旅游）目的地城市排行榜中名列第 63 位。宜居、宜业、宜游的良好生活环境在吸引人才、项目、企业、资源等发展要素方面，及举办航展、马戏节、WTA 超级精英赛、莫扎特音乐节等国际节事活动方面起到了重要作用，已成为珠海城市竞争力的构成要素之一。

珠海在实施生态城市战略上有以下特点。第一，引进先进理念，整体谋划生态文明城市蓝图。2013 年，珠海市委托新加坡"规划之父"刘太格主持编制了《珠海城市概念性空间发展规划》，引进新加坡先进理念，塑造中低密度城市，建立设施完善、闲适宜居、交通便捷的生态城市，谋划珠海 2060 年的发展蓝图。一是划定蓝绿系统，把自然山水和人工山水作为永久保护地带，为城市发展划定合理的生态边界，维护生态安全格局；二是构建以城市高快速路网为主骨架的城市交通体系，公共交通以城市轨道交通为主、快速公交为辅；三是以快速路、山体、水体等自然边界围合空间建设新镇，强调以新镇为基本城市组团，实现职住平衡；四是建立"城市—片区—新镇—邻里"四级架构，并构建与之匹配的"中央商务区—片区中心—新镇中心—邻里中心"四级中心体系，提供层级分明、高效均衡的公共服务配套体系。

第二，生态保护优先，加强"三度三线"管控，塑造城市特色。珠海生态空间资源具有多山、多水、多海岛的特点，城市规划建设非常重视自然生态资源在城市特色塑造中的作用。强化城市设计对城市形象、城市景观的引导和控制，加强人口密度、开发强度、建筑高度及滨水岸线、山脊线、天际线"三度三线"立体管控，着力突出珠海城市特色，塑造特区形象风貌，打造宜居城市气质。结合珠海"山海相拥、陆岛相望、田城相映"的特色及优势，对城市绿线、蓝线、黄线、紫线在规划编制、规划实施、规划监督三个环节进行全方位管控，并重视将好的做法上升到法律规章层面予以明确和固定。

第三，围绕市民需求，推进城市精细化品质化提升。围绕市民喜爱的民生服务设施，珠海市开展城市环境精细化管理与品质化提升工作，包括促进情侣路55千米贯通，建设社区体育公园、绿道、健康步道、南粤古驿道，沙滩修复等，进一步提升生活品质、唤醒文化资源、展现城市魅力。

第四，对接港澳标准，建设优质生活服务设施。珠海市按港澳标准提升文教体卫、道路交通、地下管网、园林绿化等城乡基础设施和重大公共设施的规划和配套服务水平。考虑城市能级量级提升、国家户籍政策全面放开、粤港澳大湾区建设等利好因素集聚背景下的未来人口增量，按实有人口来配置生活服务设施。

第五，优化治理格局，构建"城市—片区—基本城市组团（镇街）—社区（村庄）"四级空间治理体系。坚持"以人民为中心"的发展理念，以实际服务人口的空间分布为导向，按"城市—片区—基本城市组团（镇街）—社区（村庄）"四级体系配套公共服务设施并优化政府行政管辖范围，使治理主体的管辖范围与规划配套设施的服务范围一致，为实现城市精细化管理和构建"十分钟生活圈"创造有利条件。

（二）立足优势，打造大湾区海洋旅游休闲城市

在近年来的海洋新兴产业中，珠海海洋旅游服务业的发展较为突出。珠海有着得天独厚的海洋文旅资源。从自然资源看，珠海海岸线、岛岸线绵长，海岛、沙滩众多，其中尤以海岛旅游资源最为突出。珠海的海岛包括著名的淇澳岛；有着大南湾、藏宝湾、笼统湾等八个海湾的荷包岛；唯一可见香港市中心的外伶仃岛（外伶仃岛是珠三角地区进出南太平洋国际航线的必经之地，战略地位重要）；景色迷人、林木葱郁、海水湛蓝的东澳岛（岛上留有明末时期军民为抵御外敌而建筑的铁城和烽火台、侵华日军的飞机场旧址以及废弃的军事坑道）；南海三大军事基地之一的白沥岛；东南亚有名的垂钓、潜水活动场所——庙湾岛；等等。珠海的生态文化独具特色，有全国最大的海岸滩涂湿地保护区、全国最大的红树林保护区、全国罕见的水松林保护区、全国唯一的中华白海豚保护区等。

从海洋文化看，珠海曾是海上丝绸之路的重要节点，有着丰富的海洋历史文化积淀。大万山岛主峰大万山海拔431米，自古以来就是海上丝绸之路南海航线上的地标。珠海是沙丘遗址较为集中的地区。与深圳等其他城市相比，珠海遗留下来的沙丘遗址更多、更完整，目前已发现至少80处遗址，其中，淇澳岛的后沙湾遗址是广东省境内屈指可数的历史年代较早的古文化遗址之一，大量出土文物支持了珠海早期海洋文明研究。此外，珠海高栏岛宝镜湾的岩画被誉为"史前珠海的清明上河图"和"中国沿海地区史前岩画最杰出的代表作"。被称为"与近代文明伴生的南中国海第一湾"的唐家湾凝聚了古今、中西、江南与岭南、农业与海洋等文化的交融。珠海的妈祖信仰文化留存久远，万山群岛历史上曾有妈祖宫庙47座，现存宫庙9座，其中以万山群岛主岛大万山岛的天后宫规模最大。大万山岛的"天后宫"重建于清朝道光年间，1990年后大万山天后圣诞庆典恢

复，整个诞期庆典从农历三月二十一日晚直至三月二十四日上午。尤其是正诞日农历三月二十三日，大万山渔港里百舸齐集，旌旗飘扬，人声鼎沸，人们在这一天同庆天后圣诞，祈求风调雨顺鱼虾大汛，整个庆典是我国妈祖非物质文化遗产最具价值的组成部分。

依托丰富的海洋自然资源及文化资源，珠海着力打造高端滨海旅游业。一是打造具有国际竞争力的滨海旅游城市，重点打造大众化、商务型和休闲运动三大滨海旅游产品。二是着力打造三大滨海旅游功能区：以观光、休闲度假等产品为主的中部滨海旅游区，以温泉养生项目等产品为主的西部滨海旅游区，以海岛休闲度假旅游、海上娱乐项目等为主的东部海岛旅游区。三是推进大型海洋旅游项目，发展温泉、海岛、高尔夫等特色旅游业，并积极推行与港、澳旅游线路的对接，形成港珠澳世界级旅游休闲度假区。四是办好中国国际航空航天博览会、中国（珠海）国际游艇展、国际沙滩音乐节等大型国际活动与赛事，提升城市品牌和影响力。五是发展邮轮旅游，培育游艇市场，建设国际商务型游艇旅游度假区。六是创新滨海旅游市场营销方式，办好旅游推介会，加强珠海旅游形象和项目的推广传播，不断拓展滨海旅游客源市场。

（三）依托区位特色，打造航运交通枢纽

2019 年 7 月，珠海市政府常务会议审议并原则通过《珠海打造粤港澳大湾区重要门户枢纽交通工作方案（2019—2025 年）》，提出从八个方面着手，全面构建与粤港澳大湾区重要门户枢纽相匹配的、内联外通的珠江西岸交通枢纽城市。

第一，依托双港联动，构建直通国际的区域门户。机场方面，通过机场设施扩容、开通国际口岸和国际航线，强化珠港澳机场合作，打造面向大湾区合作的复合型区域枢纽机场；港口方面，通过高栏港能级提升完善港口体系，借助万山港区位和资源优势与大湾区城市共同谋划完善超级枢纽港，提升整体港口格局，构建支撑"一带一路"建设的区域枢纽港。

第二，依托珠澳协同，共建要素齐全的枢纽核心。通过加快规划

建设广江珠澳、广中珠澳、深珠高铁、沿海高铁等高铁通道和铁路枢纽，支持澳珠极点融入国家高铁网；通过引入南中珠城际、加快推进珠机城际和广佛江珠城际，强化澳珠极点多层次铁路网络一体化衔接，加强澳珠极点与大湾区城市的高效联通；通过规划深珠（伶仃洋）通道、黄茅海跨海通道，强化澳珠路网与港珠澳大桥、深中通道的衔接，强化澳珠与大湾区城市的直连直通；依托完善的口岸体系，重点打造拱北、人工岛和横琴三大口岸枢纽，提升珠港澳的城市互动衔接；通过珠澳共同谋划城市轨道和共同构建 8 处区域综合交通枢纽，支撑珠澳城市空间的拓展，锚固城市空间格局。

第三，积极融入"21 世纪海上丝绸之路"交通网络。珠海是大湾区内著名的百岛之城，其岛屿大部分位于东南方和珠江口的前部，有着众多的深水锚泊区和深水航道，是海上通道的重要枢纽。尤其是在当前的双循环格局下，具有独特区位优势的珠海可借助内外联通，建设枢纽港口，统筹周围的港口体系，消解来自新加坡的压力。对内，珠海可以以沿海港口和临海空港为依托，与广西、云南、贵州等内陆省区联合设立内陆港和国际陆港，借助西江联运，开通并融入大西南"一带一路"建设的重要通道；对外，珠海可以通过打造与中巴经济走廊的瓜达尔港、中东及非洲国家之间的物流通路，深度融入"21 世纪海上丝绸之路"建设。

（四）加强珠澳合作，推动大湾区内区域协同发展

在《规划纲要》中，珠海被赋予了建设"澳珠极点"的使命。澳珠极点的高质量发展，是粤港澳大湾区升级的重要支点。珠海将以珠澳合作为总牵引，围绕支持澳门产业多元化发展重点进行布局，并以此为基础推动大湾区内区域协同发展。

第一，依托粤港澳大湾区建设和深圳建设中国特色社会主义先行示范区"双区"的叠加机遇，用好珠港澳大桥，推动"珠海新中心"——十字门、横琴片区、保税片区的核心区域建设。形成复合立体化的城市核心区域，使其成为粤港澳深度合作新引擎。

第二，加强环澳中心城区和西部中心城区建设。其中，环澳中心

城区包括香洲、南湾和横琴自贸试验片区。未来可充分发挥与港澳接壤的区位优势，以横琴自贸试验片区建设为引领，优化提升香洲城区功能，促进中心城区扩容提质，建设成为粤港澳深度合作示范区、珠江西岸综合服务中心，为服务港澳、促进澳门产业适度多元化发展提供核心空间载体。西部中心城区包括金湾城区和斗门城区。未来可依托港珠澳大桥发展轴，建设成为粤港澳深化合作拓展区、珠江西岸生产性服务中心和珠海西部城市中心。

第三，加强港珠澳大桥发展带建设。依托"港珠澳大桥及其西延线—黄茅海大桥"通道，串联香洲、横琴及一体化地区、西部中心城区、空港城和海港城等沿线地区，形成大桥经济带。向东推进与香港、深圳在科技创新、国际贸易、金融服务、旅游、物流等领域的合作；向西连接江门大广海湾经济区、阳江滨海新区，推动与江门、阳江等粤西城市在高端制造业等领域的交流合作。

第四，推动珠澳（港）、珠中江、深珠、广珠区域协同发展。一是推动澳珠极点建设。根据《规划纲要》的要求，推动珠澳合作共赢，共建"亚太国际新都市"，携手扩大对外开放，共同发挥"一带一路"枢纽作用。推进珠海横琴粤港澳深度合作示范区建设，通过围绕"澳门所需"，加强空间资源整合、完善调整、精细提高，加强基础设施建设和衔接，加强与澳门在教育、医疗、文化、社会保障等领域共建共享，为粤澳深度合作打造新载体、提供新平台。二是共建珠江口西岸都市圈。加快推动珠中江三市协同发展，共建珠江口西岸高端产业集聚发展区，联动阳江，共同建设粤港澳大湾区，辐射带动粤西地区发展重要增长极。三是推动深珠合作，探索将深圳建设中国特色社会主义先行示范区的先行先试政策优势延伸到深珠创新合作平台。四是推动广珠合作，借助港深科技创新、高端产业和现代服务业优势，畅通产业、人才、资本、信息、技术等要素流动机制，培育壮大珠海先进装备制造、高新技术产业等以及特色金融、休闲旅游等现代产业，共同打造世界级产业集群，携手深度参与国际经济合作。五是深化与"广州—佛山"协同发展及合作。加快推进珠海与广佛都市圈的高铁、城际和城市轨道等全面对接，推动珠海融入广佛一小时通勤圈；积极与广州、佛山在共建创新网络、先进装备制造业协作发展，携手打造世界级枢纽港等领域开展深度合作，推动珠海与广佛都市圈一体化发展。

珠海将以服务粤港澳大湾区为主要方向，承担区域自贸金融、旅游休闲、海洋航运、国际人才培训、先进制造等区域职能。充分发挥"一国两制"政策优势，建设澳门人民币离岸结算中心，打造中国与葡语国家商贸合作服务平台和以中华文化为主流、多元文化共存的交流合作基地。珠海与澳门将进一步加强互利合作，以共建澳珠极点为目标，塑造亚太地区国际新都市和世界旅游休闲中心，为发挥粤港澳大湾区的国际化职能做出贡献。

第五章

"一带一路"背景下社会主义的先行示范

党的十八大以来，以习近平同志为核心的党中央运筹帷幄、总揽全局，紧紧围绕坚持和发展中国特色社会主义这个主题，形成了一系列治国理政的新理念、新思想、新战略。习近平多次强调，当今世界国际共产主义运动面临的环境和以往相比发生了巨大变化，中国特色社会主义发展也面临着新的挑战和机遇。2018 年 10 月 24 日，习近平总书记在深圳参观了"大潮起珠江——广东改革开放 40 周年展览"，视察了前海蛇口自贸片区、龙华区民治街道北站社区，并做出系列重要指示，赋予深圳"朝着建设中国特色社会主义先行示范区的方向前行，努力创建社会主义现代化强国的城市范例"的崇高使命。继 2019 年 2 月中共中央、国务院发布《规划纲要》后，同年 8 月又印发了《关于支持深圳建设中国特色社会主义先行示范区的意见》，深圳被赋予建设中国特色社会主义先行示范区的历史使命。

第一节 社会主义先行
示范区提出的时代背景

一、世界百年未有之变局与国际共运的机遇与挑战

（一）世界格局演变出现有利于国际共运的一面

习近平指出，当今世界正在经历百年未有之大变局。国际风云变幻莫测，世界经济阴晴不定，地缘政治冲突持续不已，全球性问题日益增多，中国所面临的国际环境发生了改革开放以来最大的变化，国际共产主义运动面临着新的挑战。

当前，国际格局和国际体系正在发生深刻调整，全球治理体系正在发生深刻变革，国际力量对比正在发生近代以来最具革命性的变化，世界经济格局出现自第二次世界大战以来根本性变化。自大航海时代以来，欧美各国在政治经济发展中居于主导地位，冷战时候的美苏争霸也并没有改变这一事实，当时东方阵营的领头羊苏联也以"欧洲国家"自居。苏联解体后，美国"一超独大"，西方学者甚至认为这是"历史的终结"。但进入新世纪后，与欧美各国经济发展提振不力形成鲜明对比的是以"金砖五国"为代表的一大批新兴经济体和发展中国家的群体性崛起。2008 年，美国金融危机爆发后，以中国为代表的新兴经济体并没有放慢发展的脚步：中国制造业份额在2010 年超过美国后一直稳居世界第一，中国 GDP 总量在 2010 年超过日本后继续加快增长并迅速达到美国 GDP 总量的 60% 以上，这是

在第二次世界大战以后美国从没有面临的局面；与此同时，同处亚太地区的印度、印度尼西亚、越南等的经济发展速度也位居世界前列，"龙象之争"更是成为国际舆论热议的话题；而在 2014 年后，世界上新兴经济体和发展中国家 GDP 第一次整体超过了发达国家，占据了全球的 50% 以上。国际经济在少数几个西方国家之间"倒手"的局面正走向终结，新兴市场国家和发展中国家的国际影响力不断增强，世界文明多样性更加彰显，几百年来几个西方国家主导国际经济的情况将发生根本性改变。

随着国际格局剧烈动荡，调整加速，尤其是新冠肺炎疫情发生以来，世界更是面临失序的危险。现行的国际秩序虽然基本上是由以美国为首的西方发达国家主导建立的，但美国首先对现行的国际秩序表示不满意，在国际关系中，更多运用"制裁"、极限施压等经济手段。特朗普政府下的美国不但先后退出《跨太平洋伙伴关系协定》《巴黎气候协定》《伊核协议》和联合国教科文组织等国际协议和组织，还在贸易问题上无视世界贸易组织（WTO）规则，推行贸易霸凌主义，挑起贸易争端，使以 WTO 为核心的全球贸易治理机制几乎陷入瘫痪。

西方的政治家和思想家们认为，新冠肺炎疫情之前的世界和新冠肺炎疫情之后的世界完全不一样，新型冠状病毒肺炎（COVID-19）疫情成为分水岭，不管是国际政治、国际经济，还是国家之间的关系，新冠肺炎疫情正导致全球化"大休克"。国际贸易、跨境投资、人口流动、航空货运都遭遇了前所未有的骤降趋势。疫情传播导致跨境人流的大面积阻断。联合国世界旅游组织报告显示，2020 年全球跨境旅游人数同比下降 60% ~ 80% 。2020 年 6 月中旬以后，迫于经济压力，欧美国家开放边境，重启体育联赛，推出拯救旅游业的各项政策，但重启又接连导致疫情反弹。这样，西方多国陷入了越受感染越害怕失业，越需要重启经济，中低收入者越可能被感染，越有可能扩大失业的恶性循环。恶性循环暴露了西方治理体系的失效和社会制度的不平等，过度依赖金融业、旅游业、服务业、娱乐业的欧美国家社会矛盾激化，长期标榜的民主、自由、人权、法治等价值观念与道德优势日益崩塌。

美欧等西方国家制度吸引力越来越弱。自 2008 年国际金融危机以来，世界发展不平衡加剧，和平赤字、发展赤字、治理赤字、信任赤字等不稳定因素交织，美国及西方国家"逆全球化"的民粹思潮蔓延，政治极化、社会分裂、制度困境日益显现。技术革命引发产业结构的变化使西方资本主义国家出现了严重的结构性失业和新贫困化现象，失业率长期居高不下，一度扩大的中产阶级人口数量下降，贫富和地区差距拉大，贫困人口不断增多，弱势群体的生存状态进一步恶化，很多老人、妇女、儿童饱受饥饿和贫穷的折磨[①]。联合国极端贫困与人权问题特别报告员菲利普·奥尔斯顿在 2018 年 5 月发表的访美报告中指出，美国已经沦为贫富分化最严重的西方国家，约 4000 万美国人生活在贫困中，1850 万美国人生活在极端贫困中，超过 500 万人的生活状态同第三世界绝对贫困人群相当[②]。2020 年新冠肺炎疫情暴发以来，美国政府应对疫情不力导致严重的人权灾难，美国社会的经济不平等进一步暴露和加剧，底层民众陷入更为艰难的生存困境，要求改变不平等、不公正现象的呼声日高。而党派政治极化的出现同时又加速了社会分裂。在当代西方政治中，有保守派和自由派政党相互"纠偏"的传统，呈现出明显的政治钟摆效应。但近年来，政治极化、民意分裂明显，民主政治逐渐被缺乏理性包容的"否决政治"所取代。美欧国家的一些"政治素人"当选后，为吸引眼球走极端，激化各方矛盾。如特朗普上台后签署的第一个总统令就是立即废止前总统奥巴马的"医保法案"。特朗普政府推行的限制移民、修建边境隔离墙、提高关税搞贸易保护主义等极端做法引起民主党的强烈不满，共和、民主两党斗法势同水火，极化政治撕裂美国社会。提出"历史终结论"的日裔美国学者福山在 2014 年

---

① 柴尚金：《百年大变局中的世界社会主义》，《人民论坛·学术前沿》2019 年第 16 期。

② 中国人权研究会：《贫富分化导致美国人权问题日益严重》，《人民日报》2020 年 7 月 15 日。

发表的《衰败的美利坚——政治制度失灵的根源》一文和新书《政治秩序和政治衰败：从工业革命到民主全球化》中认为，否决型政体导致美国的"政治衰败"。21世纪初，资本主义危机的一个最为集中、最为突出的表现，是资本主义制度的无效和衰败。在2016年总统选举中，以美国"民主社会主义"旗手自居的伯尼·桑德斯在民主党党内选举中一路过关斩将，一直坚持到最后阶段，希拉里靠超级代表的支持才能锁定提名。2018年赢得美国纽约州民主党国会议员提名的拉丁裔年轻妇女奥卡西奥-科特兹同样自称为民主社会主义者。美欧在东欧、中亚频繁制造"颜色革命"，导致一些国家解体和民族分裂，很多国家并没有因政治转型而变得更好，反而陷入长期内战。美国及西方国家的制度光环日渐黯淡，吸引力越来越小。许多发展中国家对西方制度从"心仪"到"心疑"，开始抛弃过去照搬西方的一些做法，非西方发展模式的探索如春潮涌动。

（二）苏联解体后美国及西方国家对社会主义敌视态度依旧

近年来，与西方在意识形态和文明特性上截然不同的中国的迅速发展更是刺激了西方国家的敏感神经，他们不仅挥舞自由、民主、人权大棒，利用网络舆论，丑化、污名化中国，而且发动贸易战、科技战、人才战，全方位对中国崛起进行遏制打压。尤其是当自身出现问题后，美国及西方国家不但不反躬自问，反而变本加厉地敌视社会主义，其表现和所作所为更为露骨。2018年9月24日，当时的美国总统特朗普在联合国大会上公开指责"社会主义带来深重灾难"，呼吁世界各国"抵制社会主义"。2019年4月29日，美国国务院政策规划司司长凯润·斯金纳(Kiron Skinner)在华盛顿举办的一场安全论坛上声称，中国的挑战独一无二，因为它不是"西方哲学和历史"的产物。与中国的斗争是一场长期的"有关信仰、意识形态和文明之间的较量"，美国正"与一个真正的不同文明和意识形态作战"。美国国务卿彭佩奥于2020年7月23日发表题为《共产主义中国与自由世界的未来》的公开演讲，号召世界各国组成一个"民主国家联盟"

来改变共产主义中国。这些言论表明，美国反共、反社会主义的"零和博弈"思维根深蒂固。新冠肺炎疫情发生后，一些西方国家仍然将疫情政治化，公然抵制中国在抗击疫情方面的有效做法。西方媒体在想方设法地抹黑中国，尤其是挖空心思地诋毁抗击新冠肺炎疫情中的中国体制优势。

不同文明交流互鉴是世界各国发展的潮流，为国际共产主义运动提供了新契机。随着世界多极化、经济全球化的不断发展，世界文明的多样性与发展模式的多样化更加明显。习近平总书记在党的十九大报告中强调指出："要尊重世界文明多样性，以文明交流超越文明隔阂、文明互鉴超越文明冲突、文明共存超越文明优越。"文明因交流而多彩，文明因互鉴而丰富，文明交流互鉴是推动人类文明进步和世界和平发展的重要动力。不同文明（包括制度文明）有差异，有时也会产生冲突，但可以和平共处、交流互鉴。在美欧等西方国家，近年来由于政治两极分化、政府表现不佳、经济不平等加剧，民众对国内制度运转的失望和不满情绪上升。西方思想界在世界大变局背景下对西方民主运行的失望及对民主制度何去何从的茫然，表明西方政治制度越来越难以适应当前西方社会发展的需要。社会主义作为一种超越资本主义的先进思想，它所追求的消灭剥削、实现社会公正平等、实现每个人自由而全面的发展、实现人类彻底解放、从必然王国向自由王国的飞跃等理念和价值，永远占据着人类道义的制高点，这是社会主义具有不可遏止的吸引力的根本原因。而国际共产主义运动要从苏联解体后的低谷中走出来，就必须对社会主义的建设道路进行新的探索。

二、新技术革命与社会主义发展的历史机遇

（一）第一次科技革命与国际共产主义运动的兴起

马克思、恩格斯非常重视科学技术对社会发展和变革的作用。在他们看来，科学是一种在历史上起推动作用的革命力量。马克思曾

深刻地指出：科学是"历史的有力的杠杆"，是"最高意义上的革命力量"①。他还指出："蒸汽、电力和自动纺机甚至是比巴尔贝斯、拉斯拜尔和布朗基诸位公民更危险万分的革命家。"②马克思主义就产生在近代科学技术迅猛发展的时代。身处那个时代，他们敏锐地看到科学技术在生产发展和社会变革中的巨大作用，并把社会主义思想由空想变成了现实。"科学技术是第一生产力"，这是邓小平同志在1988年9月提出的重要论断。科学技术一旦渗透和作用于生产过程中，便成为现实的、直接的生产力。人类进入工业文明以来，科学技术迅速发展，极大地促进了生产力的发展和社会变革。

在18世纪60年代至19世纪中叶的第一次科技革命中，科学技术对社会发展的巨大推动作用迅速展露出来。牛顿力学和蒸汽动力的出现则标志近代科学技术的成熟。18世纪，发端于英国的第一次工业革命从生产领域开始变革，以蒸汽机的使用为标志，使机械化生产代替了手工作业，引起了整个生产组织方式的巨大变化，开创了以机器代替手工劳动的时代。这不仅是一次技术改革，更是一场深刻的社会变革，推动了经济领域、政治领域、思想领域、世界市场等诸多方面的变革。第一次工业革命极大地提高了生产力，巩固了资本主义各国的统治地位。19世纪50年代至60年代，资本主义生产方式在欧美主要资本主义国家确立下来，资本主义殖民体系初步形成。

第一次科技革命引起了社会的重大变革，使社会日益分裂为两大对抗阶级即工业资产阶级和无产阶级。资产阶级和雇佣劳动阶级的斗争上升为那个社会的主要矛盾，形成了工人阶级反对资本主义的运动及其团体。19世纪三四十年代，法国工人斗争的秘密社团领导人卡贝、德萨米等人最先把共产主义作为自己斗争的纲领和思想。在1848年欧洲革命失败之后，工人阶级反对资本主义的斗争经过一

---

① 马克思、恩格斯：《马克思恩格斯全集》（第19卷），中共中央马克思恩格斯列宁斯大林著作编译局译，人民出版社，1963，第372页。

② 马克思、恩格斯：《马克思恩格斯全集》（第31卷），中共中央马克思恩格斯列宁斯大林著作编译局译，人民出版社，1998，第91页。

段时间的沉寂又在社会主义的旗帜下日益强劲地开展起来。1864 年，英、法、德、意四国工人代表在伦敦成立国际工人联合会(即第一国际)，马克思代表德国工人参加该组织的工作，并逐渐用"科学社会主义"理论作为组织的指导思想。第一国际在欧美各国推动了工人运动的发展，提高了无产阶级的思想水平和组织程度。它广泛深入地宣传马克思主义，为马克思主义在工人运动中取得统治地位做了准备，为各国建立无产阶级独立政党奠定了基础。1871 年 3 月 18 日，巴黎公社成立，它是第一个无产阶级政权的雏形。巴黎公社的许多领导人是第一国际的成员。巴黎公社是世界上无产阶级武装直接夺取城市政权的第一次尝试。它丰富和发展了马克思主义关于阶级斗争和社会主义的学说，在国际共产主义运动史上写下了光辉、伟大而悲壮的一页。1889 年，社会主义国际在自由资本主义巨大发展的基础上，形成了社会主义工人政党声势浩大的国际联合，史称第二国际。工人政党在欧洲国家普遍建立起来，为工人阶级的处境和权益、尊严和福祉开展了广泛的斗争，特别是登上政治舞台，利用普选权这个新武器，开展夺取公共权力的斗争，开拓了发达国家工人阶级改革资本主义、争取工人阶级解放和全人类解放斗争的新方式新路径，形成了欧美发达国家争取社会主义运动的新局面。这是国际共产主义运动蓬勃发展的第一个光辉的历史时期。

（二）第二次科技革命与社会主义阵营的建立

19 世纪下半叶至 20 世纪初，以电能的开发和利用为标志的第二次科技革命迅速兴起，并使人类进入全新的电气时代。电能的开发和大量利用使工业生产结构从以棉纺轻工为主发展到以汽车、机电、石化等重工业为主，第二产业成为国民经济中比重最大的产业。19世纪晚期，垄断资本主义开始形成。20 世纪初，资本主义发展到垄断的帝国主义阶段，形成了以少数欧洲国家和美国、日本为中心的在政治上、经济上对世界上绝大多数居民实行殖民压迫和金融扼杀的世界体系，并导致了强权政治、霸权主义以及帝国主义国家之间的战争、殖民地革命和无产阶级革命等一系列国际政治现象的出现。

帝国主义国家在全世界野蛮地掠夺广大殖民地，残酷地盘剥殖民地和其他落后国家人民，也把资本主义生产方式及其基本矛盾和社会弊病推向了世界各地，引起了巨大的社会动荡和极其血腥的战争，使得整个世界发展具有不平衡性、不确定性，为反对国际资本主义的世界社会主义运动发展打下了更广大的社会基础。

1917 年 10 月，俄国社会民主工党通过十月革命建立了苏维埃政权。俄国十月革命是人类历史上第一次获得胜利的社会主义革命，世界上第一个社会主义国家也由此诞生，为世界各国无产阶级革命、殖民地和半殖民地的民族解放运动开辟了胜利前进的道路，推动世界社会主义运动走向新阶段。在十月革命的影响下，在苏联的支持和援助下，广大不发达国家的工人阶级和人民群众掀起了暴风骤雨式的社会主义革命、人民民主革命、民族解放革命，一批人民民主国家、社会主义国家建立起来，并建立了共产国际等国际组织，形成了社会主义阵营，为工人阶级与人类解放事业的发展打开了新的局面。中国革命的胜利与十月革命的影响和苏联的支援是分不开的。毛泽东曾经评价，"十月革命一声炮响，给我们送来了马克思列宁主义""中国无产阶级的先锋队，在十月革命以后学了马克思列宁主义，建立了中国共产党"。

十月革命后，列宁领导的苏维埃政权从建立之日起就特别重视科学技术在社会主义建设中的重要作用。革命前的俄国是个不发达的资本主义国家，生产力发展水平比较低，科学技术也很落后。十月革命后，列宁一再强调，要恢复和发展生产，建立强大的社会主义国家，巩固苏维埃政权，就必须大力发展科学技术。他指出："没有建筑在现代科学最新成就基础上的大资本主义技术……社会主义就无从设想。"[①]列宁认为，"只有建立在现代技术基础上的大工业机器的一切脉络真正布满无产阶级的俄国时，才算有了保证"[②]。列宁还

① 列宁：《列宁全集》（第34卷），中共中央马克思恩格斯列宁斯大林著作编译局译，人民出版社，1986，第279页。

② 同上书，第31页。

提出了一个著名的公式："共产主义就是苏维埃政权加全国电气化。"如果不把国家经济转到现代化大生产的技术基础上，不实现电气化，"回到资本主义去反正是不可避免的"[①]。正是在列宁以及之后斯大林重视科技的思想指导下，苏联才从一个农业国变成了当时世界先进的工业国，不但在帝国主义的扼杀中存活下来，而且为苏联在第二次世界大战中战胜德日法西斯奠定了坚实的工业基础。

（三）新科技革命兴起与国际共产主义运动的新机遇

科学技术对社会变迁的影响一直伴随在科学技术的发展历程中。如今，它对现代社会变迁的影响越来越大，已经广泛地涉及现代社会的政治、经济、文化和生活的方方面面。自 20 世纪 50 年代开始的以原子能、电子计算机和空间技术的广泛应用为主要标志的新科技革命是人类文明史上科技领域里的又一次重大飞跃。它是涉及信息技术、新能源技术、新材料技术、生物技术、空间技术和海洋技术等诸多领域的一场信息控制技术革命。进入 21 世纪，新科技革命向纵深发展，以互联网、大数据、人工智能为代表的新技术，正改变着人类的生产方式和生活方式，并对社会发展带来前所未有的冲击。

同时，新科技革命不仅带来了物的现代化，引起劳动方式和生活方式的变革，也使人的观念、思维方式、行为方式、生活方式逐渐发生改变。新科技革命中电子计算机的发明和广泛使用，以及各种"人—机控制系统"的形成，使生产的自动化、办公的自动化和家庭生活的自动化有了实现的可能，空间技术和海洋技术的发展标志着人类社会已从被束缚于地球表面的"地球居民"时代进入一个更为辽阔的新世界。新科技革命对社会变革发展也产生了深刻的影响，它加剧了资本主义各国发展的不平衡，使资本主义国家的国际国内矛盾更加凸显。新科技革命引起生产力各要素的变革，使劳动生产率有了显著提高，提高了世界生产力水平，但也引起了各国经济布局

---

① 列宁：《列宁全集》（第 41 卷），中共中央马克思恩格斯列宁斯大林著作编译局译，人民出版社，1986，第 378 页。

和世界经济结构的变化，推动了跨国公司和国际经济一体化的发展。

资本主义制度因其存在的某些弊病而在面对新科技革命时往往显得力不从心。贪婪的本性使资本家为了攫取更多的利润，不断向国外低成本地区转移生产环节。结果是在资本家尤其是金融资本家获得超额利润的同时，本国中下层人民的收入长期停滞不前甚至出现倒退。在许多时候，资本家为节约成本对新技术弃而不用，但仍然可以利用垄断地位获取超额利润。英国威斯敏斯特大学的学者克里斯蒂安·福克斯从马克思主义政治经济学的角度分析了当前的大数据资本主义。他指出，对大数据的收集、存储、控制和分析是因为受到政治经济利益的驱使，其目的是实现对个人的经济和政治掌控，大数据导致数据所有权与数据掌控权之间的"大数据鸿沟"。而大数据资本主义和算法的力量，又使得整个社会变成巨大的购物中心，人们成为无孔不入的商业广告的标靶，整个社会被商业逻辑所主宰。但同时，大数据使社会更加透明化，又形成了对传统资本主义逻辑的对抗力量。他认为，在这种情况下，马克思主义对资本主义经济理论的反思，对劳动和社会的重新理解，更加凸显至关重要的意义。"21 世纪正在进入一个历史分岔点，其特征是动荡和政治两极化的加剧。未来是不确定的。我们可能走向超级新自由主义资本主义、独裁资本主义、法西斯主义，在一场核世界大战中彻底毁灭地球和人类，或是替代上述预案，走向共同体社会（society of the commons）。究竟谁占主导取决于社会斗争将如何发展。"事实上，卢森堡曾在 1918 年写下的真理在今天再次变得异常急迫："在这个时刻，社会主义是人类唯一的救星。"[1]相比资本主义社会的金钱至上、利益至上，社会主义社会秉承的人民本位的思想更能适应技术变革所带来的冲击。因此，社会主义国家也更容易抓住新科技革命所带来的机会。

① 克里斯蒂安·福克斯、罗铮：《大数据资本主义时代的马克思》，《国外理论动态》2020 年第 4 期。

三、新时代中国特色社会主义的成就和面临的挑战

（一）中国特色社会主义的历史性成就和机遇

党的十九大报告指出，中国特色社会主义进入新时代，意味着科学社会主义在二十一世纪的中国焕发出强大生机活力，在世界上高高举起了中国特色社会主义伟大旗帜。今天的社会主义中国，经过40多年改革开放取得了巨大的发展成就，不仅诠释了社会主义从单一模式到多样化发展的重要性和必要性，为人类对更好社会制度的探索提供了一种全新的选择，而且改变了当今世界社会主义与资本主义力量对比关系严重失衡的局面，使人们看到了21世纪世界社会主义振兴的希望。习近平新时代中国特色社会主义思想引领下的当代中国，在开启中国特色社会主义新时代的同时，也开启了国际共产主义运动新境界。

从新中国成立到党的十一届三中全会前，党确立了人民当家作主的国家制度，建立起社会主义基本制度，探索适合国情的社会主义建设道路，为当代中国一切发展进步奠定了根本政治前提和制度基础。从党的十一届三中全会到党的十八大前，我们党鲜明提出走自己的路、建设有中国特色的社会主义，积极推进经济体制及其他体制改革，形成中国特色社会主义制度，不断完善国家治理，为改革开放和现代化建设提供了坚实制度保障。

党的十一届三中全会开启了改革开放历史新时期，也开启了中国特色社会主义制度自我完善和发展的历史新征程。改革开放40多年来，党带领人民积极推进党和国家的领导体制和经济体制、政治体制、文化体制、社会体制、生态文明体制、军事体制等方面的改革，不断完善和发展中国特色社会主义制度，国家治理体系的活力和效率不断提升。

党的十八大以来，以习近平同志为核心的党中央，通过统筹推进"五位一体"总体布局和协调推进"四个全面"战略布局，推动中国特

色社会主义制度更加完善，国家治理体系和治理能力现代化水平明显提高，为党和国家事业发生历史性变革提供了有力保障，使我国发展站到了新的历史起点上，中国特色社会主义进入了新的发展阶段。在党的十八届三中全会通过的《中共中央关于全面深化改革若干重大问题的决定》中，明确提出全面深化改革的总目标是完善和发展中国特色社会主义制度，推进国家治理体系和治理能力现代化。

经过新中国成立 70 多年，尤其是改革开放 40 多年的发展，中国已成为世界第二大经济体、第一大工业国、第一大出口国和第一大外汇储备国，也是世界上 128 个国家的最大贸易伙伴。中国从来没有像今天这样靠近世界舞台的中央，从来没有像今天这样接近实现中华民族伟大复兴的目标。

中国的崛起，是坚持以经济建设为中心，坚持改革开放，努力使中国经济融入全球化的结果，也是坚持中国共产党的领导、坚持社会主义制度、坚持走自己的发展道路的结果。苏联解体后，"社会主义失败论""历史终结论"一度甚嚣尘上，"中国崩溃论"不绝于耳，但中国顶住压力，坚持中国共产党领导和社会主义制度不变。对外开放，使一个拥有 14 亿人口的社会主义国家加入了由资本主义国家主导的全球经济体系，并且在这个体系中获得最快速度的增长。中国的巨大人口体量、巨大经济体量，使得数百年来由欧美资本主义国家主导的全球化的性质正在发生变化。不输出革命、不输出政治制度、不输出发展道路是中国改革开放以来历届政府的基本主张。因此，中国的崛起对全球化的影响并不是中国在全世界范围内推行自己实行的社会主义道路和发展模式，而是中国坚持自己的发展道路，在全球经济体系中持续以较高速度发展。中国主张的是一个超越政治意识形态但更加公平的全球化。这也是所有西方发达国家也许并不喜欢，但却要面对的客观现实。

中国特色社会主义道路所取得的伟大成就是中国增强道路自信、理论自信、制度自信和文化自信的基础。作为一种实现现代化的发展模式，中国特色社会主义道路不但证明了中国选择社会主义的正确性，而且为其他国家提供了除西方国家资本主义道路之外的路径选择。中国的改革开放是坚持四项基本原则下的改革开放，是在继续社会主义制度条件下吸收和借鉴一切我们认为是先进的东西、大力发展和提高经济与科技水平、解放和发展生产力的结果。中国特色社会主义既有其特殊性，也有其一般性，它在回答和解决中国问题的探索中，为其他经济文化相对落后的国家实现现代化、实现发展目标积累了新的经验，提供了新的选择。中国特色并不是中国特有，中国特色社会主义在实践中显示出的个性和特色，通过经验总结和理论升华可变成可复制、可分享的共同经验。许多外国共产党和左翼人士指出，通过总结吸取中国特色社会主义理论和创新实践经验，特别是中国共产党的治国理政和管党治党经验，可为深陷思想迷茫、理论困惑、政策匮乏、行动失措等多重窘境的国外社会主义及左翼力量提供有益参考，推动世界社会主义运动走向振兴。

中国特色社会主义道路、理论、制度、文化的不断发展，拓展了发展中国家走向现代化的途径，给世界上那些既希望加快发展又希望保持自身独立性的国家和民族提供了全新选择。乌拉圭《共和国报》主编卡拉瓦哈尔指出，中国的发展成就坚定了乌拉圭自主发展的信心，因为中国已经为人们展现了另一种现代化道路的可行性。中国继续高举和平、发展、合作、共赢的旗帜，提出构建人类命运共同体理念，积极推进"一带一路"建设，为世界贡献更多中国智慧、中国方案、中国力量，让中国改革发展造福人类，让人类命运共同体建设的阳光普照世界，成为动荡世界中的稳定力量。中国特色社会主义为世界的发展注入勃勃生机。

（二）新时代中国特色社会主义建设面临的挑战

新时代中国特色社会主义建设所面临的挑战是中国所处的国际环境发生了改革开放以来最大的变化。坚持社会主义制度的中国的崛起，必然引起坚持冷战思维的西方国家特别是美国的严重不适应。随着中国的迅速崛起，美国对中国的定位开始发生重大变化。

在 2010 年中国超过日本成为全球第二大经济体后，美国就开始遏制中国。早在奥巴马任美国总统时期，美国就推行"亚太再平衡"

战略以制衡中国崛起，同时着手组建排除中国的 TPP。2016 年特朗普政府上台以来，屡屡出台针对中国的战略：2017 年 12 月 18 日，发布《国家安全战略报告》，明确提出中国是"战略对手"；2018 年 1 月，美国国防战略报告发布，明确把中国和俄罗斯视为头号威胁和战略竞争对手；从 2018 年开始，特朗普政府更是直接开启对华贸易战，推行印太战略，动用国家手段对中兴、华为等中国企业进行围堵，多次拒绝中国科学家赴美签证，频频出动 FBI 排查华人学者等，让很多人担心"麦卡锡主义阴影重新笼罩美国"。

美国政府将美国的对华政策由"接触 + 遏制"转向"全面战略竞争"，这意味着中美之间的战略竞争或将达到两国建交以来前所未有的高度。

2020 年新冠肺炎疫情暴发前，意识形态尚未成为美国对中国攻击的主要手段，并未成为美国政界和学界的主流，虽然美国对中国社会制度的攻击和和平演变政策从没有淡过，但 2020 年 3 月新冠肺炎疫情在西方国家全面暴发使得中西方的意识形态冲突提前到来。

由于西方各国抗击新冠肺炎疫情不利，疫情重创了欧美各国的经济社会秩序，也给一些西方政治势力攻击中国创造了机会。一些政客为转移国内矛盾，借机把矛头对准中国，在意识形态层面攻击中国特色社会主义，将疫情炒作为"民主与专制"的冲突，抹黑中国共产党，放大中西方体制的对立。2020 年 7 月 23 日，时任美国国务卿蓬佩奥专门选择美国前总统尼克松家乡的尼克松图书馆以《共产主义中国与自由世界的未来》为题发表了公开演讲，将中国形容为"美国和自由世界最危险的敌人"，鼓动世界各国组成一个"民主国家联盟"来改变共产主义中国。美国政府还不断挑战一个中国底线，派政府高官高调访台，军机与军舰绕岛飞行与航行，飞机在台湾东北海域飞行侦查甚至直接飞跃台湾海峡。

拜登上台后，在对中国政策上并没有出现大的变化，仍声称"中国是美国最大的竞争者"。2021 年 3 月 3 日，美国国务卿布林肯作为美国最高级别外交官在其发表的任内首场外交政策演讲中，将处理中美关系称作"21 世纪最大的地缘政治考验"。在其列举的八大外交优先事项中，"应对中国挑战"也作为唯一与特定国家有关的事项，被列入其中。

第二节　社会主义先行示范区
建设的定位、路径和意义

一、中国特色社会主义先行示范区建设的目标定位

（一）中国特色社会主义先行示范区是重大国家战略

广东是改革开放的排头兵、先行地、实验区，深圳经济特区自创办起就被赋予了改革开放的试验田和示范窗口的历史使命，深圳市也不负重托，以敢闯敢试敢为的改革创新精神，创造了世界现代化、城市化和工业化的奇迹。经过 40 年的发展，深圳地区生产总值从1980 年的 2.7 亿元增至 2019 年的 2.7 万亿元，年均增长 26.6%，经济总量位居亚洲城市第五位，财政收入从不足 1 亿元增加到 9424 亿元，实现了由一座落后的边陲小镇到具有全球影响力的国际化大都市的历史性跨越，外贸进出口总额由 1980 年的 0.18 亿美元跃升至2019 年的 4315 亿美元，年均增长 29.5%，实现了由进出口贸易为主到全方位高水平对外开放的历史性跨越，这是中国人民创造的世界发展史上的一个奇迹。

经过不断的改革和探索，深圳在全国率先建立社会主义市场经济体制的目标，并在现代企业制度、市场体系完善、政府职能转变、社会保障制度建立等多方面探索形成了一整套制度体系，深圳经济特区的"试验"证明了市场经济不等于资本主义，社会主义同样可以实行市场经济，初步达到了中央创办经济特区的战略意图。

粤港澳大湾区建设是国家重大发展战略，深圳是大湾区建设的重要引擎。这是党中央给予深圳在粤港澳大湾区建设中的明确定位。粤港澳大湾区是在一个国家、两种制度、三个关税区、三种货币的条件下建设的，国际上没有先例。要如何闯、如何试，开出一条新路来？

新时代，党中央对深圳改革开放、创新发展寄予厚望。2019年8月，党中央出台了支持深圳建设中国特色社会主义先行示范区的意见，全面部署了有关工作。习近平总书记在深圳经济特区建立40周年庆祝大会上的讲话指出，深圳要建设好中国特色社会主义先行示范区，创建社会主义现代化强国的城市范例，提高贯彻落实新发展理念能力和水平，形成全面深化改革、全面扩大开放新格局，推进粤港澳大湾区建设，丰富"一国两制"事业发展新实践，率先实现社会主义现代化。这是新时代党中央赋予深圳的历史使命。

支持深圳建设中国特色社会主义先行示范区，是习近平总书记亲自谋划、亲自部署、亲自推动的重大国家战略。中国特色社会主义进入新时代，中华民族迎来了从站起来、富起来到强起来的历史性飞跃，以及从全面建成小康社会到实现社会主义现代化强国的伟大飞跃。中国特色社会主义建设进入"无人区"，没有发展模式和发展经验可供模仿。

深圳是当年改革开放的排头兵，那么，"深圳先行示范区"依然是中国深化改革开放的排头兵，是中国经济从数量型向质量型转变的重要标志。2012年，习近平总书记在党的十八大之后离京视察第一站就来到了广东、来到了深圳，对广东提出"三个定位、两个率先"的殷切期望，要求深圳充分发挥特区人敢为天下先的精神，敢于"做第一个吃螃蟹的人"。2015年，习近平总书记对深圳工作做出重要批示，首次赋予深圳在"四个全面"上创造新业绩的光荣使命。

2018年3月，习近平总书记在参加十三届全国人大一次会议广东代表团审议时，强调"深圳高新技术产业发展成为全国的一面旗帜，要发挥示范带动作用"。同年10月，习近平总书记到广东深圳视察并发表重要讲话，对广东提出四个方面的重要要求，赋予深圳

"朝着建设中国特色社会主义先行示范区的方向前行，努力创建社会主义现代化强国的城市范例"的崇高使命；12 月，对深圳工作做出重要批示，再次明确这一伟大使命。

2019 年 7 月，习近平总书记主持召开中央全面深化改革委员会第九次会议，审议通过《关于支持深圳建设中国特色社会主义先行示范区的意见》；8 月，党中央、国务院印发实施。这是中国特色社会主义又一伟大实践的时代性开启，是继兴办经济特区后，深圳迎来的又一重大历史性机遇，是深圳发展进程中具有重要里程碑意义的大事，必将对深圳乃至广东的改革发展产生极为重大而深远的影响。

综合各方面条件来看，深圳是中国特色社会主义先行示范区的最佳选择。就经济发展水平来说，深圳 2018 年人均 GDP 达到 19.3 万元，比广东全省高 1.21 倍，比北京和上海分别高 37.9% 和 42.2%。从创新精神来看，深圳引领全面深化改革、全面扩大开放以及实施创新驱动发展战略具有天然的优势，我国改革开放许多先例都起源于深圳。

深圳自建立经济特区以来，一直是改革的"试验田"、开放的"窗口"，承担为改革开放先行探索的使命，以"摸着石头过河"的智慧和"杀出一条血路"的勇气，为全国改革开放和现代化建设积累了宝贵经验，为探索中国特色社会主义道路做出了重大贡献。深圳不仅创新发展能力在国内领先，成为中国高科技产业发展的一面旗帜，而且开始在全球显现其巨大的影响力。从发展机制来看，深圳形成了相当完善的市场机制，党和政府在推动社会发展方面的作用发挥得很好，可以说，深圳是我国改革开放以来处理好市场与政府关系的典范。

深圳的发展也引起国际社会的充分关注。深圳不但是高新技术的创新发展之地，也是理论研究的高端平台。2018 年 5 月，纪念马克思诞辰 200 周年专题研讨会在深圳举行，来自 50 个国家 75 个共产党的 100 余位领导人和代表参会。

（二）中国特色社会主义先行示范区的指导原则和发展目标

深圳作为中国特色社会主义先行示范区，相关文件对其建设的目标定位有十分明确的表述，具体体现在《关于支持深圳建设中国特色社会主义先行示范区的意见》《粤港澳大湾区发展规划纲要》《深圳建设中国特色社会主义先行示范区综合改革试点实施方案（2020—2025年）》等文件中。

在指导原则上，以习近平新时代中国特色社会主义思想为指导，全面贯彻党的十九大和十九届二中、三中、四中、五中全会精神，紧紧围绕统筹推进"五位一体"总体布局和协调推进"四个全面"战略布局，坚持和加强党的全面领导，坚持新发展理念，坚持以供给侧结构性改革为主线，坚持全面深化改革，坚持全面扩大开放，坚持以人民为中心，践行高质量发展要求，深入实施创新驱动发展战略，抓住粤港澳大湾区建设重要机遇，增强核心引擎功能，朝着建设中国特色社会主义先行示范区的方向前行，努力创建社会主义现代化强国的城市范例。

在发展目标上，深圳建设中国特色社会主义先行示范区分三个阶段进行。第一阶段目标是到 2025 年，深圳经济实力、发展质量跻身全球城市前列，研发投入强度、产业创新能力跃居世界一流，文化软实力大幅提升，公共服务水平和生态环境质量达到国际先进水平，建成现代化国际化创新型城市。第二阶段目标是到 2035 年，深圳高质量发展成为全国典范，城市综合经济竞争力世界领先，建成具有全球影响力的创新创业创意之都，成为我国建设社会主义现代化强国的城市范例。第三阶段目标是到 21 世纪中叶，深圳以更加昂扬的姿态屹立于世界先进城市之林，成为竞争力、创新力、影响力卓著的全球标杆城市。

（三）中国特色社会主义先行示范区的战略定位

一是高质量发展高地，即深化供给侧结构性改革，实施创新驱动发展战略，建设现代化经济体系，在构建高质量发展的体制机制上走在全国前列。相关文件从加快实施创新驱动发展战略、加快构建现代产业体系、加快形成全面深化改革开放新格局、助推粤港澳大湾区建设等方面赋予深圳重要任务，突出了深圳粤港澳大湾区建设的核心引擎作用和在国家改革探索中的先行示范引领作用。

二是法治城市示范，即全面提升法治建设水平，用法治规范政府和市场边界，营造稳定、公平、透明、可预期的国际一流法治化营商环境。相关文件提出用足用好经济特区立法权，在遵循宪法和法律、行政法规基本原则的前提下，允许深圳立足改革创新实践需要，根据授权对法律、行政法规、地方性法规作变通规定。优化政府管理和服务；深化"放管服"改革，全面推行权力清单、责任清单、负面清单制度，推进"数字政府"改革建设，实现主动、精准、整体式、智能化的政府管理和服务。促进社会治理现代化。加强社会信用体系建设，率先构建统一的社会信用平台。加快建设智慧城市，支持深圳建设粤港澳大湾区大数据中心。完善要素市场化配置体制机制。打造市场化法治化国际化营商环境，完善科技创新环境制度，打造保护知识产权标杆城市。

三是城市文明典范，即践行社会主义核心价值观，构建高水平的公共文化服务体系和现代文化产业体系，成为新时代举旗帜、聚民心、育新人、兴文化、展形象的引领者。相关文件从全面推进城市精神文明建设和发展更具竞争力的文化产业和旅游业两个方面，提出进一步弘扬开放多元、兼容并蓄的城市文化和敢闯敢试、敢为人先、埋头苦干的特区精神，大力弘扬粤港澳大湾区人文精神，把社会主义核心价值观融入社会发展各方面，加快建设区域文化中心城市和彰显国家文化软实力的现代文明之城，在深圳率先建成普惠性、高质量、可持续的城市公共文化服务体系，支持深圳建设创新创意设计学院，引进世界高端创意设计资源，设立面向全球的创意设计大奖，打造一批国际性的中国文化品牌。用好香港、澳门会展资源和行业优势，组织举办大型文创展览，有序推动国际邮轮港建设。

四是民生幸福标杆，即构建优质均衡的公共服务体系，建成全覆盖可持续的社会保障体系，实现幼有善育、学有优教、劳有厚得、病有良医、老有颐养、住有宜居、弱有众扶。其重点是提升教育医疗事业发展水平和完善社会保障体系。支持深圳在教育体制改革方面先行先试，探索扩大办学自主权，创新医疗服务体系，加快构建国际一流的整合型优质医疗服务体系和以促进健康为导向的创新型医保制度。实施科学合理、积极有效的人口政策，逐步实现常住人口基本公共服务均等化，优化社会保障机制。加快完善保障性住房与人才住房制度。

五是可持续发展先锋，即牢固树立和践行绿水青山就是金山银山的理念，打造安全高效的生产空间、舒适宜居的生活空间、碧水蓝天的生态空间，在美丽湾区建设中走在前列，为落实联合国2030年可持续发展议程提供中国经验。完善生态文明制度。实行最严格的生态环境保护制度，构建以绿色发展为导向的生态文明评价考核体系，探索实施生态系统服务价值核算制度，完善环境信用评价、信息强制性披露等生态环境保护政策，健全环境公益诉讼制度。构建城市绿色发展新格局，加快建立绿色低碳循环发展的经济体系，构建以市场为导向的绿色技术创新体系，率先建成节水型城市。

二、中国特色社会主义先行示范区建设的路径选择

（一）不断加强和改善党的领导

中国共产党是领导中国革命、建设、改革事业的核心力量。办好中国的事情，关键在党。1957年5月25日，毛泽东在接见中国新民主主义青年团第三次全国代表大会全体代表时的讲话中指出，"中国共产党是全中国人民的领导核心。没有这样一个核心，社会主义事业就不能胜利"。1980年1月1日，邓小平在出席全国政协举行的新年茶话会的讲话中强调："搞社会主义现代化建设，必须保证党的领导。我们之所以能经得起风浪，党的领导是最根本的一条保证。党的领导，是四项基本原则中带根本性的一条。"新中国成立以来尤其

是改革开放 40 多年来，正是因为有中国共产党这个坚强的领导核心，中国人民和中华民族才迎来了从站起来、富起来到强起来的伟大飞跃。从中国革命和建设的历史看，党的领导是战胜一切困难和风险的"定海神针"。

全面加强党的领导是深圳特区建设成功的最重要经验。深圳经济特区改革发展事业取得的成就，是党中央坚强领导、悉心指导的结果。在深圳经济特区改革发展的每一个关键时期和重大历史进程中，党中央始终发挥总揽全局、协调各方的领导核心作用，以非凡的气魄带领深圳人民不断将改革开放推向前进。40 年间，深圳从一个边陲小镇发展为一座充满魅力、动力、活力和创新力的创新型国际化城市，一条重要的成功经验就在于全面加强党的领导。从宝安撤县建市到深圳经济特区的诞生；从经济特区姓"资"姓"社"的争论到邓小平同志南方谈话的一锤定音；从经济特区"要不要继续特下去"到中央明确提出"三不变"方针，再到习近平同志明确宣示"经济特区不仅要继续办下去，而且要办得更好、办得水平更高"，党中央举旗定向、英明领导，是深圳改革开放一路前行的"灯塔"。历史证明，没有中国共产党的坚强领导，就没有深圳改革发展的伟大成就。

中国特色社会主义先行示范区的建设必须在党的领导下进行。要将深圳建设成为中国特色社会主义先行示范区，确保深圳成为高质量发展高地、法治城市示范、城市文明典范、民生幸福标杆、可持续发展先锋，关键在于全面加强党的领导。必须不断巩固我们党在先行示范区建设中的领导核心地位，以党的自我革命引领先行示范区建设这一伟大社会革命，为深圳建设中国特色社会主义先行示范区提供坚强政治保证。广大党员领导干部要发扬斗争精神，激发担当意识，切实解决问题，把解决问题作为前进的动力而不是沉重的包袱，作为创新的支点而不是退缩的借口。广大党员领导干部要自觉在思想上、政治上、行动上同党中央保持高度一致，自觉站在党和国家大局上想问题、办事情，在树牢"四个意识"、坚定"四个自信"、做到"两个维护"上勇当先锋，在讲政治、顾大局、守规矩上做好表率，确保深圳建设中国特色社会主义先行示范区始终方向正确，永不迷航。

（二）牢牢把握中国特色社会主义根本方向

方向决定前途，道路决定命运。苏联当年解体，恰恰是没有很好地坚持社会主义的方向。在苏共解散前，当时的苏联科学院曾进行过一次民意调查，在被调查者中，认为苏共仍然能够代表工人的占4%，代表全体人民的占7%，代表全体党员的占11%，而认为代表党的官僚、干部和机关工作人员的比例竟高达85%。脱离了民众的苏共自然避免不了灭亡的命运。习近平同志告诫中国共产党人，要坚持以人民为中心，始终把人民放在心中最高的位置。在纪念马克思诞辰200周年大会上，他指出："要始终把人民立场作为根本立场，把为人民谋幸福作为根本使命，坚持全心全意为人民服务的根本宗旨，贯彻群众路线，尊重人民主体地位和首创精神，始终保持同人民群众的血肉联系。"

"中国特色社会主义"规定了"先行示范区"的根本性质。中国改革开放的成功是坚持社会主义道路的成功，深圳是中国特色社会主义事业发展的重要起源地和践行地。因此，深圳的成功是社会主义事业的成功实践。随着中国的崛起，国内外有些舆论提出中国现在搞的究竟还是不是社会主义的疑问，甚至出现把中国特色社会主义等同于"资本社会主义""国家资本主义""新官僚资本主义"等的错误认识。为此，习近平总书记明确指出，"中国特色社会主义，既坚持了科学社会主义基本原则，又根据时代条件赋予其鲜明的中国特色""中国特色社会主义是社会主义，不是别的什么主义"。也就是说，中国特色社会主义是科学社会主义理论逻辑和中国社会发展历史逻辑的辩证统一，根植于具有5000年文明传承的中华大地，凝结了中国共产党和中国人民的伟大创造，是富有鲜明时代特色和民族特色的社会主义。深圳要建设的是中国特色社会主义先行示范区，方向只有一个，就是坚持和发展中国特色社会主义；道路只有一条，就是中国特色社会主义道路。要通过建设中国特色社会主义先行示范区的生动实践，雄辩地证明中国特色社会主义道路走得通、走得对、走得好，向世界展示中国特色社会主义的勃勃生机和光明前景。

坚持中国特色社会主义道路，就是要加强习近平新时代中国特色社会主义思想理论武装，树立并践行以人民为中心的发展思想，把人民对美好生活的向往作为奋斗目标，依靠人民创造历史伟业。中国特色社会主义是物质文明和精神文明全面发展的社会主义，经济特区要坚持"两手抓、两手都要硬"，在物质文明建设和精神文明建设上都要交出优异答卷。深圳地处"两个前沿"，意识形态斗争复杂尖锐，必须始终绷紧意识形态这根弦，坚持把习近平新时代中国特色社会主义思想作为统领深圳一切工作的总纲、衡量一切工作的根本标准，推动习近平新时代中国特色社会主义思想在深圳落地生根、结出丰硕成果，努力把深圳建设成为展示习近平新时代中国特色社会主义思想的重要"窗口"，通过深圳这个"窗口"彰显我国改革开放的伟大成就和中国特色社会主义的巨大优越性。深圳建设中国特色社会主义先行示范区，对接的是"中国特色社会主义"宏伟框架，深圳所要建设的先行示范区必须是中国共产党领导的、以马克思主义为指导的社会主义示范区，而不是别的什么主义的示范区。

（三）贯彻落实新时代的发展理念

理念是行动的先导。新发展理念是习近平新时代中国特色社会主义经济思想的主要内容，具有很强的战略性、纲领性、引领性。新发展理念是针对我国发展中的突出矛盾和问题提出的，涉及发展的各领域各方面，统筹解决发展动力、发展不平衡、人与自然和谐共生、发展内外联动、社会公平正义问题，既具有很强的问题导向性和现实针对性，又具有很强的理论创新性和战略引领性。习近平总书记在深圳经济特区建立 40 周年庆祝大会上的讲话中深刻指出，广东、深圳经济发展水平较高，面临的资源要素约束更紧，受到来自国际的技术、人才等领域竞争压力更大，落实新发展理念、推动高质量发展是根本出路。深圳要肩负起新时代党中央赋予的历史使命，建设好中国特色社会主义先行示范区，创建社会主义现代化强国的城市范例，就要提高贯彻落实新发展理念的能力和水平，紧紧扭住新发展理念推动发展。这是建设中国特色社会主义先行示范区的根本遵循。

创新发展是先行示范区建设的底色，也是中国特色社会主义生机和活力的彰显。高质量发展离不开创新发展，深圳要成为高质量发展高地，根本出路在于实施创新驱动发展战略，通过创新实现产业结构调整，培育现代产业体系。协调发展是建设先行示范区的内在要求。先行示范区建设的战略定位、发展目标，实际上蕴含着物质文明与精神文明的协调、经济发展与社会进步的协调、传统与现代的协调、人与自然关系的协调、先行示范区与粤港澳大湾区的协调。协调发展旨在通过增强先行示范区的平衡性，带动广东区域协调发展，并为解决我国发展不平衡问题提供经验。绿色发展是建设先行示范区的先决条件。深圳要成为高质量发展高地、可持续发展先锋，实现经济社会发展和生态环境保护协同共进，为人民创造良好生产生活环境，离不开绿色发展。开放发展是建设先行示范区的必由之路。在更高起点、更高层次、更高目标上扩大开放，构建与国际接轨的开放型经济体制，是先行示范区建设的重要内容。深圳要进一步完善对外开放平台，率先利用好外部市场和资源，在国家高水平参与国际合作中发挥示范作用。共享发展是建设先行示范区的本质要求。共享发展是中国特色社会主义的价值追求和活力之源。深圳要成为民生幸福标杆，必须贯彻共享发展理念，率先形成共建共治共享、共同富裕的民生发展格局，让改革发展的成果惠及更多市民，提升市民的生活质量和幸福水平，真正体现中国特色社会主义的公平正义，彰显中国特色社会主义的制度优势。

（四）继续弘扬敢闯敢试、敢为人先、埋头苦干的特区精神

深圳经济特区的发展，得益于敢闯敢试、敢为人先、埋头苦干的特区精神。深圳经济特区建立之初，中央要求大胆探索，"杀出一条血路来"。正是凭着一股闯劲和韧性，深圳从一个边陲小渔村，发展成一座充满魅力、动力、活力、创新力的国际化创新型城市。实践发展永无止境，改革开放没有穷期。中国特色社会主义先行示范区

建设对深圳提出了更高标准、更高要求，仍然需要敢闯敢试、敢为人先、埋头苦干的特区精神。《关于支持深圳建设中国特色社会主义先行示范区的意见》强调，要"进一步弘扬开放多元、兼容并蓄的城市文化和敢闯敢试、敢为人先、埋头苦干的特区精神"。先行意味着没有现成的经验可以照搬，没有相同的模式可以借鉴，而要另辟蹊径，探索新的做法、新的路径；示范意味着可以作为榜样，引领中国特色社会主义的发展。这就更加需要深圳弘扬敢闯敢试、敢为人先、埋头苦干的特区精神。

弘扬特区精神，要进一步解放思想。深圳的发展源于解放思想，突破传统观念的束缚，跳出原有的条条框框，大胆探索和实践。改革永远在路上，改革之路无坦途。当前，改革又到了一个新的历史关头，遇到的问题很多都是前所未有的新问题，推进改革的复杂程度、敏感程度、艰巨程度不亚于40多年前，必须以更大的政治勇气和智慧，坚持摸着石头过河和加强顶层设计相结合，抢抓时机深化重要领域和关键环节改革，更加注重改革的系统性、整体性、协同性，提高改革综合效能。中国特色社会主义先行示范区建设仍然需要大胆探索，对现行体制机制、具体做法进行突破和创新，唯有解放思想，才能有敢闯敢试、敢为人先的胆识和锐气。

弘扬特区精神，要全面深化改革。改革开放是深圳发展的动力之源，也是深圳最鲜明的特色。建设先行示范区需要全面深化改革，在要素市场化配置、营商环境优化、城市空间统筹利用等重点领域先行先试，形成带有示范性、引领性的体制机制。特别是在"一国两制"的背景下，推进粤港澳大湾区科技合作体制、对外开放体制、环境治理协同机制、管理模式创新，实现大湾区内体制机制整合，需要全面深化改革。以改革开放的眼光和办法，解决先行示范区建设面临的问题。

弘扬特区精神，要凝聚人民的智慧和力量。人民是历史的创造者，群众是真正的英雄，深圳发展过程中的创新实践离不开人民的智慧和力量，所谓深圳速度都是人民干出来的。建设先行示范区仍然需要充分发挥人民的积极性、主动性和创造性，让人民成为敢闯敢试、敢为人先的主体，将人民的智慧和力量转化为先行示范区建设的具体实践。

三、中国特色社会主义先行示范区建设的重大意义

（一）中国特色社会主义先行示范区建设的全局意义

1980 年，深圳成为中国首个"经济特区"，成为改革开放的"试验田"，经过 40 多年的发展，深圳创造了世界城市发展史上的奇迹，也成为全国改革开放的一面旗帜。2019 年 8 月，以习近平同志为核心的党中央做出支持深圳建设中国特色社会主义先行示范区的重大决策。从经济特区到先行示范区，意味着深圳的改革开放不仅仅是一个城市的试验，更囊括了整个粤港澳大湾区乃至整个中国的现代化建设；不仅仅是一个城市的规划，更是中国特色社会主义的宏大架构。

建设中国特色社会主义先行示范区，是党中央着眼于在更高起点、更高层次、更高目标上推进改革开放，形成全面深化改革、全面扩大开放新格局的重大战略。改革开放是我们党的一次伟大觉醒，是中国人民和中华民族发展史上的一次伟大革命。作为我国改革开放的重要起源地，深圳经济特区从诞生之日起就肩负着先行探路的崇高使命。深圳经济特区不仅为全国经济体制改革探索了道路、提供了经验，输出技术、资金、人才和管理经验，成为内地许多省份走向国际经济舞台的"桥头堡"，也成为国际资本、技术、信息走向我国内地的桥梁，直接带动了内地经济的发展，发挥了其对内地示范、辐射的作用，为全国改革开放和现代化建设积累了宝贵经验，为探索中国特色社会主义道路做出了重要贡献。进入新时代，改革开放面临的任务更艰巨、挑战更严峻，在新的历史关口，如何"杀出一条血路"，怎样破题？选择在深圳建设中国特色社会主义先行示范区，就是再次为中国的发展开题破局。面对国内更为复杂、敏感、

艰巨的改革任务，以及单边主义、保护主义愈演愈烈的国际环境，深圳必须牢牢抓住改革开放再出发的重大历史机遇，以改革开放的眼光看待、以改革开放的办法推进先行示范区建设，加快形成全面深化改革、全面扩大开放新格局，努力当好展示我国改革开放成就的重要窗口和国际社会观察我国改革开放的重要窗口，在更高起点、更高层次、更高目标上推进改革开放，形成可复制、可推广的经验，反哺全国发展。

建设中国特色社会主义先行示范区，对形成全面深化改革、全面扩大开放新格局具有全局意义。当前，我国正在推进的社会主义现代化强国建设，是人类历史上前所未有的开创性伟大事业。建设中国特色社会主义先行示范区，创建社会主义现代化强国的城市范例，深圳使命光荣、责任重大、任务艰巨、挑战严峻，面临许多新的重大课题，必须坚定扛起使命担当，以斗争精神攻坚克难，全力推动中国特色社会主义事业向前发展。就经济发展质量而言，深圳在一线城市中保持领先地位，其人均 GDP 甚至高过北京、上海。深圳是中国最接近现代化强国目标的城市，其创新发展能力已成为中国高科技产业发展的一面旗帜，且具有全球影响力。中美经贸摩擦以来，美国先后对中兴、华为、大疆等中国的行业领军企业进行残酷打压，这些企业均来自深圳，一些网友因此把美国发动的经贸摩擦戏称为"美国与深圳市某街道办之间的贸易纠纷"。在深圳建设中国特色社会主义先行示范区，关键要加快实施创新驱动发展战略，建成综合性国家科学中心，建设 5G、人工智能、网络空间科学与技术等重大创新载体。自觉把先行示范区建设与社会主义现代化强国战略安排结合起来，勇做驶向中华民族伟大复兴光辉彼岸的第一艘"冲锋舟"，为实现"两个一百年"奋斗目标做出深圳贡献。

在深圳建设中国特色社会主义先行示范区，进一步表明新时代中国共产党人将改革开放进行到底的坚定决心，将为中国改革开放向纵深推进树立一个崭新高峰与突破典范。中共中央、国务院在《关于支持深圳建设中国特色社会主义先行示范区的意见》中明确指出，支持深圳实行更加开放便利的境外人才引进和出入境管理制度；促进与港澳金融市场互联互通和金融产品互认；在推进人民币国际化上，深圳先行先试，探索创新跨境金融监管；支持深圳试点深化外汇管理改革；推动更多国际组织和机构落户深圳；支持深圳加快建设全球海洋中心城市；加快深港科技创新合作区建设；支持深圳建设粤港澳大湾区大数据中心；推进在深圳工作和生活的港澳居民在民生方面享有"市民待遇"等，不断提升深圳对港澳的开放水平，推进在深圳工作和生活的港澳居民在民生方面享有"市民待遇"，不断增强港澳同胞的认同感和凝聚力。这些举措将促进人员、资金、技术和信息等要素高效便捷流动，有利于将深圳打造成全国乃至全球创新型金融中心，有利于粤港澳大湾区建设实现突破。建设深圳先行示范区，将丰富"一国两制"事业发展新实践，为实现中华民族伟大复兴的中国梦提供有力支撑。这些改革开放的"正面清单"范围之广、程度之深、内容之多前所未有，将成为新时代改革开放的重大突破。

总之，在深圳建设中国特色社会主义先行示范区，意味着深圳不仅要先行，而且要示范。深圳不仅要自己做好探索，还要形成可复制、可推广的经验，对其他地方起到探路示范、辐射带动作用。建设先行示范区不仅需要承接经济特区时期对社会主义市场经济、对中国社会制度变迁、对中国道路的探索经验，更需要承接诸如先行先试、敢闯敢干、敢为人先、舍我其谁的特区精神和担当情怀。随着中国改革开放伟大事业的日渐深入，随着人们对中国社会更加深刻的制度变迁的深切期待，深圳建设中国特色社会主义先行示范区承载的是中国特色社会主义的宏远未来，是为中国特色社会主义提供可复制的实践模式。

（二）中国特色社会主义先行示范区建设的世界意义

在庆祝改革开放40周年大会上，习近平总书记的一席话发人深省：改革开放40年的实践启示我们，开放带来进步，封闭必然落后，中国的发展离不开世界，世界的繁荣也需要中国。建设中国特色社会主义先行示范区，是人类追求美好生活和美好制度的新突破，是中国特色社会主义进入新时代的新课题，也是科学社会主义运动170

多年不断实践的新突破。因此，在深圳探索建设中国特色社会主义先行示范区，不只是为了一城一域的发展，而是着眼于广东乃至中国的大局，这些探索和经验，不仅会泽被中国，也会惠及世界，具有重要的世界意义。

建设中国特色社会主义先行示范区，是党中央着眼于展现中国特色社会主义真理力量、彰显"四个自信"的重大战略举措。科学社会主义自诞生以来，经历了从理想到现实、从理论到实践的发展历程。20世纪80年代末90年代初，东欧剧变、苏联解体，国际共产主义运动遭到了前所未有的挫折，世界范围内的"社会主义溃败论""共产主义终结论"甚嚣尘上，美国学者布热津斯基和福山更是宣称社会主义将终结于20世纪，历史将终结于资本主义制度。中国始终高举中国特色社会主义伟大旗帜，克服重重困难，取得了巨大成就。作为科学社会主义在中国的成功实践，中国特色社会主义拓展了发展中国家走向现代化的途径，为解决人类问题贡献了中国智慧和中国方案。中国特色社会主义先行示范区不但要为中国社会确立起新时代中国特色社会主义的标杆，而且其定位一开始就体现了世界性，如到2025年建成现代化国际化创新型城市，2035年建成具有全球影响力的创新创业创意之都，21世纪中叶成为竞争力、创新力、影响力卓著的全球标杆城市。提出全面提升法治建设水平，用法治规范政府和市场边界，营造稳定公平透明、可预期的国际一流法治化营商环境，把新时代中国特色社会主义的方向、原则、要求，把人民群众对新时代中国特色社会主义的认同、追求、期待转化为现实的社会实践和社会形态，转化为具体的政策制度安排和体制机制运行。

习近平指出，"一个国家实行什么样的主义，关键要看这个主义能否解决这个国家面临的历史性课题"。长期以来，中国特色社会主义的实践为推进发展中国家经济建设和社会发展积累了许多成功的经验，在资本主义发展道路之外提供了一种新的成功实践。世界历史发展的事实证明，资本主义制度发展到今天，产生了种种难以克服的矛盾和问题，人类社会制度的探索远远没有终结。中国特色社会主义进入新时代，需要有承载综合探索示范功能的重大平台，为推进国家治理体系和治理能力现代化、追求人类美好生活和美好制度探索新路径。中国特色社会主义先行示范区的功能和意义，不仅在于推动深圳乃至整个珠三角地区的发展，还在于通过先行示范区的实践，"大胆吸收和借鉴人类社会创造的一切文明成果，吸收和借鉴当今世界各国包括资本主义发达国家的一切反映现代社会化生产规律的先进经营方式、管理方法"①，找到一种又快又好的适合中国国情的高质量现代化发展模式，为破解当今世界面临的发展困境提供一个解决方案，同时增强科学社会主义在全球的吸引力、号召力、影响力。

2008 年全球金融危机的爆发，引发了全球性经济危机和衰退，欧美等西方发达国家面对经济危机似乎已经找不到正确的解决办法，这也令人们开始反思资本主义发展模式中的制度性弊端，但一些西方国家依然抱着资本主义的旧思想旧观点，固执于意识形态思维的桎梏。新时代来临，世界各国选择自己的发展道路也必须有新理念。中国快速发展的 40 年，已经为世界提供了成功的经验。中国特色社会主义先行示范区探索，也可以为世界提供更好更成功的经验模式。这是中国作为负责任大国理应有的担当。中国不会像美国那样强推自己的道路和模式，但中国愿意为世界提供中国的成功经验，也欢迎世界各国借鉴甚至是模仿中国模式、中国经验。中国道路是东西方文化文明的完美结合。这证明了不同的意识形态、不同的文化文明、不同的政治体制、不同的历史背景以及不同的发展状况，不分贫富、大小、强弱，完全可以互学互鉴，形成一个平等互利、合作共赢的局面。

习近平指出："今天的中国，前所未有地靠近世界舞台中心，前所未有地接近实现中华民族伟大复兴的目标，前所未有地具有实现这个目标的能力和信心。"中国特色社会主义先行示范区，不同于以往的"沿海开放城市""保税区""自贸试验区"，也不是探索建设"自

---

① 谢志岿：《彰显中国特色社会主义的制度优势》，《深圳特区报》2019 年 9 月 16 日。

贸港",而是"中国特色社会主义"伟大实践中的"示范高地"。深圳建设成为中国特色社会主义先行示范区,必将向世人证明,中国特色社会主义是实现"中国梦"的康庄大道,将继续创造让世界刮目相看的中国特色社会主义事业新的更大奇迹,充分彰显道路自信、理论自信、制度自信、文化自信。

第三节 "一带一路"
与先行示范区建设

一、先行示范区对于"一带一路"和粤港澳大湾区建设的意义

（一）先行示范区对于 21 世纪海上丝绸之路建设的意义

建设中国特色社会主义先行示范区和粤港澳大湾区，都是习近平总书记亲自谋划、亲自部署、亲自推动的重大国家战略。"双区"利好叠加，不仅是简单的"物理效应"，更有"化学效应""乘数效应"。

"一带一路"是"丝绸之路经济带"和"21 世纪海上丝绸之路"的简称，是中国国家主席习近平于 2013 年 9 月、10 月分别提出的合作倡议，是构建人类命运共同体的伟大实践。"一带一路"贯穿亚欧非大陆，陆上依托国际大通道，海上以重点港口为节点。"一带一路"充分依靠中国与有关国家既有的双（多）边机制，借助既有的、行之有效的区域合作平台，积极发展与沿线国家的经济合作伙伴关系，共同打造政治互信、经济融合、文化包容的利益共同体、命运共同体和责任共同体。截至 2020 年 1 月底，中国已经同 138 个国家和 30 个国际组织签署了 200 份共建"一带一路"合作文件。"一带一路"是中国参与全球开放合作、改善全球经济治理体系、促进全球共同发展繁荣、推动构建人类命运共同体的中国方案，也是中国同世界上众多国家携手努力的共同行动。中国特色社会主义先行示范区建设，是为了在更高起点、更高层次、更高目标上推进改革开放，形成全

面深化改革、全面扩大开放新格局。两者虽有区别，但也有广泛的联系，两者相互促进、共同发展。

习近平从人类命运和历史发展的宏大历史格局中，提出了"一带一路"倡议，高瞻远瞩地将中国各区域、各省市都纳入世界经济发展的大局中，真正打破了过去我国经济发展不平衡、东强西弱的局面，让各区域都更加开放更加自信地融入世界经济中。共建"一带一路"大幅提升了中国贸易投资自由化便利化水平，推动中国开放空间从沿海、沿江向内陆、沿边延伸，形成陆海内外联动、东西双向互济的开放新格局。

而在"一带一路"建设中，粤港澳大湾区建设是棋之重局。2019年2月18日，《粤港澳大湾区发展规划纲要》印发，要求粤港澳大湾区为"一带一路"建设提供有力支撑。《规划纲要》指出，要深化粤港澳合作，进一步优化珠三角九市投资和营商环境，提升大湾区市场一体化水平，全面对接国际高标准市场规则体系，加快构建开放型经济新体制，形成全方位开放格局，共创国际经济贸易合作新优势，为"一带一路"建设提供有力支撑。

粤港澳大湾区地处我国沿海开放前沿，以泛珠三角区域为广阔发展腹地，在"一带一路"建设中具有重要地位。粤港澳大湾区交通条件便利，拥有香港国际航运中心和吞吐量位居世界前列的广州、深圳等重要港口，以及香港、广州、深圳等具有国际影响力的航空枢纽，便捷高效的现代综合交通运输体系正在加速形成。粤港澳大湾区的发展对外有巨大的辐射作用。其一，向内带动辐射泛珠三角地区即珠江—西江经济带，并通过泛珠三角地区（珠江—西江经济带）进一步强有力辐射大西南地区。其二，向外辐射半径延展至东南亚、南亚地区，成为联通"一带一路"的巨型门户，进一步促进我国与东南亚、南亚国家的经贸往来。

无论是对内合作，还是向外辐射，粤港澳大湾区都具有巨大的经济优势。2019年粤港澳大湾区11个城市的GDP总量达11.6万亿元，较2018年增长6.7%。目前，粤港澳大湾区的经济总量已与纽约湾区旗鼓相当，其中深圳的GDP贡献排在首位。粤港澳大湾区共占地

5.6 万平方千米，人口超过 7000 万，以全国 0.6% 的土地面积和 5% 的人口，产出超过全国 12% 的 GDP。

香港是国际贸易中心、航运中心、金融中心，珠三角是全球的制造业中心，把这两者结合起来，在"一带一路"中的"五通"（政策沟通、设施联通、贸易畅通、资金融通、民心相通）上可以大有作为。通过践行"一带一路"，还可以推动粤港澳大湾区内部的合作，把粤港澳大湾区建成内地与港澳深度合作示范区。依托粤港澳良好合作基础，充分发挥深圳前海、广州南沙、珠海横琴等重大合作平台作用，探索协调协同发展新模式，深化珠三角九市与港澳全面务实合作，促进人员、物资、资金、信息便捷有序流动，为粤港澳发展提供新动能，为内地与港澳更紧密合作提供示范。

（二）先行示范区是粤港澳大湾区建设的重要引擎

深圳是我国首批经济特区城市之一，中央对深圳的发展十分重视。2019 年，深圳经济特区实现 GDP 26927.09 亿元，增速 6.7%，总量位居粤港澳大湾区 11 城之首。党的十八大以来，党中央对深圳的发展寄予厚望。建设中国特色社会主义先行示范区，是党中央着眼于更好实施粤港澳大湾区战略、丰富"一国两制"事业发展新实践的重大战略，将为粤港澳大湾区国家战略实施开辟重要突破口。2019 年 7 月 24 日，中央全面深化改革委员会第九次会议审议通过了《关于支持深圳建设中国特色社会主义先行示范区的意见》，强调"（深圳建设中国特色社会主义先行示范区）要牢记党中央创办经济特区的战略意图，坚定不移走中国特色社会主义道路，坚持改革开放，践行高质量发展要求，深入实施创新驱动发展战略，抓住粤港澳大湾区建设重要机遇，努力创建社会主义现代化国家的城市范例"。

2020 年 10 月 14 日，习近平在深圳经济特区建立 40 周年庆祝大会上的讲话中指出："粤港澳大湾区建设是国家重大发展战略，深圳是大湾区建设的重要引擎。要抓住粤港澳大湾区建设重大历史机遇，推动三地经济运行的规则衔接、机制对接，加快粤港澳大湾区城际铁路建设，促进人员、货物等各类要素高效便捷流动，提升市场一体化水平。要深化前海深港现代服务业合作区改革开放，规划建设好河套深港科技创新合作区，加快横琴粤澳深度合作区建设。要以大湾区综合性国家科学中心先行启动区建设为抓手，加强与港澳创新资源协同配合。要继续鼓励引导港澳台同胞和海外侨胞充分发挥投资兴业、双向开放的重要作用，在经济特区发展中做出新贡献。"

深圳是大湾区建设的重要引擎。粤港澳大湾区肩负着构筑创新发展新高地、引领和带动珠三角地区率先实现创新转型的历史重任。粤港澳大湾区建设存在三个增长极（或称"三个极点"），其中"深圳＋香港"2018年的经济总量超过4.8万亿元，远远超过"广州＋佛山""珠海＋澳门"两个极点。深圳建设中国特色社会主义先行示范区的全局意义，首先就表现在助推粤港澳大湾区建设方面。先行示范区的建立，意味着它将成为粤港澳大湾区建设的中心。深圳不仅经济发达，也拥有高端制造的基础，重要的是其在信息通信、人工智能、网络空间、生命信息与生物制药等高科技领域，不仅在国内领先，甚至部分已经领先世界。在《关于支持深圳建设中国特色社会主义先行示范区的意见》中已经明确，"支持深圳建设5G、人工智能、网络空间科学与技术、生命信息与生物医药实验室等重大创新载体，探索建设国际科技信息中心和全新机制的医学科学院。"《关于支持深圳建设中国特色社会主义先行示范区的意见》对深圳提出了更高的发展要求，并给予深圳与此相匹配的支持性政策，如前面提到的以深圳为主阵地建设综合性国家科学中心、深圳在粤港澳大湾区建设国际科技创新中发挥关键作用，这些都表明深圳应当在粤港澳大湾区进一步增强核心引擎功能，更好地发挥核心引擎作用。深圳以往的发展成就并不是通过取代其他城市来实现的，在中国特色社会主义先行示范区建设中，深圳也不会以取代其他城市的方式来取得新的发展。

深圳是具有全球影响力的国际科技创新中心。在国家和粤港澳大湾区的产业规划中，都赋予深圳重要地位，要求其瞄准世界科技和产业发展前沿，加强创新平台建设，大力发展新技术、新产业、新业态、新模式，加快形成以创新为主要动力和支撑的经济体系；扎实推进全面创新改革试验，充分发挥粤港澳科技研发与产业创新优势，破除影响创新要素自由流动的瓶颈和制约，进一步激发各类创新主体活力，建成全球科技创新高地和新兴产业重要策源地。

（三）先行示范区丰富"一国两制"的新实践

粤港澳大湾区建设事关我国改革开放再出发，肩负着建设国际一流湾区的重要使命。在巨大发展机遇和发展空间潜力的背后，粤港澳大湾区面临的挑战也是空前的。与世界其他湾区不同，粤港澳大湾区最大的挑战就是"一国两制"下的城市协同发展。粤港澳大湾区要在"一个国家、两种制度、三个关税区、三种货币、四个核心城市"的格局下建立世界级城市群，跨区域治理成为粤港澳大湾区建设的重点和难点。

粤港澳大湾区建设由于涉及一个国家、两种制度、三个关税区、三种货币，无论国际还是国内都没有可资借鉴的经验，是一项具有开创性、探索性的事业。如何打破自家"一亩三分地"的思维定式，确立粤港澳三地"抱成团，一起做"的治理新思维，是粤港澳三地需要重点考虑的。在粤港澳大湾区的四个中心城市广州、深圳、香港、澳门中，最明显的特点是香港、澳门主外，广州主内，深圳则内外兼顾，深圳具备承上启下、协同港澳、突破前行的重要地位。深圳作为中国改革开放最早、最成功的城市，一直是中国特色社会主义事业探索的先行者，在市场化、国际化等方面都处于中国内地的先行地位。因此，深圳在"率先建设体现高质量发展要求的现代化经济体系"中，可以为粤港澳大湾区的建设与发展植入升级版的"动力芯片"，进一步增强深圳的核心引擎功能，与大湾区其他核心引擎协同发展，为粤港澳大湾区这一重大国家战略做出更积极的贡献。

进入新时代，香港、澳门仍然具有特殊地位和独特优势，内地的发展仍然需要港澳发挥不可替代的作用。再加上深圳毗邻香港、澳门的地理优势，在"一国两制"下，可以把香港、澳门市场经济成熟、国际联系广泛、专业服务发达、法治公认度高、科研力量比较强等优势，与深圳腹地广、市场大、制造业发达、科研实力雄厚和政府决策力、执行力强等优势结合起来，形成"一国两制"的新实践，进一步夯实促进香港、澳门繁荣稳定的"保障区"和"协同区"。这样，深圳既能为内地城市树立"标杆"，又能与香港、澳门在文化与经济上进行融合，从而能为我国在世界经济深度调整和科技竞争日益激烈的环境中赢得一席之地，为全国改革开放再出发提供示范，开拓"一国两制"事业发展新实践。这是中央把深圳设为先行示范区的重要原因。因此，在深圳进行中国特色社会主义先行示范区建设，能起到既助推粤港澳大湾区建设又丰富"一国两制"新实践的双重作用。

在深圳开展中国特色社会主义先行示范区建设，并不意味着与粤港澳大湾区其他城市无关。长期以来，珠三角地区作为改革开放的先行区，对发展中国特色社会主义做了许多有益的探索。中央做出支持深圳建设中国特色社会主义先行示范区的决定后，广东省委、省政府随即印发《关于认真学习宣传贯彻〈中共中央 国务院关于支持深圳建设中国特色社会主义先行示范区的意见〉的通知》，强调支持深圳建设中国特色社会主义先行示范区，是全省的大事、深圳的大事、关乎全局的大事，意义重大、责任重大、任务艰巨，要求迅速兴起学习宣传贯彻热潮，全省动员、举全省之力支持推动建设，确保各项工作任务有力有序有效向前推进。充分发挥好示范引领作用，创造更多可复制可推广的经验，支持、带动沿海经济带、北部生态发展区高质量发展，彰显核心引擎的格局、胸怀与担当，更好地服务广东发展大局。

与深圳相邻地区也自动对接先行示范区建设，与此同时，珠海推出了全面深化改革2020"施工图"，特别是争取粤澳（横琴）深度合作区总体方案获批落地，构建珠澳双方共商共建共管共享新机制。中共东莞市委通过的《关于进一步完善区域协调发展格局 推动南部各镇加快高质量发展的意见》就提出，力争到2025年，东莞市南部各镇高水平对接和融入深圳中国特色社会主义先行示范区建设，经济质量、城市品质和社会治理水平明显高于全市平均水平，成为深莞深度融合发展的样板和引领全市高质量发展的高地，建设深莞深度融合发展先锋、制造业高质量发展示范、城市品质提升标杆、共建共治共享典范。

二、先行示范区与"一带一路"建设的共通点

（一）两者都向世界展现了中国的新担当和新作为

在深圳探索中国特色社会主义先行示范区建设是中国在新时代探索中国特色社会主义的新举措，对建设中国特色社会主义具有重要的理论和现实意义；"一带一路"倡议是中国在新时代探索全球化的新途径、推动构建人类命运共同体的具体实践。两者看似风马牛不相及，实际上却有许多共通之处。

中国特色社会主义是中国的，也是世界各国探索不同于西方现代化发展道路的一条重要途径。中国特色社会主义先行示范区建设是对人类社会发展道路的新探索。"一带一路"是对传统的全球化的反思，是一种新的探索。

传统全球化由海而起、由海而生，沿海地区、海洋国家先发展起来，陆上国家、内地则较落后，形成巨大的贫富差距。传统全球化由欧洲开辟，由美国发扬光大，形成国际秩序的"西方中心论"，导致东方从属于西方、农村从属于城市、陆地从属于海洋等一系列不平衡不合理效应。第二次世界大战之后，许多亚非拉国家虽然取得了民族独立，但并没有真正实现经济独立，其依附欧美发达国家的不合理状况未能从根本上改变，只有少数资源富裕国家和东亚地区国家的经济发展取得长足进步，世界经济不合理的旧秩序依旧存在。当今世界，正处在一个挑战频发的时代。世界经济增长需要新动力，发展需要更加普惠平衡，贫富差距鸿沟有待弥合，地区热点持续动荡，恐怖主义蔓延肆虐。和平赤字、发展赤字、治理赤字是摆在全人类面前的严峻挑战。中国的"一带一路"倡议就是在这种深刻的国际背景下提出的。

从中国与世界关系的演变看，"一带一路"传承中华民族数千年的理想情怀并将之发扬光大，让中国与世界的交往在创新中不断发展。古丝绸之路绵亘万里，延续千年，积淀了以和平合作、开放包

容、互学互惠、互利共赢为核心的丝路精神。不同于近代以来西方殖民主义的经济掠夺和帝国主义的"零和"竞争思维，也不同于战后西方倡导的对外援助等形式的国际合作模式，"一带一路"倡议主动发展与沿线国家的经济合作伙伴关系，不仅造福中国人民，更造福沿线各国人民，是各国合作共赢的康庄大道。"一带一路"倡议之所以能得到世界上许多国家的响应，一个重要原因就在于，中国发展同外部世界的交融性、关联性、互动性不断增强，中国正从大国走向强国，对全球治理体系变革的影响力越来越大。正是在中国与世界关系发生重要演变的关键时期，中国作为世界上最大的发展中国家，把握机遇，扛起历史责任，及时提出了"一带一路"倡议，向世界展现了中国的新担当和新作为。

（二）两者都体现了创新性

深圳作为我国最成功的经济特区，党中央又赋予其建设中国特色社会主义先行示范区的重大时代定位。中国特色社会主义先行示范区中的"先行示范"明确表明，党中央希望深圳的未来发展模式具有可复制、可推广的价值，比过去经济特区时期的"先行先试"要求明显提高。未来深圳的发展需要更加强调内生性、自主性和创新性。同时，在"百年未有之大变局"背景下，如何实现共同富裕这一体现中国特色社会主义制度根本优越性的目标，对中国赢得与西方发达国家的竞争具有决定性作用。这就要求深圳实现由"后发优势的利用者"向"先发优势的创建者"、由"领跑者"向"示范者"、由"先富者"向"带富者"的三重转变。需要深圳依靠创新，探索出一条与众不同的发展新路，这不仅体现在某个领域的某项具体政策上，而且体现在对整个城市经济、产业、生态、社会等多领域工作的清晰统筹管理机制上。从发展战略的构成要素分析，城市发展方向的确定与坚持、政府内部治理结构、政府与市场关系的联通机制、支撑市场主体高质量发展的运行机制，都是发展战略中可被模仿和借鉴的地方，也是深圳未来发展需要重点突破之处。而过去的所谓西方发达国家的发展经验无法复制，许多国家在向西方发达国家的学习中走向了混乱。

"一带一路"倡议与西方的全球化不同，具有很强的创新性。始于2000多年前的古丝绸之路，既是通往沿线各国的商贸之路，也是东西方文化交流、文明互鉴之路，更是平等互利、合作共赢之路。今天，中国提出的"一带一路"倡议是对古丝绸之路文化与精神的传承与弘扬，是推动欧亚非经济合作的一种经济行为。古代丝绸之路的形成与发展揭示出这样一个道理：没有共同需求和共同利益就没有丝绸之路；有了共同需求和共同利益没有共同目标，丝绸之路就没有发展方向。"一带一路"倡议立足于沿线各国谋求经济发展的利益诉求而提出，为打造互利共赢的"利益共同体"提供了可能。致力打造"人类命运共同体"的目标，表达了中国希望与沿线国家携手共建、同舟共济，实现互惠互利、共同发展的良好意愿。"一带一路"是打造政治上讲信修睦、经济上合作共赢、安全上守望相助、文化上心心相印、对外关系上开放包容的"人类命运共同体"的路径和支撑、桥梁和纽带。"一带一路"创新了全球化的思路和路径。无论是"政策沟通、设施联通、贸易畅通、资金融通、民心相通"，还是"六大经济走廊"（中蒙俄、新亚欧大陆桥、中国—中亚—西亚、中国—中南半岛、中巴、孟中印缅）连接众多发展中国家，抑或是亚洲基础设施投资银行、丝路基金等新的投融资渠道，都秉持和平合作、开放包容、互学互鉴、互利共赢的丝路精神将各国人民在"一带一路"平台上紧密联系在一起，相互开放，加强合作，共同发展。"一带一路"将推动"开放、包容、平等、合作"的未来经济合作模式，创新全球化的内涵与外延。"一带一路"相关国家扩大相互开放，亚欧大陆各层面互联互通，在平等基础上加强合作，将为世界经济增长提供强劲的新动能。

（三）两者都强调共享发展成果

中国特色社会主义先行示范区体现的是中国特色社会主义，而不是别的什么主义，人民共享发展成果是它的题中应有之义。共同富裕是中国特色社会主义制度的根本要求，也是人类社会有史以来尚未实现过的目标。从现有城市发展轨迹分析，资本主义制度下的城市，最终都形成了贫富差距极大的发展格局，使广大城市居民很难分享城市发展红利，直接导致不同阶层间的收入差距越来越大，整个城市逐渐陷入分裂的鸿沟。因此，在城市发展过程中，如何避免单一的既得利益集团垄断城市发展红利甚至阻碍城市发展，是深圳在探索中国特色社会主义先行示范区发展道路过程中需要高度重视的问题。深圳建设成为中国特色社会主义先行示范区的改革实践必将在打造经济特区升级版、实现全体人民共同富裕上"先行一步"，成为新一轮深化改革开放、推动共同富裕的成功范例。在2020年10月发布的《深圳建设中国特色社会主义先行示范区综合改革试点实施方案（2020—2025年）》中，实现共同富裕是核心思路。实现分配更加合理公平，缩小收入差距，才能使改革成果更多更公平地惠及全体人民。该方案对完善要素市场化配置体制机制的各项顶层设计做了详细阐述，明确了土地、劳动力、资本、技术、数据等生产要素改革的方向，确定了由市场评价贡献、按贡献决定报酬的机制。这既是对我国分配制度、对生产要素构成等认识的持续深化，同时也是对中国特色社会主义政治经济学理论的新运用、新发展。

共建"一带一路"是让世界共享经济发展的成果。一花独放不是春，百花齐放春满园。中国奉行互利共赢的开放战略，既从世界汲取发展动力，也让中国发展更好地惠及世界。一直以来，中国积极主张建设开放、包容、普惠、平衡、共赢的经济全球化，并且采取积极行动让不同国家、不同阶层、不同人群共享经济全球化的好处；坚定不移地继续实施互利共赢的开放战略，既向发达国家开放，也向发展中国家开放，既向大国开放，也向小国开放，欢迎各国搭乘中国发展的"快车""便车"，努力改变中小发展中国家在经济全球化进程中被边缘化的局面；倡导全球经济治理体系必须反映世界经济格局的深刻变化，推动增加新兴市场国家和发展中国家的代表性和发言权，以更加公正合理有效的全球经济治理体系保障经济全球化健康发展。"一带一路"倡议就是要把各方潜力挖掘出来，把彼此的互补性结合起来，把不同国家的利益融汇起来，把不同文明的优秀基因融合起来，从而营造地区稳定和平的政治环境，促进地区经济合作。"一带一路"鼓励向发展中国家开放、向经济开放、向西开放，带动西部开发以及中亚、蒙古等内陆国家和地区的开发，在国际社会推行全球化的包容性发展理念；同时，"一带一路"是中国主动向西推广中国优质产能和比较优势产业，将使沿途、沿岸国家首先获益，也改变了历史上中亚等丝绸之路沿途地带只是作为东西方贸易、文化交流的过道而成为发展"洼地"的面貌。这就超越了欧洲人所开创的全球化造成的贫富差距、地区发展不平衡，推动建设持久和平、普遍安全、共同繁荣、开放包容、清洁美丽的世界。

（四）两者都秉承绿色发展理念

绿色发展是建设中国特色社会主义先行示范区的先决条件。深圳要成为高质量发展高地、可持续发展先锋，实现经济社会发展和生态环境保护协同共进，为人民创造良好的生产生活环境，离不开绿色发展。《中共中央 国务院关于支持深圳建设中国特色社会主义先行示范区的意见》中明确要求深圳率先打造人与自然和谐共生的美丽中国典范，做可持续发展先锋。牢固树立和践行绿水青山就是金山银山的理念，打造安全高效的生产空间、舒适宜居的生活空间、碧水蓝天的生态空间，在美丽湾区建设中走在前列，为落实联合国2030年可持续发展议程提供中国经验。完善生态文明制度，实行最严格的生态环境保护制度，构建以绿色发展为导向的生态文明评价考核体系，探索实施生态系统服务价值核算制度。构建城市绿色发展新格局，加快建立绿色低碳循环发展的经济体系，构建以市场为导向的绿色技术创新体系，大力发展绿色产业，促进绿色消费，发展绿色金融。继续实施能源消耗总量和强度双控行动，率先建成节水型城市。

推进绿色"一带一路"建设，是顺应和引领绿色、低碳、循环发展国际潮流的必然选择，是增强经济持续健康发展动力的有效途径。当前，全球和区域生态环境保护面临的挑战依然严峻，良好的生态环境成为各国经济社会发展的基本条件和共同需求，绿色发展和生态环境保护成为各国共同追求的目标和全球治理的重要内容。"一带一路"地区资源丰富，但生态环境复杂多样、脆弱敏感，沙尘暴、干旱、水土流失、地震等自然灾害频发，经济发展差距极大，陆上丝绸之路高空可能是污染、沙尘传输的重要通道。绿色"一带一路"建设是"一带一路"倡议的重要组成部分。2015 年 3 月发布的《推动共建丝绸之路经济带和 21 世纪海上丝绸之路的愿景与行动》明确提出了加强生态环境合作、共建绿色"一带一路"的主张。2016 年 8 月 17日，在推进"一带一路"建设工作座谈会上，习近平总书记提出，要聚焦携手打造绿色丝绸之路、健康丝绸之路、智力丝绸之路、和平丝绸之路，让"一带一路"建设造福沿线各国人民。推进绿色"一带一路"建设，有利于务实开展合作，推进绿色投资、绿色贸易和绿色金融体系发展，促进经济发展与环境保护双赢，服务于打造利益共同体、责任共同体和命运共同体的总体目标。2017 年 4 月 26 日，环境保护部、外交部、发展改革委、商务部联合发布《关于推进绿色"一带一路"建设的指导意见》，为高效落实该意见，将路线图转化为建设施工图，环境保护部还正式发布《"一带一路"生态环境保护合作规划》。共建绿色"一带一路"，为沿线国家经济发展注入新动力新理念，推动"一带一路"高质量发展，可以促进当地经济发展、生态环境保护和社会不断进步，使"一带一路"建设进入良性循环发展阶段。

三、先行示范区建设是"一带一路"建设的助推器

（一）在基础设施和外贸、投资领域推进"一带一路"建设

作为中国特色社会主义先行示范区，深圳是中国改革开放的重要窗口和粤港澳大湾区的核心城市，对"一带一路"建设具有巨大的推动作用。从区域层面看，深圳作为改革开放的前沿城市，地处粤港澳大湾区和"海上丝绸之路"战略要冲，地理位置优越，是内地唯一与香港接壤的城市，是香港与内地的重要通道。正是看重深圳的重

要位置，最高人民法院的两个国际商事法庭的其中一个就设在深圳。随着"一带一路"设施联通、贸易畅通和资金融通的深化，法院受理的国际贸易、国际工程承包、国际物流等跨境商事纠纷不断增加。在深圳设立国际商事法庭可以解决我国涉外法律服务水平与经济社会的开放和发展速度不相匹配的问题，具有推动粤港澳大湾区建设的独特区位优势，该法庭是辐射海上丝绸之路的重要经济支撑带。深圳按照专业化、市场化、菜单式、可持续的发展原则，实现与欧亚间的"运输网"更紧密的连接与联系，加强对外文化贸易等文化产业的重点工作改革创新，丰富文化产业发展方式，发挥体制优势、开放优势、产业优势、科技优势和引领作用。

改善交通基础设施，打造"一带一路"枢纽城市。深圳 21 世纪海上丝绸之路"港口链"已初步成型，截至 2020 年第一季度，深圳港的国际友好港数量达到 26 个，其中"一带一路"沿线国家友好港 12 个；深圳港连接"一带一路"沿线国家班轮航线达 186 条；截至 2019 年底，深圳机场国际客运通航城市 60 个，连通"一带一路"沿线的 17 个国家 36 个城市。作为城市对外窗口和重要公共服务平台，深圳机场依托深圳良好的区位优势和市场环境，主动服务城市发展大局，以连通"一带一路"沿线主要城市作为国际航线拓展的着力点之一，加快构建连通沿线国家主要城市的"4 小时航空圈"和连通全球主要城市的"12 小时航空圈"。2020 年 8 月 18 日，"湾区号"中欧班列从深圳平湖南国家综合物流枢纽站首发，经新疆阿拉山口出境后驶向德国杜伊斯堡，全程仅需 16 天，比海运缩短了半个月。2020 年 10 月 16 日，"湾区号"深圳至布达佩斯的新线路开通，而此前开通的"深赣欧"线路运行也十分平稳。

发挥外贸作用，助推"一带一路"市场成长。随着中国与"一带一路"相关国家和地区合作不断深化，共享机遇、共同发展等理念在国际贸易中充分显现。据深圳海关统计，2019 年深圳对"一带一路"沿线相关国家和地区的进出口值为 6593.8 亿元，比 2018 年增长了 6.2%。在海关政策的支持下，2019 年不仅鲜活水产品的业务量增长了 5 倍，还拓展了"一带一路"沿线相关国家和地区的燕窝、水果等冷链类进口高端货物，生鲜冷链类业务量和商品种类大幅增长。近年来，深圳机场海关聚焦生鲜冷链类货物增长，通过创新监管机制，支持深圳机场建设全功能货运门户口岸。"一带一路"沿线相关国家和地区利用便利条件，推动优质水产品、水果进入内地市场。受益于"一带一路"建设的不仅仅是货物贸易，在深圳宝安国际机场，来往于"一带一路"沿线相关国家和地区的旅客通关体验不断提升。深圳机场海关综合分析"一带一路"沿线相关国家和地区旅客出入境动态和海关监管现场承载能力，动态调配监管人力，制定新航线拓展规划，优化深圳机场通关流程；对接机场安检系统与海关后台远程判图系统，实现入境先期机检，提升旅客通关体验。2020年以来，尽管受新冠肺炎疫情影响，国际外贸低迷，但深圳出台稳外贸稳外资措施，充分释放政策红利，支持企业拓展"一带一路"市场。据深圳海关统计，2020年前三季度，深圳对"一带一路"沿线国家和地区进出口贸易额达4784.2亿元，同比增长3.6%。东盟是深圳在"一带一路"沿线最大的贸易伙伴，深圳对其贸易额增长幅度高于整体。2020年前三季度，深圳对东盟进出口额为3365.3亿元，同比增长9%，占"一带一路"贸易总体的七成，其中对马来西亚、越南、泰国等国家进出口增幅较大。

扩大对外投资，助推"一带一路"市场做大。受新冠肺炎疫情冲击，2020年国内外经济形势低迷，在疫情与外部经济环境的双重压力下，深圳对外投资规模仍然保持了增长态势，这一成就的背后是深圳建设"一带一路"的决心。2020年上半年，深圳市对"一带一路"沿线国家和地区进出口额达3015.6亿元人民币，比上年同期增长5.5%，其中超过1/5的深企境外投资项目都投向了"一带一路"沿线国家和地区，1000万美元以上的大项目就有38个，示范效应显著增强。深圳企业与"一带一路"沿线国家和地区在先进制造业、能源资源、港口、产业园区、轨道交通等领域广泛展开合作，较具有代表性的有深圳能源集团投资的加纳安所固电厂、拉姆Ⅱ期水电站、越南正胜风电等项目，深圳地铁集团埃塞俄比亚轻轨运营维护、以色列特拉维夫"红线轻轨"运营维护等项目，深圳的发展经验对"一带一路"沿线国家和地区都有借鉴作用。"一带一路"沿线国家大多是新兴经济体，往往面临着自身经济结构单一、产业结构落后、对外资依赖过高等问题。而这些问题深圳也都经历过，并给出了自己的答案：开放。不论是40多年前的改革开放，还是近年来的"一带一路"建设，深圳探索了许多发展方法和模式，而其中不变的就是坚持开放的决心。如今，深圳的创新文化、制造业文化，互联网、高科技企业快速发展的经验，吸引众多高学历甚至全世界人才的经验和模式，随着中国企业出海的步伐，被推广到了"一带一路"沿线各个城市，帮助它们实现快速发展。可以说，深圳与"一带一路"相互成就、相互促进，在寻求国家利益的同时，也可以以"达则兼济天下"的气度与开放精神兼顾沿线国家利益，实现共赢。

（二）在合作机制和科技、文化领域推进"一带一路"建设

构建"一带一路"沿线国家合作平台机制，助推与"一带一路"沿线国家交流合作。深圳应与"一带一路"沿线国家签署合作备忘录或合作规划，建设一批双边合作示范。建立完善双边联合工作机制，研究推进"一带一路"建设的实施方案、行动路线。2020年，深圳出台参与"一带一路"建设三年行动方案，持续深化外商投资管理体制改革；构建起"一带一路"综合服务体系，扩展服务产品，完善服务平台；不断提升服务"一带一路"建设的营商环境法治化水平。这些都是充分保障"一带一路"建设行稳致远的重要措施。可以说，深圳正在用全方位的政策将自己打造成一个开放平台，让中国企业敢于走出去，也让外资企业乐于走进来。过去，深圳用开放包容的经济思维带领着中国实现工业化，走向繁荣。而在未来，深圳将进一步与"一带一路"结合，为其他城市提供借鉴，让深圳的成功经验和资本一起"走出去"，在帮助其他发展中国家的同时开拓新的市场。深圳前海已成为对外开放的重要窗口。从"三天一层楼"的深圳速度，升级为"三天一制度"的创新效率，改革开放的"前海模式"累计形成制度创新成果560项，其中51项在全国推广、69项在广东省推广。

从前海到深港科技创新合作区，从贸易制度创新到深港创新资源融合，从推动"一核一带一区"高质量协同发展到服务国家"一带一路"建设，深圳锚定"全球标杆城市"目标，以增强粤港澳大湾区核心引擎功能为重点，加快构建全面开放新格局。

发挥科技优势，助力企业增强拓展"一带一路"市场的竞争力。深圳先进科技应用走在全国乃至世界的前列。2020年8月，深圳市实现5G独立组网全覆盖，成为全国乃至全球首个实现5G独立组网全覆盖的城市。在场景应用方面，深圳已在交通、警务、城管、水务、医疗、教育、旅游等10个政务领域，以及超高清视频、智能网联汽车、联网无人机、工业互联网等10个垂直行业领域确定一批5G应用示范项目。目前，深圳已布局首批88个新基建项目，总投资超过4000亿元。在深圳前海，以信息通信技术物料供应链中心为核心的粤港澳大湾区电子元器件集散地蓬勃发展，这是蛇口海关助推前海综合保税区产业集群招大引强、转型升级的一个缩影。蛇口海关坚持"要素集聚＋空间集聚"双核驱动，以龙头企业带动配套企业，在园区内形成上下游企业"一盘棋"融通发展新格局，有力地增强了企业拓展"一带一路"市场的竞争力。2020年前三季度，深圳对"一带一路"沿线国家出口机电产品1802亿元，同比增长2.1%，电脑、液晶显示板、智能手机等产品深受"一带一路"沿线国家青睐。此外，传音手机在非洲市场占有率第一，迈瑞、理邦、开立等企业的医疗器械产品也成功打入东南亚和欧洲市场。

发展文化产业，提升对"一带一路"沿线国家的文化影响力。"一带一路"国际音乐季、深圳设计周、深圳读书月、文博会等知名文化品牌，不断提升深圳的文化软实力，为"一带一路"注入文化内涵。"一带一路"沿线国家正成为深圳企业拓展业务和展示品牌的新舞台。近年来，越来越多的深圳企业尤其是外贸企业响应"一带一路"倡议，积极在"一带一路"沿线国家拓展市场。以前深圳企业到国外参展只为拿下订单，而随着企业品牌意识和品牌竞争力的提升，越来越多的企业不仅希望产品"走出去"，也希望品牌"走出去"。

第六章

"一带一路"背景下
世界湾区建设交流互鉴

世界一流湾区，如纽约湾区、旧金山湾区、东京湾区等，经过多年的进化，形成了有特色的经济生态和发展模式，不仅成为所在国重要的经济发展动力来源，还成为带动全球经济或区域经济发展的重要增长极，并引领全球的科技、创新和变革潮流，得到世界的关注，进而被作为一种促进区域经济增长的现象去研究。不同国家的湾区经济都具有独特的当地特色和历史背景，反映的是当地政治经济制度、社会形态、经济治理及组织方式、国家实力、人文文化等综合特征。总结它们的经验和教训，对于后起湾区来说，在发展思路和规划路径等方面，有一定的借鉴意义。同时还应意识到，许多独特性的经验往往是难以完全复制或不能复制的，这也解释了为什么纽约湾区、旧金山湾区和东京湾区各具特色，而不是某一模式的复制。

在纽约、旧金山和东京这三大湾区中，有两个金融中心（纽约和东京），旧金山以科技创新闻名世界，东京以高端制造业的积聚形成了有日本特色的竞争优势，纽约不断转型，又以"硅巷"使金融中心加上了高科技的光环。这些湾区在成长过程中，有着各自的经验和教训及借鉴意义。纽约湾区、旧金山湾区和东京湾区基础设施的规划建设，产业发展的科学布局，都有本地特色和对经济生态的考量。而在城市环境的治理改善、城市管理的提档升级方面，对政府的角色和市场作用的倚重也有差异。各自的经济环境、历史发展路径、发展重点的定位和未来发展方向描述，以及思维和认识上的差异，都导致对湾区发展驱动力的识别和应用上的不同。这就需要认识到粤港澳大湾区的独特性，坚持"四个自信"，结合中国发展特点和社会主义的历史使命，创新吸取其他湾区发展的经验，发展和建设有中国社会主义特色的湾区经济，进而推进"一带一路"建设。

第一节 纽约湾区建设的
经验、教训及借鉴意义

一、纽约湾区的地理构成和转型历程

（一）纽约湾区的地理构成

纽约湾区一般是指"纽约大都市区"（New York Metropolitan Area），也称"大纽约区"（Greater New York）。根据纽约"区域规划协会"（Regional Plan Association）网站介绍，纽约大都市区包括纽约、新泽西、康涅狄格三个州，31 个县，782 个城市，有 2300 多万人口，占地面积 1.3 万平方英里（约 3.4 万平方千米）。因为区域内这三个州之间的交通和通信联系密切，同属一个住房和劳动力市场，还被称为"三州区"（Tri-state Area）。

根据美国管理和预算办公室（The Office of Management and Budget，OMB）对纽约湾区的定义，纽约湾区有两个统计概念，一个是大都市统计区（Metropolitan Statistical Area，MSA），另一个是联合统计区（Combined Statistical Area，CSA）。两者都有明确的地理边界，前者偏重纽约湾区各州的统计联系，后者则偏重纽约湾区内的核心城市经济和社会联系。按照 MSA 口径统计，纽约湾区面积为 6720 平方英里（17405 平方千米），而按 CSA 口径统计，湾区面积为 13318 平方英里（34493 平方千米）；2017 年 MSA 口径的纽约湾区人口为 2030 万，按 CSA 口径的人口则为 2370 万。

CSA 口径统计的纽约湾区与纽约规划协会的基本一致。按美国管理和预算办公室 2018 年 7 月发布的最新定义，纽约湾区 CSA 完整统计名称为"纽约—纽瓦克—布里奇波特，纽约—新泽西—康涅狄格—宾夕法尼亚联合统计区"（The New York–Newark–Bridgeport，NY–NJ–CT–PA Combined Statistical Area），包括 8 个大都市统计区（Metropolitan Statistical Area）和小都市统计区（Micropolitan Statistical Area）。

（二）纽约湾区的转型历程

2019 年，纽约湾区的"区内生产总值"（Gross Metropolitan Products，GMP）约为 2 万亿美元。如果把纽约湾区作为一个单独国家，纽约湾区的 GDP 世界排名可达第八位，可谓是一个"巨无霸"级别的美国区域经济。纽约湾区的经济总量与美国其他都市圈相比，也遥遥领先（见图 6–1）。

纽约湾区能够取得今天的经济成绩，并且在经历上百年的发展后仍能保持经济活力和领先地位，与纽约湾区持续不断的产业转型有直接关系，也与同期美国在全球经济地位的提升分不开。

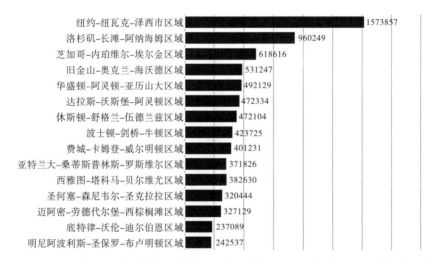

图 6-1　2019 年纽约湾区与美国其他主要都市实际 GDP 对比（按 2012 年美元计算，单位：百万美元）①

① https://www.statista.com/statistics/248083/real–gross–domestic–product–gdp–of-the–united–states–by–metropolitan–area/。

第一，贸易发展带动制造业。

从历史来看，贸易是纽约湾区走向发展的起始点，而纽约湾区（以纽约港为核心）的天然良港为其发展贸易的天然条件，这就是所谓的湾区优势。

起初，纽约的贸易以农产品为主，其贸易港的地位是随着欧洲的贸易发展而确立的。1800年，美国的外来商品大约只有9%通过纽约港进入美国；到了1860年，这个比例已经跃升到了62%，使当时比费城和波士顿小得多的纽约，迅速发展成为美国最大的港口和城市，奠定了其贸易中心的地位。

与此同时，贸易促使纽约的制造业逐渐兴起，来自美国之外的羊毛、棉花和生丝在纽约加工制造成成品，在美国销售和出口。而到了1860年，美国的"交通革命"推动了收费公路、运河、船运和铁路建设，也促进了城市化的发展，加强了城市间的联系。由于伊利运河的连接，货物在纽约和布法罗之间的运输时间由原来的20天减少为6天，1吨货物的运费也从100美元降到5美元。

商业活动使纽约城市的规模开始扩大。1820年，纽约人口约为123700人，到了1860年增至约1080330人。纽约与周边及其他州的联系因为交通系统发达而日益密切，其航运中心的地位得到进一步巩固。

繁荣的对外贸易加上便利的交通运输推动纽约本土制造业在19世纪初逐渐兴起，到1860年，纽约制造业产值便已是全美第一，成为美国制造业的中心，并逐渐形成了以铁路机车、轻工、服装、制糖等为主要支柱的产业格局。此时纽约的繁荣催生了金融服务业，间接地促使华尔街地位逐渐确立，为纽约成长为金融中心打下了坚实的基础。

第二，以金融为核心的产业转型。

贸易带来了人口、货物和财富，各种产业和业态在经济环境变化和竞争互动中，不断地调整和转型。第二次世界大战后，美国成为世界上经济最发达的国家，在世界经济体系中的地位达到顶峰，而纽约也进入了鼎盛时期。

1946年，联合国总部设于纽约，纽约成为国际政治中心城市。

20 世纪 50 年代初，纽约湾区的产业结构开始发生变化，纽约市和纽约州都出现了制造业就业下降的趋势（见图 6-2、图 6-3），而且一直延续到 21 世纪初。

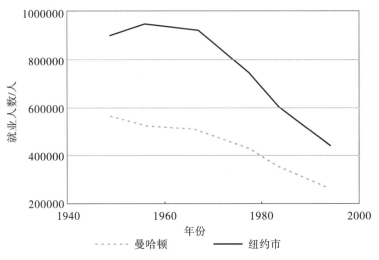

图 6-2　纽约市制造业就业人数变化情况①

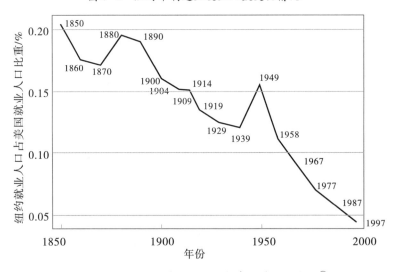

图 6-3　纽约州制造业就业人数在全美份额变化②

①　Statistical Abstracts of the United States, 1949, 1956, 1967, 1977, 1983, 1994, 2004. Edward L. Glaeser: Urban Colossus: *Why is New York America's Largest City?* p7 - 24, FRBNY Economic Policy Review. 2005 - 12.

②　美国人口普查局，Edward L. Glaeser: *Urban Colossus: Why is New York America's Largest City?* p7-24, FRBNY Economic Policy Review. 2005 - 12。

也就是在同期，纽约的服务业的产值超过制造业，成为城市主导产业。与此同时，纽约生产性服务业获得了较快的发展，尤其是以银行、保险、商务咨询、设计、广告等为代表的新兴服务业。从图6-4中纽约市的金融、保险、地产业就业份额的变化看，纽约市的服务业占比高于美国的平均比例。

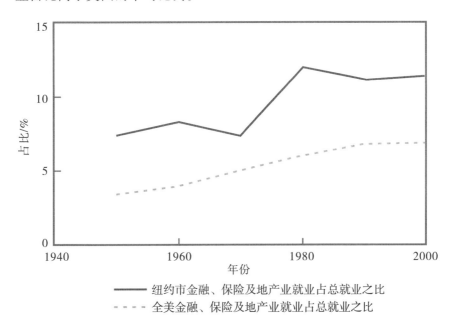

图6-4　纽约市金融、保险及地产业就业人数在全美份额变化情况①

城市劳动力、商务成本等的不断上升，推动制造业从中心城市迁出，纽约湾区进入后工业化阶段。产业的强大和美元霸权的逐步建立又推动了金融保险、专业服务等服务业快速兴起。布雷顿森林体系使得美元成为世界硬通货，这是纽约成为全球金融中心之一的重要因素，它使得纽约外汇市场的运作影响着全球外汇市场。20 世纪70 年代以后，纽约逐渐超过伦敦，成为世界金融的核心中枢，并在之后继续强化其金融中心地位。

曼哈顿是世界上最大的中央商务区（CBD），其中的华尔街号称世界金融的心脏。在面积不足 1 平方千米的华尔街金融区内，更集中

①　美国人口普查局，Edward L. Glaeser: *Urban Colossus: Why is New York America's Largest City?* p7–24, FRBNY Economic Policy Review. 2005–12。

了超过 240 万人，3000 多家银行及股票交易所、保险公司等金融机构，是名副其实的"金融湾区"。冷战后，纽约湾区继续利用其世界金融的核心地位，在金融业、奢侈品行业、都市文化等方面持续强化其世界性影响力。

产业结构的转型带动了当地居民收入水平的提高，如果以纽约人均收入对比全美平均水平作为评判标准，转型初期的 1970 年该比例约为 115%，到转型完成后的 2000 年，该比重已经提高至 168%。

当前，在纽约产业结构中，制造业比重不高，但仍保留服装业、印刷业和食品业等典型都市型产业。第三产业比重超过 90%，其中，房地产业占比约 25%，金融业占比超过 20%，科学研究和技术服务业占比超过 10%，构成了比重最大的三个行业。

第三，占领科技创新高地。

如前所述，纽约湾区在拥有世界大型港口的基础上，升级为制造业中心，通过资本集聚和美元霸权地位，把纽约发展为世界金融中心。在互联网技术等一系列科技创新浪潮中，纽约湾区又一次面临新的发展机遇。

20 世纪 90 年代，当纽约市的"硅巷"刚刚起步时，美国纽约州政府开始考虑如何在知识经济蓬勃兴起的大背景下，以高新技术推进经济发展，通过发展经济提供就业机会。新泽西州则在 1985 年成立了新泽西州科委，在发展 IT 产业上开始布局。如今，新泽西州因获得了近 4500 项电子计算、数字处理、数据系统、信息安全、半导体设备和电信方面的专利，跻身美国创新能力前五之列。

纽约湾区内的各州在占领科技创新高地的努力中，取得了不同程度的成功，最典型的是纽约"硅巷"的起落沉浮和最终崛起的过程。

"硅巷"的发展之路坎坷，先后遭受了经济危机和金融危机的打击，以灵活和顽强的生命力，从经济危机中寻找生机，又在金融危机中寻求发展壮大的空间。在发展—衰退—再发展的周期中，"硅巷"历经生死考验，发展壮大，至今已经成为纽约第二大产业，并超越波士顿成为全美排名于硅谷之后的第二大科技重镇，成为美国的"新科技首都"。

与"硅谷"不同,"硅巷"中的科创企业并非单纯的互联网企业,而是将互联网技术与纽约的传统产业相结合,形成更具生命力的新经济模式的企业。

"硅巷"位于纽约曼哈顿,以中城南区的熨斗大厦、切尔西地区、苏荷区和联合广场为起点,逐渐向曼哈顿下城和布鲁克林蔓延,如今"硅巷"已演变成一个概念,而非特定地点,是一个无边界的高科技园。

1990—2000年,伴随着互联网产业的蓬勃发展,"硅巷"的新媒体产业融入大量高科技,纽约开始形成科技、艺术与商业融合的新经济模式。到1999年,纽约已经有3831个高新科技企业,提供近14万个就业岗位;2000年,政府预测"硅巷"未来会有20万个就业岗位,需260万平方米办公面积,于是对曼哈顿西岸和皇后区长岛市进行密集开发,"硅巷"发展达到第一次高峰。

然而,2001年互联网泡沫破灭,大量科技公司破产,"硅巷"迎来第一次挑战,发展受阻,"硅巷"范围也开始收缩。到了2004年,"硅巷"已经基本从2001年的互联网危机中恢复,企业总数达到3893个,回到1999年高峰时的水平。

2007年美国爆发金融危机,华尔街再一次受到重创,纽约州政府更加清晰地认识到过于单一的财政收入对城市发展的不利影响,寻求多元化发展方式,并将高科技产业作为新的发展方向。在纽约州政府的积极推动下,纽约科技就业岗位从2008年到2012年增长了28.7%,达到4.1万个,高科技产业成为纽约仅次于金融业的第二大产业[①]。到了2019年,拥有2000多万人口的纽约都市圈有大约68万个技术从业人员。

有学者把"硅巷"模式称为"东岸模式"。"东岸模式"的业务大多集中在互联网应用技术、社交网络、智能手机及移动应用软件上,创业者们注重把技术与时尚、传媒、商业、金融服务业结合在一起,

---

① 黄斌:《纽约硅巷发展历程及其对北京转型的启示》,2020年1月13日,https://www.sohu.com/a/366652457_651721。

开掘出科技创新的新增长点，与传统的"西岸模式"相比，已经形成差异化优势。与"硅谷"的郊区科技园不同，"硅巷"发展路径的实质就是让科技回归城市，利用纽约的城市活力、多元文化的碰撞和交融、与在纽约的领先产业的互动，为科技创新提供了最佳机遇。

（三）纽约湾区金融中心地位与美元霸权

美元霸权是指美元在执行世界货币职能的过程中，给美国带来了诸多经济利益，但同时可能给其他国家经济造成各种负面影响。美元霸权是依靠一套非常复杂的金融体制来维系的。在人类金融事务中，美元是第一个由一国不兑现黄金的纸币通过浮动汇率和自由兑换强加的货币霸权，全球化的金融市场和华尔街的金融市场操纵能力使这种货币霸权的形成成为可能。

纽约成为世界金融中心之首，直接影响着全球的经济、金融、媒体、政治、教育、娱乐与时尚界，在商业和金融方面发挥巨大的全球影响力，与美元的霸权地位直接相关。

自 1944 年布雷顿森林体系确立以来，美元取代英镑，世界货币体系步入了美元时代。该体系的主要内容除货币储备机制、汇率安排机制和国际收支调节机制外，最重要的是"双挂钩"机制，即美元与黄金挂钩、各国货币与美元挂钩。虽然布雷顿森林体系在 1971 年宣告解体，但美国凭借随后建立的石油美元体系，使美元国际货币的地位得以继续保留并进一步稳固。借助美元在全球的影响力，纽约湾区的金融中心地位才得以维持。

金融业是纽约湾区产业结构金字塔的塔尖，也是曼哈顿作为纽约市 CBD 的核心产业，创造了最大的附加值，同时形成对全球和美国经济的巨大影响力。

证券业是纽约金融业中最大的部门，提供了超过 50% 的金融服务就业岗位。纽约股票交易所（NYSE）、纽约交易所市场（NYSE MKT）、美国证券交易所（AMEX）、纽约贸易委员会、纽约商品交易所（NYMEX）、纳斯达克（NASDAQ）都位于曼哈顿下城。在 2008 年的金融危机之前，美国最大的五家证券交易企业都把总部设在曼哈顿。2013 年 7 月，NYSE Euronext(纽交所与泛欧交易所合并后的巨型金融公司)从英国银行业协会手中接管了伦敦银行间拆借利率的管理权，进一步强化了华尔街全球金融中心的地位。

二、纽约湾区建设的成功经验和主要教训

（一）纽约湾区建设的成功经验

从产业发展路径上看，纽约湾区利用发展外向型经济的良好条件，使商贸、制造业和金融行业在区域内聚集，并经过产业"优胜劣汰"的转型发展，才成为今天全球经济的领导者。

第一，政府及民间机构共同推进城市集群的协调发展。

纽约湾区是美国实力最强的城市集群，纽约市的强势地位要求纽约湾区必须协同发展，才能保持其美国经济中心的地位。周边的 3 个州则需要差异化发展，才能形成与纽约湾区的互补关系，保持并提高其世界一流城市的地位。在这一方面，纽约湾区的各级政府和民间社会组织的互动，为创造良好的制度环境做出了贡献。较具特点的"官民"共同协调湾区社会经济的活动就是纽约湾区的四次区域总体规划。四次区域总体规划覆盖了纽约湾区近百年的发展，建立了一批重要的基础设施、经济开放空间、经济发展项目，通过一系列引导性政策，使纽约湾区不断强化和促进产业转型升级。此外，"官民"互动模式，推动地方政府寻求跨区域合作解决方案，创新合作体制和机制，合理地统筹资源配置，促进纽约湾区的整体发展。

第二，政府调控与宽松自由的竞争环境共存。

纽约湾区内的各级政府在制定和实施政府调控措施时，最大限度地保护自由的竞争环境。政府政策措施的着力点放在"补短板"和控制野蛮生长上，建立起既竞争又互补、既分工明确又一体化的不断创新进步的区域经济关系。

例如，20 世纪 80 年代，纽约市政府实行了城市工业园区战略。通过建立"袖珍工业园区"和"高科技产业研究园区"，使一些知识密

集型的制造业和生产性服务业得到发展。同时，通过实施"数字化的纽约，线路通向全世界"的产业发展战略，推动非营利服务型组织（教育机构、各产业协会等）、房地产、技术服务商三方的互利合作，共同建设高新技术区域。2015 年 11 月，纽约市政府发布"10 点工业行动计划（10-point Industrial Action Plan）"旨在发展 21 世纪工业和制造业。通过这些引导性的政策，纽约的生产性服务业、知识密集型产业等新兴产业得以加速发展。

美国工业岗位联盟对纽约市
10 点工业行动计划及三年后实施效果评价

1. 投资纽约市自有工业

得分：A

作为 10 年资本计划的一部分，纽约市将投资 4.42 亿美元用于城市工业产权。该金额包括：

布鲁克林陆军航站楼：1.15 亿美元，用于开发 50 万平方英尺的空间

布鲁克林海军船坞：1.4 亿美元，用于开发 100 万平方英尺的空间

日落公园：3700 万美元的基础设施投资，用于支持数千个新的和现有的工作岗位

亨茨角（Hunts Point）：1.5 亿美元，用于保护 322.5 万平方英尺空间

评价：纽约市政府兑现了承诺，对纽约市政府所拥有的工业地产投资了 4.42 亿美元。布鲁克林海军船坞用于新式及创新发展的主计划，是具有前瞻性的城市制造业发展的规划。

2. 在核心工业区限制新酒店和自储仓发展，以减少用途冲突并支持多元化经济增长

得分：C

限制核心工业区的新酒店和个人存储仓，以减少用地冲突，支持

多元化经济增长：纽约市将针对旅游酒店和个人小型仓储设施制定新的措施，以保护工业和制造业。

评价：市政府承诺限制个人存贮仓和酒店在21个"工业商务区"的发展以保护制造用途的空间。虽然纽约市颁布了个人存贮仓的文字修订，但城市规划局却展示了使原来政策意图弱化的版本。在酒店限制方面，限制措施被延迟出台，使得酒店项目有更多时间在区划行动前开工建设。政府需要进一步针对竞争用途的出台限制措施，以确保政策目标的实现。目前，城市规划局没有承诺采取任何额外限制措施。

3. 为灵活工作空间及创新区创建新模式

得分：F

为响应工业和制造业经济不断变化的需求，政府将为纽约市的创新区制定框架。该框架将有助于将轻工业、商业和有限住宅混合开发，找寻最佳方式，以支持21世纪的工作与生产的方式。

评价：市政府没有推进"创新区"的区划框架，城市规划局也没有按原承诺时间完成期待已久的北布鲁克林研究报告，结果造成混合用途的项目和周边制造区的再区划在没有一个整体的框架下依然进行。城市规划局领导力的缺失，包括没有任何关于强制执行的改革方案，使得社区各自编撰自己的解决方案。按照目前北布鲁克林变化速度和现有周边再区划的个数，区划模式的缺失将是一个越来越明显的失败。

4. 加强核心工业区建设，禁止住宅建设

得分：B

市长和市议会确保核心工业区的空间仍然可用于工业和制造业，为所有纽约市民创造一系列优质中产阶级的工作。IBZ目前不允许住宅用途，理事会或主管部门不会支持"工业商务区"（IBZ）住宅用途的私人申请，并投资工业和制造业的长期发展，帮助创造和恢复可负担的现代化工业空间。

评价：政府和市政厅都发声不支持把"工业商务区"变成住宅用途，但此项承诺并没有成为法律文字或立法。尽管政府反对把制造用地转用于住宅用途的态度十分明确，但是并没有一个在"工业商务区"以外将制造用地转用于住宅用地的清晰标准，而这个标准对于周边再区划并实现政策目标是必要的下一步措施。

5. 启动非营利工业和制造基金以刺激发展

得分：B

纽约市将首次启动工业和制造基金，以刺激非营利和任务驱动的开发商创造新的工业和制造业空间。该基金将提供 6400 万美元的城市贷款和补助金，这将反过来利用额外的 8600 万美元的私人投资。该基金预计将为创造约 40 万平方英尺的空间和约 1200 个新工作提供动力。

评价：基金于 2016 年春天启动。尽管只有一个项目在 2018 年 10 月获得基金奖励，"经济发展公司"修改了这项计划的设计，并使这项计划的基金能够走上充分有效利用的轨道。在目前没有多少融资选项来支持创造低于市场的工业用地，该基金使非营利的工业用地开发成为可能，起到了关键作用。

6. 启动先进制造网络"纽约市未来工场"（Futureworks NYC），包括创建新的先进制造中心

得分：B

纽约市经济发展公司将利用高达 1000 万美元的公共和私人资源来建立先进制造中心。该中心将为寻求现代化运营的新企业家和已经成立的制造企业提供多达 4 万平方英尺的共享工作空间和设备，如 3D 打印机和机器人技术。该中心将作为名为"纽约市未来工场"（Futureworks NYC）的 300 万美元先进制造网络的基石，汇集行业和社区利益相关者，推动新的服务和投资更好地支持 21 世纪的制造业工作岗位。它将建立一个全市范围的资源网络，包括对先进制造业初创企业的资助，虚拟孵化器服务，把新兴企业与支持项目、业务延伸服务连接起来，帮助成熟的公司采用新技术和劳动力培训计划。纽约未来工场和先进制造中心将直接支持 3000 多个工作岗位。

评价：该项承诺于 2017 年春启动。但原先建议运营"先进制造中心"的 Tech Shop 于 2017 年 10 月倒闭，使原本可以更积极推进的

项目展开延缓，同时也使经济发展公司再次招募新运营商，并选择"斯达滕岛制造者空间"在 2019 年年初开始管理这个中心的运营。此后，经济发展公司成功启动了"未来工场孵化器"，一个硬件初创企业孵化器；"未来工场车间"，一个预制和打样的设施网络；Ops21，一个多接触点的计划，目标是使纽约市的制造商更易获得先进技术、知识和资源。到目前为止，参与先进材料、数字制造和机器人的研讨活动的制造商的反馈是正面积极的。但鉴于 2017 年路径修正要求，现在就来确定计划是否完全成功为时尚早。

7. 将"棕地启动计划"扩展到工业地产领域

得分：A

纽约市市长宣布了 50 万美元的"棕地启动计划"（Brownfield Jumpstart），该计划将帮助企业参与纽约州的"棕地清理计划"，并为工业和制造企业进行场地调查和清理工作提供资助。这个计划将释放出为纽约市民创造 200 个好工作岗位的关键用地，促进清洁、可持续的邻里社区。这些项目可通过纽约州"棕地清理计划"（BCP）获得高达 20% 的税收抵免。

评价：

该项目资助基金的扩大为创造就业的开发项目提供了更可贵的资助，并引来了 45 亿美元以上的新投资，40% 的新开发项目是创造就业的零售、商业、工业及办公室空间。它已经得到市长"环境补救办公室"在新网站社区的认可和相关成功经验推广。

8. 重新启动工业解决方案提供商网络

得分：A

纽约政府每年提供 150 万美元的基线资金，以重新启动纽约市的"工业解决方案提供商"（IBSP）网络。该计划由"小企业服务局"（SBS）运营，将为全市 21 个工业商务区（IBZ）的 400 家独特企业提供关键支持服务。参与者将获得商业教育、融资协助、招聘和培训支持，并可以浏览政府政策和获取公共奖励。IBSP 网络还将收集有关工业和制造企业的实时数据，使纽约市能够改进政策并更好地响应工业和制造企业不断变化的需求。

同时，为了满足对高技能劳动力不断增长的需求，纽约市将投入大量资源培训纽约市工人和制造业的 21 世纪就业岗位。

评价：在过去三年稳定的资金支持下，IBSP 支持了本地小企业接受教育培训、促销、获得融资和奖励，以及获得劳工服务和就业安排。该项目还帮助推广和促进工业政策的承诺，并将公司融入公共计划之中。工业解决方案提供商在为期三年的基线期间，大部分是成功的，例如在过去 12 个月里，他们促成了 3100 万美元的借贷和资助。市政府应该增加对企业所需服务的资助，并将基线时间再延长 3 年，这样可以确保企业继续享受关键服务。

9. 启动行业合作伙伴关系计划，支持劳动力发展

得分：A

纽约市将提供 75 万美元的资金，以启动工业和制造业的职业路径发展计划，该计划将由劳工发展办公室、小企业服务局和纽约经济发展公司负责实施，召集商业领袖、服务提供商和其他利益相关者，为劳动力培训创建实时反馈循环，使员工队伍和激励计划一致，并从寻求获得公共利益的企业获得提供工作机会的承诺。

评价：

市政府信守承诺，自从职业路径发展计划实施后，政府发表纽约工作报告，寻求重整制造业和其他三个产业的劳工队伍和就业系统。在工业制造伙伴计划基础上，小企业服务局和经济发展公司启动了"纽约市学徒计划"，一项为期 18 个月的计划，把制造商与有薪、全职学徒参与者联系在一起，并将他们作为电脑数控机械师进行培训。由于该计划仅在今年早些时候实施，尚不能确定该项新倡议是否成功，但可以肯定的是，该项计划如果没有市政府和本地制造业的合作是不能实现的。

10. 建立制造业职业中心

得分：B

在现有的职业中心取得成功的基础上，政府将在具有高工作密度的 IBZ 中创建多达 5 个额外的职业中心。每个中心每年可以为 500 家当地企业和 1000 名居民提供服务，为建筑、制造、运输、公用事业

和批发分销等子行业提供培训和就业服务。

评价：市政府承诺在符合条件的工业商务区多创建5个卫星职业中心。已经开业的职业中心，加上前面提到的工业伙伴计划，包括纽约市学徒倡议、劳工流动管道已经成型，但其有效性尚未证实。

第三，国际和国内金融中心协同发展。

纽约市既是美国的金融中心，也是引领国际金融市场的世界金融中心。维护纽约在美国的金融中心地位，将使纽约湾区保持在美国国内的金融优势，使纽约湾区发展始终都有"近水楼台"的金融支持。而维护纽约的世界金融中心地位，则使纽约湾区能作为全球性中心城市集群来配置资源。这和美国维护其全球霸主地位的目标是契合的，也是美国政府配合私有机构实现对全球金融体系操控的共同目标。

美联储的公开市场、黄金储备以及银行间实时清算系统集中在纽约，目的之一就是在纽约建立全球最大、最具流动性的政府债券二级市场。该市场的变化方向因此成为全球经济和金融市场最重要的风向标。而构建以纽约为中心的多层次国内金融市场，使美国形成了全球最完备的证券市场。

为吸引主要跨国金融机构，美国从1978年出台《国际银行法》，到2001年美联储发布《K条例》最终规则，逐步简化了外国银行在美国从业的申请程序，减轻了外国银行的监管负担。目前，美国银行业总资产中近1/4来自外资银行，纽约成为全美乃至全球外资银行最集中的城市，聚集了49个国家和地区的187家外资银行的分支机构。

第四，政府有针对性地出台促进产业升级转型的政策。

在美国纽约等东北部海岸大城市发展过程中，较为充分地利用了各城市自身具备的有利条件，并通过市场作用和政策指引适时调整了一些城市的产业结构和规模。

纽约"硅巷"在早期发展过程中，曾经遇到资金、人才和制度与文化三个发展瓶颈。纽约市政府为推动高科技创业发展，采取了许多措施，改善"硅巷"的高科技发展环境。例如：①分享式办公场地和孵化器。纽约有 74 个政府资助的创业孵化中心和 220 个低租金的共享办公地点供创业者使用。这些场所为创业者提供分享、交流与合作的环境，并协助创业者吸引投资。另外，孵化器大多配有导师，让成功的创业者为正在创业的年轻人提供帮助。②设立扶持基金。纽约政府设立了两个基金，一个是纽约种子期基金（NYC Seed Fund）。这个基金提供种子期投资，金额上限为 20 万美元，要求创业者中至少有一个具有技术背景，公司业务覆盖软件或网络技术领域。另一个是纽约合作基金（Partnership for NYC），由 KKR 的创办人之一 Henry Kravis 发起，投资在金融技术、医疗健康 IT、生命科学方面处于种子期或扩张期的纽约公司。③一站式信息平台。纽约政府将整个地区创业相关信息都汇总到一个网站下，包括通过 Made in NY 资质认证（75% 或以上的产品或服务在纽约当地开发）的公司信息、活跃于纽约地区的投资机构的信息和创业公司发布的招聘用人信息等。④帮助企业聚拢和储备技术人才。一方面，纽约市政府推出"NYC Talent Draft"（纽约人才引入）措施，资助纽约的创业企业高管去全国各大院校吸引电脑和工程专业的学生，同时定期组织各大院校的学生到纽约访问企业。另一方面，纽约政府还着手培养自己的高科技人才，通过撮合美国高校与个人及机构投资合作的方式，来共同创建和运营专门培养高科技相关人才的研究院。

这些措施使人们看到了纽约科技要与"硅谷"一较高低的决心。而纽约的确成功催生了一批科技企业，毕竟，这里有人才、发展空间及政策支持。

第五，建立区域生态环境协调管理机制。

在纽约湾区发展过程中，环境保护一直是各方关注的问题。为了满足各利益攸关方对环境保护的诉求，纽约湾区建立由政府、企业、社会三方构成的合作机制，主要由独立的非营利性区域规划组织——纽约区域规划协会主导跨行政区域环境保护的统筹协调规划。纽约区域规划协会试图以公共利益为导向，对大都市圈进行合理规划，实现城市间协调发展。

在纽约区域规划协会 1996 年发布的第三轮区域规划（A Region at

Risk：The Third Regional Plan for the New York–New Jersey–Connecticut Metropolitan Area)中，最大的特点是站在全球视野下，通过投资和政策吸引重新建立三个 E（"3Es"）——经济（economy）、环境（environment）、公平（equity），并提出了五项措施——植被（greensward）、中心（centers）、流动性（mobility）、劳动力（workforce）和治理（governance），并强调形成高效的交通网络的重要性以期重塑区域的经济和活力。其核心是"重建 3Es——经济、环境和公平"，实施"绿地方略"，对自然资源和环境进行系统性保护。

纽约区域规划协会第四次规划的核心是"经济、包容性和宜居性"，提出"应对全球气候变化等威胁，组建国际咨询委员会，通过动员各种跨国联盟资源以确保计划实现，提升区域可持续发展能力"。

环境保护是个复杂的系统问题，纽约湾区区域发展规划结合了公众、企业、学者、政府官员等多主体的深度参与。第四次区域规划自 2013 年启动后，规划工作人员在随后的 4 年中分析了众多数据、上百份战略计划和政策报告，并与上千个合作方召开工作会议，组织社团领导、居民、企业主召开社区会议，并与 5 个设计团队开展合作。

尽管纽约区域规划协会这些工作为纽约湾区的环境保护和可持续发展做出了贡献，但环境污染问题仍是该协会持续关注的问题。

第六，在产业转型升级过程中，打造国际消费中心城市。

学者在讨论纽约湾区发展过程时，多从产业角度分析湾区的成功经验，但从消费角度的分析不多。事实上，成功的湾区经济经验还包括消费的特征。纽约湾区构成国际经济中心城市群的一个核心要素之一就是国际消费中心城市。

国际消费中心城市是现代国际化大都市的核心功能之一，是消费资源的集聚地，更是一国乃至全球消费市场的制高点，具有很强的消费引领和带动作用。以纽约市为例，如果说它是国际时尚中心、奢侈品中心、文化消费中心、美食中心等，没有人会不同意。这些恰恰是国际消费中心城市的表象特征。

不论是纽约市还是纽约湾区，零售业发展都为当地提供了大量就业机会。就业峰值出现在 2014 年 11 月，达到 35.55 万人（见图 6-5）。2019 年 12 月，纽约市零售业就业人数为 34.26 万人，出现平缓下降，主要是受到在线零售的冲击。2020 年受疫情影响，纽约市零售业就业人数大幅下滑至 25.05 万人，到 2020 年 9 月回升到 30.58 万人。

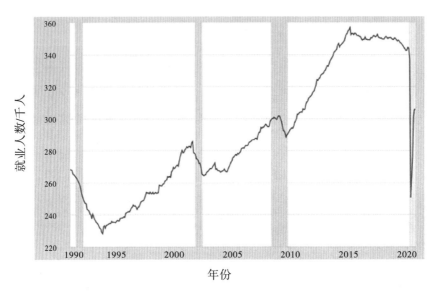

图 6-5　1990—2020 年纽约市零售业就业人数①

纽约湾区的零售业就业和纽约市的趋势保持一致（见图 6-6）。就业峰值出现在 2014 年 12 月，达到 96.38 万人。之后便出现缓慢下降，在 2020 年出现大幅下降。

纽约湾区的发展和经济中心地位，使得湾区的人均收入高于美国的平均水平，家庭收入中位数收入也高于全美平均水平（见图 6-7）。

①　圣路易斯联邦储备银行（Federal Reserve Bank of St. Louis）。

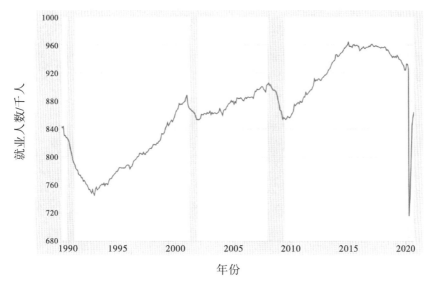

图6-6 1990—2020年纽约湾区零售业就业人数①

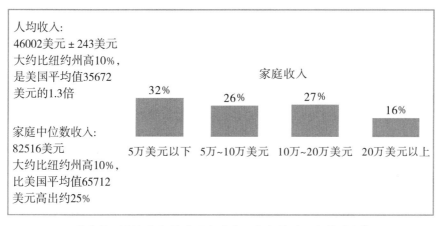

图6-7 2019年纽约湾区人均收入与纽约州及全美对比②

美国劳工局 2020 年 11 月 4 日发布的最新统计显示，纽约湾区 2018—2019 年度的家庭消费支出为 73806 美元，高于美国平均支出的 62395 美元。从消费构成来看，住房消费比例（38%）高于美国平均（32.7%），食物支出费用比例（13.3%）与美国平均（12.9%）相差不多，但在交通费用支出比例（12.5%）上低于美国平均（16.8%）。

---

① 圣路易斯联邦储备银行（Federal Reserve Bank of St. Louis）。

② Census Reporter。

纽约市因国际消费中心城市地位每年还吸引了大量游客。2019年，纽约接待了 6600 万游客，其中美国国内游客 5300 万，国际游客1300 万。当年为纽约市带来的经济收益达 700 亿美元，支持了 40 多万个就业岗位。

（二）纽约湾区建设的主要教训

在纽约湾区的发展过程中，经历了几次产业转型，形成了今天湾区的产业分工与经济结构。随着纽约湾区的产业结构的调整，区域发展的空间形式也发生了转变，城区的可负担性（affordability）越来越差：房价上涨、设施老化、环境污染、交通拥堵，制造业企业大规模外迁，这些都成为纽约湾区在发展中付出的代价和教训。

美国有学者研究指出，纽约湾区从来没有过一个综合和连续性的发展规划，才导致纽约湾区的失衡发展。国内学者则认为，纽约湾区的四次规划成就了纽约湾区今天的地位和成就。不管怎样，纽约湾区的一些现象级的教训是值得关注的。

一是普遍高涨的房价和高昂的生活成本，包括高税收和监管成本，是纽约湾区人口外逃的主要原因。2018—2019 年，一项根据美国人口普查局数据进行分析的报告称，尽管美国经济经历了一段时间的扩张，但"帝国州"（纽约州的别称）的人口却在下降。截至 2019年年中，纽约州的人口为 1945.36 万，比上年同期减少了 7.68 万，降幅为 0.4%，是经过 5 年增长后连续第 4 年下降。与之形成对比的是，美国全国人口在同期增长了 160 万。该报告的作者称，纽约州的生活成本在追赶"大苹果区"（纽约市的别称），就连周边的新泽西州也算不上低生活成本地区。

二是住房供给严重不足，低收入家庭住房条件堪忧。以纽约市为例，居民住房一直处于紧张状态。纽约市目前有超过 10 万家庭租住在地下室改建的住宅单元内，地下室作为住宅出租虽然非法，但早已是公开的秘密。在住房严重紧缺的纽约市，允许地下室和地窖作为住房单元合法出租，是纽约市为解决住房危机不得已而为之的下策。

这也从另一个侧面反映了纽约市在过去四五十年里改善住房供给

（廉租房、保障性住房）的各种政策措施并未奏效。

三是制造业的萎缩，导致纽约湾区中产阶级人数下降。以纽约市为例，制造业不仅仅是纽约市过去的辉煌，也应是 21 世纪纽约经济发展的重要组成部分。制造业的萎缩，使纽约实体经济衰退，也是造成纽约贫困率相对较高（13%）的主要原因之一。

制造业对纽约保持一个强大而充满活力的中产阶级至关重要，但制造业岗位随着制造业的外迁而不断减少。美国新冠肺炎疫情暴发前，纽约市的制造业就业人数为 43.88 万，延续了下降的趋势（见图 6-8）。

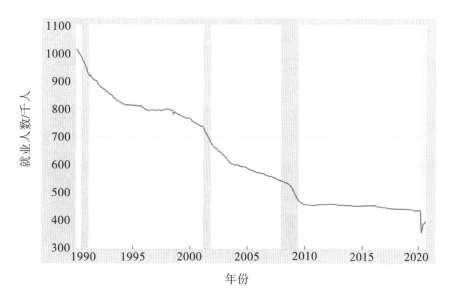

图 6-8　1990—2020 年纽约市制造业就业人数①

纽约市政府采取各种措施，鼓励制造业在本地区发展，并支持这些企业搭上现代制造业的快车。然而，纽约市的制造业空间面临着非常多的挑战，住宅、酒店、商业等投机开发会挤占工业用地即为其中之一。纽约市保留制造业空间的政策承诺意味着必须要为纽约人提供更多的就业机会和更强劲的经济。但从就业增长趋势看，纽约市制造业的就业人数并没有增加，反而不断下降。

四是污染问题依然困扰着纽约湾区。据美国环境保护署的一份报

---

①　美国劳工统计局（U. S. Bureau of Labor statistics）。

告，纽约湾区是美国 15 个污染最严重的区域之一。2018 年有 206 天的空气质量处于不安全状态，对老年人、儿童和有肺病的人群造成健康损害。最常见的污染物为 $PM_{2.5}$。虽然纽约规划协会不遗余力地推动纽约湾区的环境保护和可持续发展，但从纽约湾区的污染现状来看，其实际效果仍然有限。

五是华尔街的金融资本深藏着结构性矛盾。华尔街的金融资本既为纽约湾区提供了发展的资本动力，也是经济波动和震荡的震源。资本逐利的特性导致金融行业过度创新和投机，造成了金融秩序的混乱和金融的畸形发展。2008 年，全球金融危机的爆发暴露了以华尔街为代表的金融行业脆弱的体系和扭曲的机制。而危机过后，金融业并没有得到有效的监管和"脱虚向实"，而是继续投机吹大金融泡沫，为纽约湾区的经济发展埋下更深的隐患。

六是纽约湾区发展依然受到资本主义经济周期的内在规律的影响，经济发展和就业都有明显的周期波动特征，背后还体现出政府管理和资本逐利冲动的矛盾。

三、纽约湾区对粤港澳大湾区建设的借鉴意义

（一）纽约湾区建设对粤港澳大湾区建设的启示

从发展时间来看，纽约湾区历史最为悠久，如果把规划纽约曼哈顿的"1811 年委员计划"（Commissioners' Plan of 1811）作为标志性起点，纽约湾区的发展有 200 多年的历史。纽约湾区在发展过程中经历了多次产业转型，初期是贸易推动了美国制造业发展，后来逐渐成为美国本土的金融中心，随着美国经济实力的增强，最终成为全球重要的金融中心之一。面对全球范围的科技创新竞争，美国曼哈顿这个世界经济和金融的中心，又有了新身份——东部的"硅巷"，与旧金山的"硅谷"和洛杉矶的"硅山"（Silicon Hill）鼎足而立，成为引领信息技术发展的科技创新中心。

对于粤港澳大湾区而言，纽约湾区的发展历程带来的启示是，纽

约湾区从未满足于自己在历史上的辉煌和领先地位，而是在发展过程中不断改进和修正自己的发展路径，通过持续转型给纽约湾区带来经久不衰的发展动力和领先世界的独特竞争优势。

（二）纽约湾区建设对粤港澳大湾区建设的借鉴意义

一是纽约湾区的成功转型既有区域合理规划的因素，也受政府、企业、高校以及金融资本所构成的良性创新系统的深刻影响。但纽约湾区在转型过程中对制造业的挤出效应，不符合纽约湾区总体平衡发展的方向。粤港澳大湾区应考虑本区域的特点，平衡发展制造业和服务业。

二是第三方区域经济规划虽然没有强制效力，但其前瞻性的规划视角和专业建议，对纽约湾区经济形成基础性影响，通过与政府和业界的互动，为湾区经济的可持续增长贡献了"第三方监督"的积极作用。粤港澳大湾区应借鉴纽约湾区政府与第三方规划的长期良性互动关系，形成持续的"合理化建议"的输入机制。

三是纽约湾区通过市场机制和比较优势选择，形成湾区内部的协调发展和差异化互补关系，但缺乏战略纵深的考量和安排。粤港澳大湾区应利用我国特有的制度优势，平衡安排战略布局和战略纵深，避免招商竞争可能带来的布局扭曲或政策损耗。

四是纽约湾区的未来发展视角已经放在环境和气候的韧性上，为顺应全球绿色发展趋势做战略准备。粤港澳大湾区应注重绿色能源推动大湾高质量发展的方向，规划绿色发展路径。

五是在建设国际消费中心城市的过程中，粤港澳大湾区需要统筹规划，处理好国内和国际消费的关系，形成有区域特点的消费供给体系和供应链关系。

六是香港金融中心的地位和发展，应对标排除华尔街的弊病，在推动人民币国际化的过程中，积极参与"一带一路"的投融资，并创新利用人民币、港币和澳门币的组合优势，形成有特色和差异化竞争优势的金融中心体系。

第二节　旧金山湾区建设的
经验、教训及借鉴意义

一、旧金山湾区独特的区域定义和科技特色

（一）旧金山湾区独特的区域定义

从行政区划看，旧金山湾区包括西侧的旧金山（San Francisco），南侧的圣马特奥县（San Mateo）、圣克拉拉县（Santa Clara），东侧的阿拉梅达县（Alameda）、康特拉科斯特县（Contra Costa）、索拉诺县（Solano），以及北侧的马林县（Marin）、纳帕县（Napa）和索诺马县（Sonoma）等9个县，共101个城市，可分为旧金山、北湾、东湾、南湾和半岛五大区域。

"旧金山湾区"作为一个地域概念首次出现是在1914年，当时一份报告把一个包括11个县的地区称作"旧金山湾区"，这11个县包括现有的9个县以及圣克鲁斯县（Santa Cruz）和圣华金县（San Joaquin）。在第二次世界大战中，作为面向太平洋的重要军事基地，面对大量的制造需求、劳动力需求和研究需求，规划部门将旧金山湾区认定为9个县，从此，旧金山湾区一直被认为是一个9县区域①。耐人寻味的是，旧金山湾区的这9个县全部与邻近海湾连接。

关于"旧金山湾区"的区域定义，最怪异的地方是外部没有人对其9县的区域予以正式认可。而且，美国人口普查局的5县都市统计

① Egon Terplan, Sarah Jo Szambelan: *Where Exactly Is "the Bay Area"?* 2018-06-19. https://www.spur.org/news/2018-06-19/where-exactly-bay-area。

区〔San Francisco-Oakland Metropolitan Statistical Area(MSA)〕、2000年普查使用的9县合并都市区（San Francisco-Oakland-San Jose consolidated metropolitan area）、2010年定义的11县联合统计区，包括维基百科使用的13县地区，都不能准确地表达旧金山湾区的完整地域概念。小地域范围的定义不能包括所有9县，而大地域概念的定义则又把9县的部分地区分割（如"硅谷"），这个现象是美国其他城市和地区从未遇到过的定义挑战。也恰恰因此，旧金山湾区形成了一套具有特色的9县协调的治理体系。

尽管如此，旧金山湾区是美国西部仅次于洛杉矶的第二大都市区，位于沙加缅度河下游出海口的旧金山湾四周，占地面积1.8万平方千米。2017年总人口773万，人均GDP高达10.8万美元，远高于同期纽约湾区的7.3万美元、东京湾区的5.0万美元和粤港澳大湾区的2.3万美元。

如果作为单一经济体，2018年旧金山湾区的经济总量达7482亿美元，在全球排名第19位，排在荷兰之后、瑞士和沙特之前[1]。2019年，旧金山湾区的排名又提升到第18位。

（二）硅谷推动旧金山湾区发展的科技特色

旧金山湾区的GDP及人口总量均在美国排名靠前，且经济增速领先，重要的原因是旧金山湾区把握住了第三次全球科技浪潮的趋势，形成了以硅谷为核心的高新技术产业集聚区。

硅谷不是一个地理名字，而是指位于旧金山湾区南部的一个以电子信息为主要产业的高科技区域。由于硅谷的产业基本都与以硅为基础材料的半导体芯片有关，因此称之为"硅谷"。最先使用"硅谷"这个名字的是1971年的《商业周刊》。

20世纪中期以后，随着移民的不断涌入和新兴高技术产业的蓬

---

① Roland Li: *Bay Area economy growing nearly twice as fast as rest of U. S.* .2018-07-09. https://www.sfchronicle.com/business/article/Bay-Area-economy-growing-nearly-twice-as-fast-as-13061373.php。

勃发展，在距离旧金山市约 70 千米的湾区南部，硅谷地区获得了巨大发展。据统计，目前硅谷共有 8500 多家高科技公司，在全球 100 家大型电子和软件公司中，有 20% 发迹于硅谷；在全美 100 家大型科技公司中，有 1/3 总部设在硅谷；在全球 500 家成长最快的企业中，小小的硅谷就占了 62 家。除了谷歌、Facebook、惠普、英特尔、苹果公司、思科、特斯拉、甲骨文、英伟达等大公司都出自硅谷外，还有许多硅谷高科技创业公司推出的创新科技应用，不仅改变了人们的生活方式，也激发了世界范围的公司进行效仿、改进和创新。

硅谷已成为世界各国高科技聚集区的代名词。硅谷形成的产业特点，也成为全球科技创新所借鉴的最佳实践，包括：

●从业人员具有高水平的知识和技能，其中科学家和工程师占较大比例；

●增长速度比传统工业快得多，并且处在不断变化之中，产品更新换代的周期较短；

●研究开发费用在销售额中占的比例较高；

●产品面向世界市场；

●硅谷精神：允许失败的创新，崇尚竞争，平等开放。

硅谷的产业以科技产业为主，依托信息产业带动金融、旅游和其他服务业发展壮大，最终发展为全球主要湾区中人均 GDP 最高的世界级城市群。

从就业结构看，硅谷的计算机和数学、商业金融、管理等行业的从业人员占比，明显高于美国其他地区。

（三）旧金山湾区科技创新驱动模式

硅谷的迅猛崛起，无疑是旧金山湾区发展的最大推力，也是把旧金山湾区送上世界三大湾区之一地位的决定性因素。旧金山湾区因此赢得了"科研湾区"的美誉。硅谷能够崛起并表现出持久的创新力，有很多的因素，诸如工程师文化、扁平式的企业管理文化、包容且多元的移民文化、鼓励创业的"车库文化"等，但硅谷独特的创新体系和风险投资是其取得成功的最核心要素。旧金山湾区创新体系的核心驱动包括以下六个方面。

第一，营造"创新友好"环境，使科创企业充分发挥创新主体作用。这是旧金山湾区既能培养出谷歌、惠普、英特尔等科技巨头企业，也能孵化出优步等后起之秀的重要原因。科创企业是科技创新的中坚力量，它们有敏锐的嗅觉，深知科创在人工智能、电子信息、量子技术等战略新兴领域充满了机会和挑战，它们需要友好的科创环境，无障碍抢占技术前沿并挖掘其潜在商业价值，旧金山湾区为科创企业创造了这样的环境。

第二，通过产学研融合，保持持续的技术和人才供给，为创新创业创造充分条件。旧金山湾区内的大学、研究机构和企业间建立起创新驱动循环，为技术创新输入源源不断的动能。湾区内的大学如斯坦福等通过"产业联盟计划"加强与企业合作，为其输送人才、专利和技术；创办斯坦福工业园，鼓励科研人员从实验室走进工业园，对接市场，了解市场需求，加速科研成果商业化。同时，高新技术企业为大学提供科研资金和实验设备，支持科研人员长期、持续的研发活动，促进了大学和企业之间的良性互动。

第三，科技金融体系成为新兴技术发展的加速器。在硅谷的发展过程中，除科技的推动以外，资本的力量也不容忽视，科技与金融的深度捆绑是旧金山湾区成为全球创新引擎的关键因素。

1972 年，凯鹏华盈（Kleiner Perkins Caufield & Byers）和红杉资本（Sequoia Capital）共同开创了旧金山湾区的风险投资模式，从那时起，风险投资便在湾区内推广开来。1995 年至 2018 年，旧金山湾区年度风险投资额从 16.91 亿美元飙升到 603.75 亿美元，2018 年旧金山湾区获得 603.75 亿美元风险投资资金，占同期全美风险投资市场的 52.6%。

旧金山湾区风险投资的资金来源渠道广泛。80% 以上的风险投资资金来源于私人独立基金，包括个人资金、机构投资者资金、大公司资本、私募证券基金和共同基金。风险投资的投资领域主要集中在人工智能、大数据、生命科学、新能源汽车等新兴领域。与传统投资的明显区别在于，硅谷的风险投资不仅为科技公司提供早期的起步资金，还帮助公司建立团队、改进商业计划。也就是说，硅谷的风险投资在某种程度上充当了孵化器的作用。旧金山湾区内拥有1000多家风险投资公司和2000多家中介服务机构，目前已有200多家由风险投资支持的硅谷公司在纳斯达克上市。

强大且卓有效率的科技金融体系为湾区内高新技术企业的发展和壮大提供了坚实的保障。同时，旧金山湾区积极建立提供金融资本服务、管理信息咨询服务、财务法律服务等多种服务的科技中介机构，为旧金山湾区企业创新融资提供了重要支撑。

第四，创新氛围和不断出现的创新创业奇迹吸引了大量高端人才聚集。硅谷是美国高科技人才的集中地，更是美国信息产业人才的集中地，有资料显示，硅谷集结着美国各地和世界各国的科技人员100万以上，美国科学院院士在硅谷任职的就有近千人，获诺贝尔奖的科学家就达三四十人。

硅谷也是海外科技人才集聚创业最集中的地区。科技人员大都是来自世界各地的佼佼者，他们母语和肤色不同，文化背景和生活习俗各异，所学专业和特长也不一样。其中华裔和印度裔人员创办的高技术创业企业占到美国硅谷企业总数的23%。硅谷的高技术人才中有33%是海外人才。来自世界各地的大批技术移民是连接硅谷和世界各地高技术（产业）中心的纽带，也为硅谷提供了持续的人才动力。

一项研究表明，美国境外的每三家创业公司中就有一家与硅谷有多个连接。海湾地区占据着21%的企业家，15%的新兴企业声称已经从另一个国家迁移到该地区。该地区丰富的文化、专业的网络和高质量的资金获取是吸引有才华和雄心勃勃的人才的主因。

第五，财政资金为创新研发提供支持。旧金山湾区内鼓励和支持创新的措施非常成熟。在金融方面，加州政府为州内的企业提供了包括小企业贷款担保计划、企业产生符合条件的研发费用抵免部分所得税等税收优惠和融资渠道；在人才发展方面，则推出了学徒计划（Apprenticeship）、职业培训，严禁企业限制员工合理流动等。这些举措皆为湾区内技术创新、人才流动提供了良好的政策环境。

政府在科学研究上的投入对旧金山湾区的科技竞争力至关重要，这些投入能确保科学家将精力放在研究上，而不是担心资金不足从而阻碍他们的研究。比如，加州大学伯克利分校所属的社会利益技术研究中心（CITRIS）在初创时曾获得美国联邦基金的1.7亿美元以及加州政府的1亿美元州立基金支持，为该机构在能源储备、交通等方面开展突破性研究提供了强有力的资金支持。

此外，税收优惠减免政策也为科技创业企业的发展提供了友好的创业环境，激发了企业创新积极性，更进一步促进了旧金山湾区形成创新集聚效应。

第六，旧金山湾区对知识产权的保护，保障了创新企业的权益，为旧金山湾区的科技活力提供了保障。旧金山湾区的知识产权政策、保护及专利信息开发等领域都十分发达，知识产权为湾区创新发展提供了源源不断的动能。旧金山湾区在知识产权支撑和引领创新发展方面的经验和做法，对粤港澳大湾区有着很好的启发和借鉴作用。

二、旧金山湾区的差异化协调发展和主要教训

（一）旧金山湾区的差异化协调发展

旧金山湾区之所以在经济上取得成就，不仅仅因为其创新，还包括区域内城市间的合理分工、各项公共设施的建设等因素，湾区中心城市更加明确的差异化定位并发展成型，使得地区经济各具特色。

一是形成旧金山市、奥克兰市和圣何塞市三个核心城市。长期以来在资本和市场的作用下，区域内三大主要城市的产业结构演进出了不同的定位。旧金山市在湾区城市中具有明显的国际消费中心城市的特征，从工业城市转型并向服务业城市进一步发展，零售业和金融业发达为其保持了湾区的中心地位，是湾区的文化、金融和都市中心。奥克兰市历经曲折发展，倾向于装备制造和临港经济，港口经济和新兴经济占主导地位。整个奥克兰港各种设施都同公路、铁路等陆运交通体系有机衔接，形成了现代化港口的理想模式。圣

何塞市处于硅谷，重点发展信息通信、电子制造、航天航空装备等高技术产业，逐渐成为湾区的科技创新中心。

不难看出，旧金山湾区区域内，主要城市之间功能的划分较为明确，其他城市则围绕这三个核心城市形成"卫星"关系，相互之间没有显性竞争关系，且金融服务业、科技创新业、港口工商业互相带动，多元化的产业结构带来了区域整体的发展效率和可持续性。

二是旧金山湾区五大区域的经济各具特色。旧金山市是美国加州的第四大城市、湾区最早发展起来的城市，工商业发达，以旅游、商业和金融发展见长，是重要的海军基地和著名的贸易港，也是美国西部最大的金融中心。旧金山市从业人口的一半以上都从事服务业、金融业和国际贸易。第三产业是它的主要经济支柱，工业只占15%。40家银行及其147家分行坐落于旧金山，太平洋岸证券交易所和美国最大的银行之一美洲银行的总部也在此。北湾是一个极为富有的地方，马林县经常被列为美国最富有的行政区，这里有着最好的眺望旧金山市的豪宅。北湾也是美国著名的酒乡和美食之都，据称全美90%的葡萄酒都产于此，宜人的气候和葡萄酒吸引了很多富人到北湾养老。东湾以奥克兰市为中心，在"二战"期间，军事造船业涌入奥克兰，造船业在奥克兰的内河港兴起，奥克兰港是美国西部交通体系的中心、美国西海岸的第一大港。目前，东湾的主要工业有电动设备、玻璃、化学、数控机械、儿童食品、汽车和生物制药。南湾以圣荷塞市为中心，是"硅谷"的核心地带，许多高新技术企业在此聚集。半岛介于旧金山和南湾之间，地产业发达，是富人居住区。

旧金山湾区内产业具备多样化齐头发展实力。传统港口城市群所具有的各类发达产业，在旧金山湾区形成功能分区明显的格局，使湾区发展取得突出成就。

（二）旧金山湾区发展的主要教训

硅谷和科技行业给旧金山带来了史无前例的财富和创新，但现存的政治和地理瓶颈正造成严重的住房危机，加剧社会经济不平等。

而公共政策与私人资本之间的博弈往往使公共目标难以按理想方式实现。

一是旧金山解决贫富差距问题进退两难。根据加利福尼亚州预算中心2016年的一项研究，旧金山的经济不平等状况在加州排在第一位。收入最高的1%家庭的平均年收入为360万美元，而其余99%家庭的平均年收入为81094美元，前者为后者的44倍。现在旧金山最富有的1%人群的收入占整个地区总收入的30.8%，远远高于1989年的15.8%。旧金山的科技企业纷纷上市，造就了一批科技富豪。但蓬勃发展的高科技产业所创造的财富并没有惠及其他人群。为了帮助低收入群体，抑制贫富差距，旧金山有市议员提议向这些上市的企业征税，名为IPO税，将股份分红所得税的税率由0.38%增加到1.5%。旧金山商会则发表一个声明，称增税的举措会让这些公司搬出旧金山；政策研究机构"湾区委员会"也赞同这一观点，认为此举会阻碍未来的就业市场和城市发展。

二是发展中的住房危机。旧金山湾区能容纳500强企业，主要原因是为创业者提供低成本的环境，提高区域的竞争力。但"成也萧何，败也萧何"，该地区高昂的住房成本，削弱了它对人才的吸引力。每年大约有1万人因房价太高离开旧金山湾区。Wealthfront的一份调查报告显示，一套两间卧室的房子在旧金山湾区的中位数价格为100多万美元。而在得克萨斯州的奥斯汀，一套三间卧室的房子的中位数价格仅为40万美元。即使是那些年薪十几万美元起步的科技公司员工也在旧金山湾区的房价面前感到无力。Recode援引的一则不完全调查数据显示，超过七成科技巨头的员工表示无力承担湾区房价，很多程序员睡在汽车里。超过2.8万人，相当于或大于湾区内101个城市中50个城市的总人口，分布在湾区的9县。2019年5月的调查显示，Wealthfront在湾区的科技类客户中接近25%的客户计划离开硅谷，迁移到房价更低的城市，如纽约、奥斯汀、洛杉矶等。旧金山的住房危机主要是由两个因素造成的，一是湾区的经济活力让更多的人选择在这里居住，二是旧金山存量住宅非常有限。如何解决这一危机，关系到旧金山几代人的幸福，至今仍然是旧金山湾区致力要解决的问题。

三是贫富差距造成的社会扭曲和不平衡已经让旧金山变得动荡不安。旧金山湾区 2017 年公布的数据显示，在美国 20 个人口最多的城市中，旧金山市人均财产犯罪率(property crime rate per capita)最高，每 10 万人中有 6168 起犯罪案件发生，平均每天发生 148 起偷盗、抢劫、纵火案。数据还显示，旧金山人均财产犯罪率增幅明显，从 2016 年的约 4.7 万起猛增至 2017 年的 5.4 万起。具有讽刺意味的是，加州针对新冠肺炎疫情实施的"居家隔离"政策，使该州圣何塞市近期暴力犯罪率比上年同期骤降 44%，财物犯罪率下降 36%；而作为全美首座宣布"封城"的大都市，旧金山市封城一周后的犯罪率大幅下降 42%，其中盗窃案发案率降低 60%。

四是房价及交通的困境。旧金山是美国房价最高的城市，购房者的年薪至少要达到 17 万美元才能支付房贷。高房价还意味着那些在旧金山或周边城市工作的人，往往需要搬到离旧金山很远的地方，才能买得起房子。这导致旧金山湾区居民的通勤时间很长。Apartment List 2019 年的一项研究发现，超过 12 万人被称为"超级通勤族"，每天通勤时间至少为 3 小时。在湾区的一些县，超级通勤者的数量在 2009 年到 2017 年间增长了 126%。

五是清洁空气目标和经济发展之间的争论。新冠肺炎疫情的暴发改变了旧金山湾区高科技企业的工作模式，在"推特"公司宣布允许其大部分员工"永久"远程在家工作后，其他高科技企业如 Coinbase 和 Square 相继效仿。谷歌和脸书也宣布了类似的规定。《旧金山纪事报》称，"以公司为中心的文化将是一件过去的事情(a thing of past)""在长达一个世纪的办公室文化后，这一意义深远的变化可能会彻底改变美国的工作方式"。而湾区大都会运输委员会(MTC)的一项提案，要求大公司在 2035 年之前让员工至少有 60% 的时间居家办公，但其因此受到立法者、商业界和公共交通支持者的强烈抨击。

该提案旨在减少汽车通勤者和温室气体排放，但湾区政客和商界领袖表示，这将鼓励硅谷的企业离开。圣何塞市市长 Sam Liccardo 说："这将刺激湾区的大型雇主外逃。"

Blind 公司对 4400 名技术工作者的匿名调查显示，36% 的人表示将离开湾区搬到美国其他地方，18% 的人表示将搬出湾区但会在加州其他地方居住。

三、旧金山湾区对粤港澳大湾区建设的借鉴意义

（一）旧金山湾区建设对粤港澳大湾区建设的借鉴意义

粤港澳大湾区的定位之一是建设具有全球影响力的国际科技创新中心，成为中国乃至世界的科技创新发动机。而旧金山湾区依赖创新驱动，使旧金山的经济发展指标处于领先地位。旧金山湾区创新驱动的成功经验和所面临的问题，具有其独特的发展环境因素，也有制度设计的匠心，对粤港澳大湾区建设科创中心，具有很强的借鉴意义。

一是做好规划协调。在粤港澳大湾区"9 + 2"的框架下，在创新驱动发展进程中，需加强政策和规划协调对接，借鉴旧金山湾区半官方协调机构的机制，形成一个跨地区的沟通和协调机制，推动粤港澳之间的多向和互补合作，促进区域经济社会协同发展，使合作成果惠及各方。

二是把知识产权保护提升到支持国家经济增长和提高国家竞争力的高度上来重视。知识产权的授予和保护对促进创新起着至关重要的作用，是支持一国经济增长和国家竞争力提升的关键力量。粤港澳大湾区在积极构建开放型经济新体制、打造高水平开放平台的同时，还须对接高标准贸易投资规则，加强知识产权保护，以此构成粤港澳大湾区的核心竞争力，进而提升国家的竞争优势。知识产权保护有利于集聚创新资源，完善区域内创新体系，推动粤港澳大湾区制造业向知识产权密集型产业转变。

三是出台促进创新创业的税收政策。从 2019 年 4 月 1 日起，我国增值税税制将制造业等行业 16% 的税率降至 13%，将交通运输业、

建筑业等行业 10% 的税率降至 9%，现代服务业、金融业等行业 6% 的税率保持不变。在国家的税收环境趋向优化的大背景下，粤港澳大湾区应利用好自贸试验区改革的机遇，除了制定简化的增值税注册登记和缴纳流程政策外，还应出台符合本地发展特色的、与创新科技相关的税收优惠政策。

四是控制房价和当地生活成本，创造低成本的创新创业环境。

五是尊重创新发展的规律，建立创新文化。创新城市和区域的动力来源有三个"T"——技术（Technology）、人才（Talent）和宽容（Tolerance）[①]。每一个 T 都很重要，仅有一个 T 是发展的不充分条件，那些像旧金山一样成功的城市，都是把这三个 T 融为一体。在技术方面，创新城市和区域需要优秀的大学和领先的公司来为创新提供动力，旧金山的理查德·佛罗里达技术指数（Richard Florida's technology index）在全美排名中位列第三。在人才方面，成功的地区需要开发、吸引和留住人才。旧金山都市区是一个拥有约 75 万创意人才的家园，其专业领域包括科技、管理与商务、教育与保健、艺术设计媒介和娱乐，占总工作人口的 40%。在旧金山县，创意人群占该县工作人口的 46%，使其在美国 3000 多个县中排名前 20。在宽容（也就是包容）方面，创新和繁荣的城市及地区得益于来自不同种族、国籍的人才。旧金山地区的理查德·佛罗里达宽容指数进入全美排名前 20 位。

（二）借鉴旧金山湾区发展经验的重要案例

为什么硅谷的成功难以复制？除了地理因素和公司文化外，还有更多其他因素。几十年过去，世界依然在猜测硅谷的成功秘诀。旧金山湾区南端的那些城市和乡镇里聚集了大量的高科技人才，这常常被当作硅谷成功的一个原因。但这几乎不能构成一个解释，因为这些才华横溢的年轻工程师和创新者可以在他们选择的任何地方找

---

① Richard Florida: *San Francisco's urban tech boom*, 2012 – 09 – 08. https://www.sfgate.com/opinion/article/San – Francisco – s – urban – tech – boom – 3850039. php。

到工作。

　　硅谷的周边地区有大学、政府的研究中心和商业实验室。一个初创公司近乎不能奢望更好的环境了：受过高等教育的劳工队伍池、能获得大量的风险资本以及极具企业家冒险精神的文化。

　　但是，硅谷并没有垄断上述环境特征，其他地方也可以有，比如北卡罗来纳州的研究三角区、波士顿的128公路等。新泽西州甚至有很多比硅谷更优越的环境条件。新泽西州有传奇式的贝尔实验室和领先的大学机构，而且与华尔街临近，那是一个高风险投资的资本世界。

　　世界各国也在尽其所能复制硅谷的奇迹。从欧洲的赫尔辛基、慕尼黑到亚洲的班加罗尔、北京中关村，都曾在这一方面付出努力，但从目前看，结果并不十分理想。

　　硅谷的模仿者们究竟缺了什么？旧金山湾区委员会经济研究所和博思（Booz & Company）的一份联合研究报告《创新文化：什么使旧金山湾区的企业如此不同？》，试图回答这个问题。这份研究报告发现，硅谷的公司不同于普通公司的特性是：把创新战略和商业战略整合起来。

　　这个特性就是成功和平庸表现（或更糟的表现）之间的差异。这份研究报告发现，硅谷的公司把公司战略和创新战略紧密结合的可能性是一般公司的4倍。此外，硅谷公司的文化也使他们根据公司的创新战略进行调整的可能性高于一般公司2.5倍，而这并不是巧合。

　　战略协调可以带来公司发展红利。根据《全球创新企业1000强（2013）》研究报告，把创新战略和发展目标紧密交织在一起的公司，不论从利润还是净值看，其发展活力都远超那些不这么做的公司。为了强调创新的重要性，硅谷公司通过雇用新产品开发人才来改变公司现状的可能性也是其他公司的4倍。

　　这项持续进行的研究发现三种基本创新战略：硅谷绝大多数公司都是"需求挖掘型"的，他们集中精力挖掘用户的实际需求，潜心研究如何满足这些需求，用尽可能快的速度推出相关产品和服务。另外两种战略类型是"技术驱动型"和"市场解读型"，前者从工程部门而不是客户那里获得方向，后者则根据已经证实的市场趋势，通过增量变化和快速跟进的方式来创造价值。"需求挖掘型"公司在 5 年时间里的增长速度持续高于另外两类，不论是毛利还是公司市值。

研究还发现，"需求挖掘型"公司通常会在公司最高层形成创新战略决策。然后公司最高层要确保战略在公司上下进行充分沟通，并且在研发项目的投资组合上进行严格和不留情面的管理。"需求挖掘型"公司，或更具体地说，硅谷公司培育了强有力的文化氛围，即认同客户和对公司产品/服务保持忠诚和激情。同时，对"不是这里发明的"也很少偏见，因此使公司不在乎来源，对"好主意"持有更开放的态度。

《全球创新企业 1000 强（2013）》研究报告发现，遵循这个模式的硅谷公司高达 46%，其他美国公司只有 28%。也许这是硅谷风险资本的理念造就的，他们给目标严谨的商业计划和预期能满足客户需求的项目加分。

上述情况看起来似乎就是人们长期寻求的秘诀。以硅谷为家的公司依靠的是追求卓越的战略、把客户需求放在创新中心的理念、对创新型人才的引进和对创新主意的重视。到目前为止，这些特殊的把资源和理想结合的模式被证明很难在其他地方实现。寻求秘诀的努力还在继续，可能获得的奖赏太大以至于这种努力难以被放弃。

普华永道指出，全球 1000 家最具创新能力的公司有六大特质：一是创新战略与公司商业战略匹配；二是公司上下对创新支持的文化；三是公司领导层的全力参与；四是以"客户第一"的方式创新；五是选择正确的创新项目；六是具有"做最好的"整体战略[①]。

──────────────

① 作者编译自 Barry Jaruzelski 2014 年 3 月 14 日的文章 *Why Silicon Valley's Success Is so Hard to Replicate* 以及 2018 年 11 月 2 日研究报告 Global Innovation 1000: The six characteristics of superior innovators。https://www. scientificamerican. com/ article/why- silicon - valleys - success - is - so - hard - to - replicate/。https://www. digitalpulse. pwc. com. au/report- global - innovation - 1000 - study. html/。

第三节　东京湾区建设的
经验、教训及借鉴意义

一、东京湾区的定义和发展历程

（一）东京湾区的定义

东京湾区实际上有三个地理概念。第一个概念是东京都，通常被叫作"东京"，是一个行政范围，指的是日本的首都，也是东京湾区的核心。

第二个概念是"东京都市圈（Tokyo Metropolitan Area）"，涵盖东京都、埼玉县、千叶县、神奈川县，也就是所谓的"一都三县"。这是最常用的一个区域概念，也是东京都及其周边居民日常工作和通勤的空间范围。

第三个概念是"首都圈（National Capital Region）"也叫"大东京圈（Greater Tokyo Area）"。首都圈是日本国土规划和区域规划中界定的分区，根据日本 1956 年《首都圈整备法》，首都圈范围除东京都市圈的"一都三县"外，还包括周边的山梨县、群马县、栃木县和茨城县，统称"一都七县"，总面积 3.66 万平方千米，人口 4382.8 万。

"东京湾区"这个提法，在国内涉及粤港澳大湾区的研究中比较常用，但在国际文献中使用的多是"东京都市区（Tokyo Metropolitan Area）"这一概念，国内研究也有使用"东京都市圈"概念的，多见于区域经济和都市经济研究领域。

究竟"一都三县"还是"一都七县"代表东京湾区，研究界似乎并没有形成共识。从大部分研究所引用的数据来看，多用"一都三县"作为界定东京湾区的概念，也有研究特别指出以"一都七县"为东京湾区的研究范围。

"一都三县"东京湾区聚集了日本总人口的1/3，2019年东京湾区常住人口为3739.3万人。湾区面积13562平方千米，占全国总面积的3.5%。

东京湾区内的东京、川崎、横滨是全球知名的工业城市，化工、钢铁、造船、机械、电子等产业极为发达。东京湾区是日本制造业的核心区域，目前，日本三菱、丰田、索尼等年销售额在100亿元以上的大企业近50%都聚集于此，因此也被称为"产业湾区"。

2018年，如果按PPP调整口径，东京湾区经济总量在世界十大都市区中排名第一（见图6-9）。

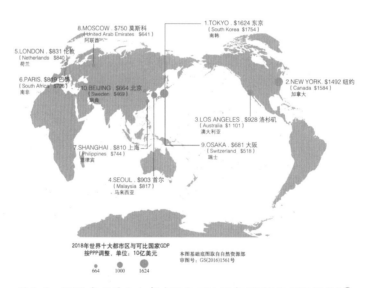

图6-9　2018年世界十大都市区与可比国家GDP（按PPP调整）①

（二）东京湾区的发展历程

相对于旧金山湾区的科技特色、纽约湾区的金融特色来说，东京湾区以其产业发展特色闻名于世。对于一个资源缺乏的国家来说，

---

① 马丁繁荣研究所（Martin Prosperity Institute）。

其发展过程中面临的挑战是资源丰富的国家难以想象的。

第一，东京湾港口群是日本经济高度发达的重要支撑点。

东京湾是一个标准的天然良港，深入陆地 60 多千米，是最好的港口聚集地，从海湾顶端的隅田川入海口开始，形成了西岸与东岸共 6 大港口，分别是东京港、川崎港、横滨港、横须贺港、木更津港和千叶港，其中横须贺港为美国海军第七舰队和日本海上自卫队的基地。

首先，湾区六大港口差异化定位，协同发展。湾区内的六个港口首尾相连形成马蹄形港口群，年吞吐量超过 5 亿吨，这并不是简单的地理优势形成的。东京湾港口密集，港口群内部曾出现同质竞争、秩序混乱、船货滞期严重等现象。1951 年，日本政府颁布《港湾法》，规定由日本政府对整个国家港口发展的数量、规模和政策进行统一规划部署。1967 年，日本政府颁布的《东京湾港湾计划的基本构想》建议把东京湾沿岸各港口整合为一个分工不同的有机群体，形成一个"广域港湾"。这一构想的实施，通过有效的分工协作，避免了恶性竞争，将内部竞争转换成了协作合力。且各港口有明确的差异化定位和分工（见表 6-1），提高了港口的专业化程度，提高了效率，使东京湾港口群成为有效支撑湾区内产业发展的核心。

表 6-1　东京湾主要港口职能分工表[①]

港口	港口级别	基础和特色	职能
东京港	特定重要港口	较新港口；依托东京，是日本最大的经济中心、金融中心、交通中心	输入型港口，商品进出口港，内贸港口，集装箱港
川崎港	特定重要港口	与东京港和横滨港首尾相连，多为企业专用码头，深水泊位少	原料进口与成品输出港

---

① 王宪明：《日本东京湾港口群的发展研究及启示》，《国家行政学院学报》2008 年第 1 期。

（续表）

港口	港口级别	基础和特色	职能
横滨港	特定重要港口	历史上的重要国际贸易港；京滨工业区的重要组成部分，以重化工业、机械为主	国际贸易港，工业品输出港，集装箱货物集散港
横须贺港	重要港口	主要为军事港口，少部分服务当地企业	军港兼贸易港
木更津港	地方港口，1968年改为重要港口	以服务境内的君津钢铁厂为主，旅游资源丰富	地方商港和旅游港
千叶港	特定重要港口	新兴港口；京叶工业区的重要组成部分，日本的重化工业基地	能源输入港，工业港

其次，东京湾港口群的贸易通商作用，是东京湾区产业集群形成的初始推力。东京湾的现代产业开始于明治维新之后第一波建设，始于19世纪后半期。由于实行改革开放，日本从欧洲引进了大量的先进工业，主要有纺织业、机械加工业和炼钢产业。这些产业必须依托于港口，建成临港工业。东京湾良好的岸湾环境为这些产业的发展提供了便利条件。

最后，东京港给整个湾区市场带来巨大的经济繁荣。与湾区内其他港口相比，东京港的辐射影响力要大得多。从1993年到2003年的10年间，随着湾区与东京港密切关系的加强，日本关东地区货物发送到东京港的比重从39.0%上升到56.4%，东京港的利用率不断大幅度上升。背靠巨大的消费市场，东京湾的港口从全球进口粮食、水果、奢侈品等消费物资，供应东京大都市圈。在日本全国按金额计算的货物进口量中，东京湾占到了38.3%，今天湾区内庞大的仓库群支撑着东京都市圈近3800万人高质量的全球性消费。东京港已经是东京湾区最大的海上货物枢纽，与北部的北海道，南部的四国、九州、冲绳等都有定期航线，尤其是最近几年海陆联运得到迅速发展，给整个东京湾区带来巨大的经济繁荣。

目前，东京湾的港口群与羽田、成田两大国际机场和6条新干线连接在一起，构成了东京湾与日本和全球主要城市之间的海陆空立体交通网，为人流、物流的大进大出提供了有力支撑，使湾区内的产业能够充分利用两种资源、两个市场，进而实现"原料产地→海洋运输→临港工业制造→多种运输途径→进入不同区域市场"[①]的大生产和大运输相结合的发展模式。

第二，东京湾区制造业的发展与转型。

东京湾后续的发展依然是凭借自身优良的港口条件，使其能够大规模地利用海外石油与矿石等全球性资源来发展本地工业，而铁路、公路网络的配套发展及填海造地的历史，使东京湾区成为适合以原材料进口和制成品出口为基础的工业生产及供应国内外市场的基地，从而吸引了大量的工业在东京湾聚集，并吸引了大量的农村劳动力向东京湾区集中。

日本自20世纪50年代中期开始大规模接受欧美的产业转移，开启了日本的高速经济增长期。20世纪60年代，东京湾区制造业尤其是机械工业开始向京滨、京叶地区迁移，缓解了中心城区的压力。同时，东京湾以西形成了有日本第一大工业带之称的"京滨工业带"；向东形成了"京叶工业带"，这里集中了钢铁、有色冶金、炼油、石化、机械、电子、汽车、造船、现代物流等产业。从1955年到发生第一次石油危机的1973年，日本年均经济增长速度达到了两位数，创造了当时的"世界奇迹"，日本也渐渐成了"世界工厂"进而成为当时最具工业竞争力的后发达国家。之后，日本经济经历了第二次石油危机、日美贸易战和日本经济泡沫破裂，增长速度逐步下降，日本经济开始进入所谓的"失去的二十年"。在这一进程中，东京都市圈受到了打击，不断探索新的产业转型升级之路以应对不断出现的新挑战，为日本经济逐渐恢复和产业调整扮演了最重要的角色，成

---

① 安小刚、魏丽华：《临港经济发展路径的国际经验借鉴与启示》，《广州城市职业学院学报》2008年第3期。

为日本经济增长的最大贡献者和领头羊，进一步巩固了其全国最大的经济中心和人口中心的地位。截至 2011 年，东京湾区内共有近6.5 万个制造业企业[①]，成为全球最大的工业产业地带。

东京制造业大致经历了三个发展阶段。

第一个阶段（20 世纪 60 年代以前）：东京湾区开始了重工业集聚和向轻工业转换的过程。"二战"或更早时期的日俄战争、"一战"，促使东京湾区的重工业集聚。"二战"后，民用需求带动重工业转型，日本的主要工业转向满足民用需求，如 1957 年神奈川县工业生产额超过 8000 亿日元，从产业门类上看，输送机械、钢铁、化工、电器机械四大种类合计占比超过 55%，而千叶县此时也开始聚集以能源为主的大型工业企业。京滨工业带的工业生产总值占全国工业生产总值的比重在 1960 年一度高达 24.7%。

第二个阶段（20 世纪 60 年代至 80 年代）：日本开始全面高速发展，工厂及人口的集中带来了土地和工资等要素价格上涨、工业用水不足、交通拥堵及环境污染等各种问题。为了避免大量工业集中在东京等少数主要港口附近带来的弊端，日本开始实行"工业分散战略"，大量工业企业从东京外迁至周边的神奈川县与千叶县。再加上神奈川县与千叶县相对东京都的土地成本与空间的巨大优势开始显现，因此实现了工业分布的区域平衡。据日本通产省统计，1974 年东京都有 66 家工厂外迁，从 20 世纪 70 年代开始，这种趋势有增无减。1980 年，京滨工业带的工业生产比例下降至 17.5%。

第三个阶段（20 世纪 80 年代以后）：随着东京湾区（尤其是临近东京的京滨工业带）科研人才集聚、城市功能慢慢体现，湾区内工业地区进入知识技术密集型产业的发展阶段，重化工工业逐步向外扩散，湾区开始发展精密机械、电子信息等高附加值、低污染的制造业，同时大范围布局服务于制造业的现代物流等生产性服务业。京滨工业带逐渐形成了一套独有的"产学研"体系，并成为东京湾区的

---

① 云锋金融：《东京湾区：目标是星辰大海》，2018 年 2 月 22 日，https://www.sohu.com/a/223438456_649112。

产业研发中心。整个东京湾区（首都圈）拥有 263 所大学（2013 年统计），注册大学生人数超过 127 万。其中京滨工业地区内有庆应大学、东京都市大学（前身为武藏工业大学）、横滨国立大学等知名研究型高校。2000 年，京滨工业地区工业生产比例为 13.3%，到了 2006 年下降为 10.3%。

第三，从工业主导走向服务业主导。

20 世纪 70 年代的两次石油危机及之后的日美广场协议、日元升值等因素使日本国内制造成本变高，东京湾区（东京都市圈）的经济增长开始减速，日本经济开始逐渐转型，从出口导向型制造业转向高端制造和第三产业。产业转型加速了服务业和商务功能向东京湾区的进一步聚集。

从产业结构调整来看，东京湾区第三产业比重持续上升、第二产业比重大幅下滑、第一产业持续萎缩，已逐步实现从工业主导向服务业主导转变。具体来说，日本将石油、钢铁和造船等传统制造业的规模缩减了 20%，把发展精力转移到新兴产业上。日本企业巨头也纷纷从中低端产业向电子通信、计算机、服务、新材料、生物工程和航天业等高新技术产业转移。

东京湾区"一都三县"的第三产业都表现出明显的增长趋势（见图 6-10）。

第三产业在东京湾区经济结构中占据绝对主导地位，信息技术、知识密集型专业服务业是东京湾区中心区的核心竞争行业。2015 年，除商贸、餐饮、运输仓储等伴随湾区转口贸易和临港工业成长起来的传统服务业之外，信息服务、金融保险等各类专业化的商务服务业在湾区经济中占据重要地位，科技服务业在东京湾区集聚。

从"区位商"①的角度看，服务业在东京湾区（"一都三县"）的专

---

① 在区域经济学中，通常用区位商来判断一个产业是否构成地区专业化部门。通过计算某一地区产业的区位商，可以找出该区域在全国具有一定地位的优势产业。区位商越大，专业化水平越高。某一产业的区位商大于 1，可以认为该产业是该地区的专业化部门。

业化程度，也反映了湾区向服务业转型的趋势（见表6-2）。

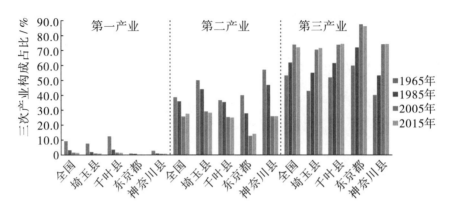

图6-10　东京湾区"一都三县"三次产业构成变化①

表6-2　2006年和2015年东京都市圈及东京都各行业产值区位商分布②

行业分类	东京都市圈		东京都	
	2006年	2015年	2006年	2015年
农林水产业	0.2	0.2	0	0
矿业	0.5	0.7	0.6	0.8
制造业	0.7	0.6	0.4	0.4
电气、煤气、自来水、废料处理业	0.8	0.9	0.5	0.6
建筑业	0.9	0.9	0.9	0.9
批发零售业	1.3	1.2	1.7	1.6
运输、邮政业	1.0	1.0	0.9	0.9
住宿、饮食服务业	0.9	1.0	0.8	1.0
信息通信业	1.6	1.6	2.2	2.2
金融保险业	1.4	1.4	1.9	1.9

①　陈红艳、骆华松、宋金平：《东京都市圈人口变迁与产业重构特征研究》，《地理科学进展》2020年第9期。

②　同上。

（续表）

行业分类	东京都市圈		东京都	
	2006 年	2015 年	2006 年	2015 年
不动产业	1.1	1.1	0.9	1.0
学术研究、专业技术服务业	1.2	1.3	1.4	1.6
公务	0.9	0.9	0.9	0.8
教育	0.8	0.8	0.7	0.8
保健卫生、社会事业	0.7	0.8	0.5	0.5
其他产业	1.0	1.0	0.8	1.0

第四，"社会 5.0"成为未来创新的动力。

2016 年 1 月 22 日，日本内阁会议审议通过的《第五期科学技术基本计划（2016—2020）》首次提出超智能社会（"社会 5.0"）这一概念。该计划指出，人类社会相继经历了狩猎采集社会、农耕社会、工业社会、信息社会，未来将进入新一代社会形态——"社会 5.0"（见图 6-11）。"社会 5.0"有以下三个核心要素：一是其为虚拟空间和物理空间高度融合的社会系统；二是超越年龄、性别、地区、语言等差异，为多样化和潜在的社会需求提供必要的物质和服务；三是让所有人都能享受到舒适且充满活力的高质量生活，构建一个以人为本、适应经济发展并有效解决社会问题的新型社会。当下世界各国都在制造业领域最大限度地灵活应用信息与通信技术，政府和产业界积极合作应对第四次工业革命带来的变化，通过网络空间与物理空间（现实世界）的融合，构建一个多元、富裕、充满活力的"超智能社会"。与德国的"工业 4.0"、美国的"先进制造伙伴计划"、中国的"中国制造 2025"不同，日本的"社会 5.0"立足于整个经济社会，着眼的范围更加宽广，不仅要对工业进行数字化改造、提升产业的生产性，还要提升生活的便捷性，应对少子化、老龄化以及环境、能源、教育、医疗、偏远地区生活等各领域的社会问题。

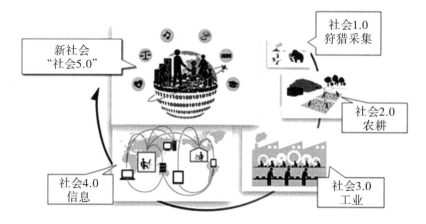

图 6-11　人类社会的社会形态演变①

东京湾区具有科技与创新优势，在科睿唯安（Clarivate）发布的《德温特 2018—2019 年度全球百强创新机构报告》（*2018–19 Derwent Top100 Global Innovators Report*）中，日本上榜企业数量达到 39 家，其中位于东京湾区的有 26 家。这也意味着，全球 26% 的"创新百强"位于东京湾区。世界知识产权组织发布的《2019 年全球创新指数》显示，按城市圈划分，位于东京湾区的京滨工业带在科技城市群中蝉联第一。

"社会 5.0"为东京湾区注入新的动力，实现"社会 5.0"目标，对于东京湾区把握产业链上游及核心技术、应对湾区"空心化"趋势，具有重要意义。

（三）东京湾区应对日美贸易战

在东京湾区的发展过程中，有一个重要的历史里程碑，那就是日本和美国之间的贸易战。

"二战"后，日本经济逐渐复苏，并快速崛起为世界第二大经济强国。日本的崛起对美国的经济霸主地位产生了威胁，日本对美国的贸易顺差快速扩大，从 1980 年的 70.0 亿美元飙升至 1986 年的 521.6 亿美元。与此同时，美国的贸易逆差也在快速扩大，从 1980

———————

① 日本内阁府。

年的 194 亿美元上升至 1987 年的 1517 亿美元，复合增长率高达 34.1%。美国对日本的贸易逆差占美国总贸易逆差的比例在多数年份是 40% 左右，个别年份高达 80%。

日本的迅猛增长令美国感到不安。美国利用政治手段制定了一系列法案，如丹佛决议案等，并对日本发起了 15 次 301 调查，对日本汽车加收重税，最后强迫日本签订了《广场协议》。

此后，日本外贸出口增速由 1985 年的 2.4% 下降至 1986 年的 −4.8%，实际经济增长率从 1985 年的 4.1% 下降至 1986 年的 3.1%。另外，在《广场协议》签订前后，日本为缓解日美贸易摩擦，在同意日元对美元升值的同时，并没有放开进口市场，而是实行了宽松的货币政策以促进美国商品进口，特别是"超低利率"政策。从 1986 年 1 月开始，为了削减日元升值对日本国内经济增长带来的负面影响，日本银行在 1986 年 1 月至 1987 年 2 月这一年的时间里连续五次下调公定贴现率，将其降至当时国际上的最低水平 2.5%。

《广场协议》促使日本考虑新的经济发展战略——从出口导向型转向内需主导型，着力摆脱过分依赖出口的问题。

第一，扩大内需。《广场协议》使日元升值发挥了降低消费品价格、增加居民实际收益的积极作用，日本国内民间消费支出明显上升，以民间消费为先导的投资热潮，有力拉动了日本国内总需求的快速扩张。1987 年，日本着手制定了 1988 年至 1992 年经济发展计划，将中期宏观经济增速定为 4%，其中内需增长目标为 4.5%，出口为 −0.5%，走上"双循环"经济之路。自 1991 年起，日本最终消费占 GDP 的比重持续上升（见图 6−12）。

第二，调整产业结构。日美贸易战促使日本将经济发展的重心向知识密集型产业转移。为实现这一转型，东京湾区的企业积极调整战略，促进了主导产业向高端产业转型。实现产业升级之后，日本企业把重点放在控制先进材料和先进制造设备等上游产业上，同时也占据了研发核心零件这一中游产业。为了保障人才供应，日本还大力支持教育科研工作。

掌握了科技创新能力的日本，开始在国际竞争中占据重要的位

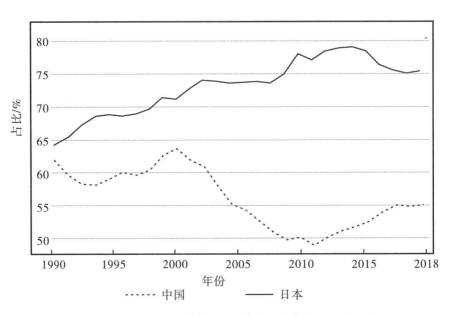

图 6-12　1990—2018 年中国和日本最终消费占 GDP 的比重

置，其结果是产业附加值得到极大提升，居民收入得到改善，这是日本和东京湾区促进内需、提升实力、避免受到日美贸易战影响的主要成功因素。

第三，调整出口战略。为应对日美贸易战，东京湾区还对出口战略做了相应的调整，降低对美国市场的依赖。日本以贸易立国，而"二战"后美国一直是日本的主要贸易对象，日本对美国的出口长期占其总出口的1/4以上，1985年至1987年这三年占比高达近40%。为了缓解日美贸易战的影响，日本政府鼓励企业积极开拓其他市场，扩大对其他地区的出口，到了1991年，亚洲已取代美国成为日本最大的出口市场。减少对美国单一市场的依赖有效地缓解了两国贸易战带来的冲击。

第四，日本企业利用日元升值大幅增加海外投资。一方面，海外投资可以把大量出口产能转移到海外，以此化解来自美国的贸易压力。另一方面，海外投资可以帮助日本实现制造业转型。此外，日本企业也加大对美国的投资，把生产移到美国进行本土化生产。1985年日本对美投资为50亿美元，1988年达到210亿美元，1989年则激增到320亿美元。一个突出的例子是日本丰田汽车公司。为化解日美汽车贸易纠纷，日本丰田汽车公司累计在美国投资 220 亿美元，在美国雇用员工 13.6 万人。这种投资的短期目标是化解贸易战风险，尽管也导致了后期出现投资摩擦，但长期效果是提升了美国消费者对日本品牌的认同度。

二、东京湾区建设的成功经验和主要教训

（一）东京湾区建设的成功经验

日本是一个市场经济国家，但与欧美国家在经济治理方式上有明显的差异。即使受到西方学界诟病，政府的协调规划作用，也是日本成功的主要经验。东京湾区的发展，也无处不见政府协调规划的指引。

从城镇化和都市圈发展的角度看，日本有自身特有的问题，但面临人口过度集聚、人均土地面积匮乏、大城市病频发、城市空心化、首都发展"一极集中"困境等挑战，仍能比较有效地解决相关问题，其经验值得粤港澳大湾区借鉴。

第一，政府前瞻性规划城市和产业布局。

东京湾区发展的重要成功经验之一，就是政府前瞻性地发现城市群发展中的问题，根据不同时期经济发展的特点和瓶颈问题，一次次出台各种规划城市和产业布局的政策和指导文件，试图在人口、土地、环保和产业布局等方面形成东京湾区建设和发展的协同性。

东京都所在的首都圈，一直是日本经济、政治、科研、文化交流最重要的区域，日本各级政府陆续发布了一系列促进首都圈发展的法律和基本规划。

日本先后于 1958 年、1968 年、1976 年、1986 年、1999 年制定了五次《首都圈基本计划》（见表 6-3），期间经历了日本经济从战后复兴、高速增长、稳定发展到泡沫破灭、经济衰退等过程，规划所面对的时代背景和外部环境发生了多次历史性转折，也都具有很强的针对性和鲜明的时代特征。

表6-3 日本首都圈基本计划①

项目	第一次首都圈基本计划	第二次首都圈基本计划	第三次首都圈基本计划	第四次首都圈基本计划	第五次首都圈基本计划	首都圈整备计划
时间	1958年	1968年	1976年	1986年	1999年	2006年
空间范围	1都+半径100千米范围	1都+7县	1都+7县	1都+7县	1都+7县	1都+7县
规划时限	1975年	1975年	1985年	2000年	2015年	2015年
规划人口	2660万	3310万	3800万	4090万	4180万	4180万
时限实际人口	3362万	3362万	3762万	4132万	4383万	4383万
经济社会环境	经济高速增长,人口快速向城市集聚	经济高速增长,地区发展不平衡加剧	石油危机影响,经济发展趋于稳定	信息化、全球化、社会老龄化	泡沫经济崩塌,产业结构调整,社会多元化	老龄化、少子化
主要问题	东京都无序扩张,人口、产业快速集聚	人口规模突破,绿带政策失效	人口、经济政治职能向首都圈的"一极集中"	经济全球化、人口老龄化挑战,强化中心区的国际金融职能和高层管理职能	首都圈中心空洞化,产业结构调整	安全、舒适要求提高,活力不足
规划思路	抑制大城市无序蔓延	缩小地区差异,实现均衡发展	控制大城市,振兴地方城市	推动形成多级分散型国土开发格局	提高区域竞争力,促进可持续发展	东京都市圈作为日本经济的引擎
政策工具	设立绿化带,建设卫星城	设立整备区,轨道交通引导开发,推进新城建设	增加周边城市的文化功能	纠正都心地区的单一中心聚集型结构,形成以商务核心城市为中心的自立型都市圈和多核多圈层的区域结构	商务核心城市建设进一步推进和自立性的提高,城市再开发	防灾能力增强,环境设施提升,交通设施改善,增强政府、企业、市民团体的合作

① 张磊:《东京都市圈空间结构演变的制度逻辑》,2017年7月18日,https://www.sohu.com/a/158153907_651721。

从这些规划中可以看出东京湾区在不同时期的发展方向及目标，同时，也可以看出规划在应对湾区发展的一些基本问题上的转变。

第二，政府与非政府协调机构良性互动。

日本政府的国土部门、交通部门、产业部门等对区域发展都有各自角度的布局和规划，有些在相关法律背景下有约束力，更多的则是指导性规划、战略文件和白皮书等。

随着东京湾区中心城市集聚能力和辐射能力的增强以及圈内生活性、生产性活动半径的快速扩张，诸如交通、环境、产业、公共服务等问题产生外溢效应，影响周边城市乃至东京湾区内的大部分地区，呈现出跨越行政区划的特征。因此，在区域层面，既有适用于东京湾区的都市圈整备规划，也有地方发布的开发促进本地区发展的布局和规划。

这些规划或战略布局的落地衔接，通常由各种非政府协调机构和智库居中协调实施。企业在考虑发展战略时，也会积极配合各层级政府的战略和规划指引。

例如，东京湾区的开发管理，由"东京湾港湾联协推进协议会"这一协调机构负责沟通和推动。该协议会由日本政府的国土交通省关东地方整备局港湾空港部牵头，东京湾所有的地方政府一起参加，协议会事务局设置在横滨市。除此之外，还有"东京都港湾振兴协会"这种各海运公司和港区开发公司、沿港工厂企业共同参与的民间协调机构[1]。

此外，一些常见的非政府建制的跨区域协议会，既有以解决专业性问题为导向的区域协议会，如"东京都市圈交通规划协议会"，也有由地方自治体的首脑自发组成的联席会议，如1965年成立的"关东地方行政联席会议"、1979年成立的"七都县首脑会议"、2002年成立的"首都圈港湾合作推进协议会"等[2]。日本开发构想研究所、东

---

[1] 陶希东：《世界知名大湾区跨界治理经验及启示》，《创新》2020年第1期。

[2] 国务院发展研究中心课题组：《东京都市圈的发展模式、治理经验及启示》，《中国经济时报》2016年8月19日。

京湾综合开发协议会等智库，发挥专业研究的特长，为各种规划的衔接和落实提供政策解读、咨询和建议，推动政府决策的形成，促进各种规划的落实。而政府也尊重与重用这些智库，把它们作为开发管理东京湾区的一支重要力量。

从区域行政的历史经验看，东京都市圈内的区域性协调机制，多年来主要以中央政府主导，即中央政府通过完善、权威的区域性规划体系和强有力的项目资金保障、政策配套以及自上而下的宏观调控，达到区域行政协作的目的①。

第三，通过财政金融政策引领实现规划和战略目标。

为加速规划目标的落地（如引导工业再布局、教育科研发展和部分商务功能设施向周边地区转移），政府还采取了一系列财政金融政策加以配套。如：财政转移支付（将中央税收的一部分转移给企业迁入地所属的地方政府）；搬迁企业的所得税减免；新开发地区的政府发行地方债并由中央财政贴息；中央政府通过政策性银行向市场主体定向发放产业转移专项贷款；近郊整治地带、城市开发区内的新兴工业园开发还可享受法定的特别税制优惠②。

第四，在产业转型中不放弃制造业。

在经济全球化过程中，制造业的兴衰与国际市场、国际分工的互动直接相关。面对全球竞争，制造业面临多重挑战和"转移"与"转型"的选择。

东京湾区在产业转型过程中，遵循产业结构升级的基本规律，较好地解决了"转移"和"转型"的关系。其遵循的路径是从发展制造业推进工业化进程，进而"退二进三"发展服务业。

传统的钢铁工业、化学工业、电器机械、电子产品、运输机械、都市型工业都曾在东京大都市圈创造过辉煌的业绩。但是，一方面，由于劳动力成本上升、人口老龄化、社会多元化的压力；另一方面，

① 国务院发展研究中心课题组：《东京都市圈的发展模式、治理经验及启示》，《中国经济时报》2016 年 8 月 19 日。

② 同上。

随着经济全球化带来新的国际分工，日本制造业在全球的竞争优势逐步受到侵蚀，导致部分制造业外移。日本企业在海外的生产基地不断增加、海外生产比重上升，同时也推动东京都市圈进入以服务业为主导的转型。然而，日本并没有放弃制造业的发展，而是主动向高端制造业转型，在本土发展附加值较高、技术密集、研发在产品生产周期中占据重要地位的核心生产，掌握产业链上游优势。这也使近些年日本制造业占 GDP 的比重仍能维持在平稳发展的水平（见图 6-13）。

尽管从占比看，经历过数次产业结构转型调整后，东京湾区的产业如今已是以第三产业为主、高端制造业为辅，但日本制造业在国际竞争中并没有式微。德勤与美国竞争力委员会发布的《2016 全球制造业竞争力指数》显示，日本制造业在 2010 年、2013 年和 2016 年的竞争力排名分别为第六位、第十位和第四位。以极强的创新能力为基础，以国际化战略布局为策略，日本制造业走出低迷，实现了又一次转型。

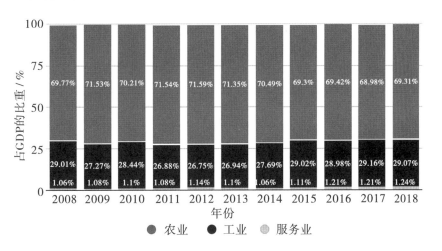

图 6-13　2008—2018 年日本三次产业占 GDP 的比重①

实现产业升级之后，日本企业开始控制先进材料和先进制造设备等上游产业，同时也占据了研发核心零件这一中游产业。掌握了科

---

① Statista 2020。

技创新能力的日本，开始在国际竞争中占据重要位置。

第五，政策及立法支持研发和科创成果转化。

1995 年颁布的《科学技术基本法》对日本的科技创新影响最为深远，标志着日本确立了科学技术立国的基本方针。此后，日本政府于 1996 年制定了 5 年一期的"科学技术基本计划"，开始实施长期、系统、连贯的科技政策。

据日本总务省数据，在 2017 财年（2017 年 4 月至 2018 年 3 月）中，日本科研费占 GDP 的比重为 3.48%，总额达 19 万亿日元，刷新了历史纪录。企业的研发投入为 13.8 万亿日元，占比超过七成；其中，投入到制造业的研究经费约为 12 万亿日元，占企业研发投入总额的 86.8%。

为促进高校科技成果转化，日本陆续颁布了《大学技术转让促进法》、《产业活力再生特别措施法》（又被称为日本版《拜杜法案》）、《技术转移法》、《知识产权基本法》和《国立大学法人法》等多项法律，其中，1998 年 5 月颁布的《大学技术转让促进法》（*Technology Licensing Organization*，简称 TLO 法），确立了政府从制度与资金方面对高校科技成果转化工作机构支持与资助的责任，明确规定高校设立的科技成果转化机构，可以直接从政府获得活动经费和人员派遣的支持。日本政府认可的 50 家 TLO 机构，每年均可从政府获得 3000 万~5000 万日元的资助。

（二）东京湾区建设的主要教训

东京湾区的现代经济开发成功的背后也有着令人深思和反省的教训。

第一，先污染后治理。

"二战"后，东京湾沿岸的钢铁、化工、造船等一批重污染企业把废水、废料排入东京湾，造成严重的海水污染，婴儿畸形曾一度被广泛关注。同时，林立的大烟囱造成空气污染，让东京看不到蓝天。20 世纪世界环境污染八大公害事件中有四件发生在日本，其中之一正是 1970 年发生在京都以南的一个大型石化综合企业周围的肺气肿和哮喘病，被称为"四日市哮喘事件"（Yokkaichi Asthma）。

虽然后期的环境治理使东京湾区的环境质量有了较大的提高，但空气污染对敏感人群的影响仍是社会关注的问题。

此外，东京湾内大规模填海造地也对自然环境造成了破坏，其负面影响至今还存在。

第二，"一极集中"的后遗症。

以"一极集中"、适度疏解为主要特征的都市圈扩张期以1974年第一次石油危机为转折点，东京都市圈的经济增长开始减速，但产业转型反而加速了服务业和商务功能向东京都心的进一步聚集。同时，自20世纪80年代起，经济滞胀、第二次石油危机和泡沫经济出现引发日本政府的财政约束和私人土地投机性开发。东京周边地区的发展提速。

产业结构转型下的功能集聚反而使"一极集中"现象矛盾更加尖锐，过度的密集和规模扩张使得东京都与周边区县的差距放大和地价上升，不仅影响到首都圈经济社会系统的稳定，还因常住人口减少引发城市中心空洞化、房价泡沫、公共项目效益下降、城际交通恶化和环境污染等一系列"大城市病"，也给应对可能发生的地震和城市防灾减灾加大压力。

第三，研究能力现状不容乐观。

虽然日本政府在政策上支持研究和开发，但日本目前的研究能力后劲不足。东京湾区集聚了日本近30%的大学、40%的学术研究机构和超过60%的研究人员，但研究论文不论是在质上还是在量上，在国际上的地位都偏低，而国际合作发表论文的情况也停滞不前，与其他国家的研究能力相比处于劣势地位。据日本文部科学省发布的《2019年研究能力提升改革》报告，主要问题包括：继续选择完成博士课程的人员在减少，能够满足社会需求的高质量博士的培养不足，新的研究领域踏足者少，深度研究的时间分配减少、申请资金的手续非常繁杂，研究机构内外的设备、机器等的共用和更新延迟，研究人员岗位的高流动性和不安定性等。该报告表示，日本将实施与大学改革相结合的人才、资金及环境的改革。

第四，创业型中小企业发展面临的问题。

经历了20世纪70年代和80年代两次创业热潮后，日本泡沫经济走向崩溃，创业经济一度陷入低迷状态。2000年前后，在经济结构转变、信息技术发展和政府管制放松等大背景下，日本的创业活动再度活跃，大学和中小企业开始迈向合作，创业公司孵化设施也有所增加。但审视日本国内创业经济的生态环境，日本创业经济仍存在发展障碍。据日本文部省调查，日本创业型中小企业主要面临以下六大问题。

一是创业或准备创业的人偏少。日本创业的人才绝对数太少，创业几乎没有成为民众职业规划的选项。此外，民众普遍缺乏挑战新事物的创业者精神，正面评价创业成功者的意识也不充分。日本人的创业意识远低于其他发达国家。技术开发型创业公司普遍缺乏经营人才，缺乏既懂技术又能描绘商业模式和推进技术产业化的项目经理。

二是缺乏风险资金。投资创业公司有着周期长、风险大的特点。在日本的金融资本市场中，间接金融（indirect finance）主体发达，其结果是回避风险的金融结构成为主流，能在中长期内承担风险的直接金融（direct finance）资金不足。2012年，日本风险投资的GDP占比还不到美国的1/7，约为韩国的一半。

三是无法做到全球化。在日本的创业公司中，有很多商业模式一旦达到占据国内市场某种规模，便满足于现状，不再积极进取。此外，为了瞄准全球市场，需要大量活跃于世界舞台并具有全球视野的人才，这也要求日本社会形成接纳全球人才的环境和结构。

四是大企业和创业公司之间缺乏合作。与欧美国家相比，日本的大企业和创业公司的合作还远不充分。即便是开放式创新已经成为主流的今天，很多大企业仍未从自给自足的状态中走出来。

五是缺乏技术开发型创业公司和源自地方的创业公司。日本对风险系数高、迈向商业轨道耗时长的尖端科技类创业公司的投资显得杯水车薪，无论是创业者还是支持者或风险资金都严重不足，而该类创业公司在知识和资本集约度方面的要求都很高。此外，日本的大学和研究机构也几乎都没能做到将最尖端的技术有效连接产业化和经济发展。

六是行政对创业公司的支持还不充分。20 世纪 90 年代中期以后，日本通过修改组织法制、建立支持制度和税制等，强化政府对创业公司的支持。配对基金（matching funds）和取消最低注册资本限制等措施虽然取得了一定成效，但还不充分。日本政府迄今为止的创业公司支持政策仅着眼于创业公司这个政策对象，没能从更大的视角出发实施足以改变结构的对策，比如推动大企业开展合作、呼吁年金资金进行支持等。

第五，解决能源短缺问题的节能政策有待改进。

日本是能源短缺国家，能源供给对进口的依赖性很大。日本初级能源产品供给主要依靠进口，煤炭、原油、天然气的供给 90% 以上都来自进口，其中原油进口占初级能源进口的比例最高。

超低能源自给率与石油危机爆发的双重压力，致使日本成为世界上最早重视能源转型的国家之一。20 世纪 70 年代经历了两次石油危机之后，日本大力实施各种鼓励和促进研究开发节能技术的政策，使日本的节能技术得到飞速发展和普遍应用，同时还制定了一系列节能法律，如《关于合理使用能源的法律》，出台各类涉及能源的战略，推动合理化使用化石能源，减少对化石能源的依赖。这使得日本抵御能源危机的能力大大增强，能源价格暴涨对日本经济的不利影响也大大减弱，日本经济界基本上都能冷静面对油价波动带来的影响。

日本经济产业省资源能源厅发表的"综合能源统计"显示，日本在 1973 年的能源消费量相当于 16133 皮焦耳（PJ），当时日本的国内生产总值约为 112.5 万亿日元。到 2000 年，日本全国的能源消费量相当于 23385 皮焦耳，而当年日本的国内生产总值已增长至约 513.2 万亿日元。与 1973 年相比，日本 2000 年的能源消费仅增长了 45%，国内生产总值却增加了 4.6 倍。

从图 6-14 中，我们也能观察到日本能源消费增速远低于经济增长的趋势。

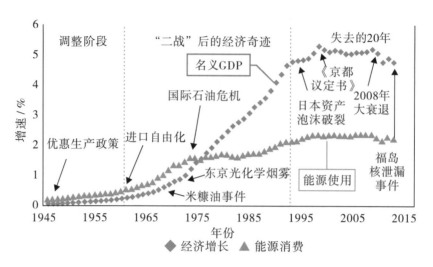

图 6-14 "二战"后日本能源消费与经济增长对比

日本初期采取的节能政策主要有两个目的：一是让企业尽可能减少对石油资源的消耗，或者转向对石油资源依赖度小的领域；二是推动行业整体向对石油资源依赖度小的机械、加工等领域转型。日本解决能源短缺问题的政策还有待进一步优化，从追求设备效率向系统节能转变，进而向再生能源和新能源领域发展，新的目标是"从节能向需求优化"的转变。

三、东京湾区对粤港澳大湾区建设的借鉴意义

（一）东京湾区与纽约湾区、旧金山湾区的不同特点

第一，东京湾区是一个主要依靠人工规划而形成的湾区，更多地体现出人工规划湾区建设的匠心。

第二，对于一个资源匮乏的国家而言，东京湾区的成功，从城市布局、产业关联到港口间的协同关系，都是日本精心规划和设计的结果。

第三，经历过日美贸易战，日本深刻反思其与外部经济的关系，调整并建立了新经济发展模式。

第四，粤港澳大湾区和日本东京湾区相似，都是出口导向型发展

模式。因此，东京湾区的经验教训可为我国的大城市群特别是粤港澳大湾区的规划、建设和发展提供许多有益的启示。

（二）东京湾区发展对粤港澳大湾区建设的借鉴意义

东京湾区的发展走过不少弯路，比如"一极集中"，模仿伦敦的城市规划实施绿带政策最终失败，再比如早期开发新城主要是作为"卧城"而没有产业转移，结果造成新城发展落后和面临巨大的通勤压力。由于中日文化接近，日本某些发展阶段的问题与我国当前面临的问题相似，加上日本东京湾区发展中的战略路径有较独特的政府与市场的互动，对粤港澳大湾区建设有特殊的借鉴意义。

第一，政府的引领作用。有人认为，日本的经济成功，包括东京湾区的崛起，是战后日本政策坚持集中引导，实行了国家干预经济和国家垄断的管理制度的结果。这一模式也被称为"1940 年体制"。所谓"1940 年体制"，就是 1940 年前后，为赢得战争，日本对产业进行国家统治，以举国之力动员社会力量、资源支援战争的经济运作模式。其核心是对金融体系的改造，排斥股东对企业的支配，确立了"银行中心主义"，以日本兴业银行等银行为主为企业提供资金。日本战败后，虽被美国军管，但"1940 年体制"仍被日方处心积虑地保留了下来，并在日本经济发展的各个时期、在日本经济不同阶段的特点的形成中，起到了决定性作用[①]。

"1940 年体制"究竟是不是有效的管理体制，甚至能不能构成"政府主导的市场经济"的成功，在学术界和实践中有很大的争议。甚至有人断言，日本集中式的管理模式将扼杀日本的创新能力。

这种政府主导的经济管理体制在过去的经济发展中起到了积极作用，但也可能会成为政府干预过多的理由。粤港澳大湾区在制定大湾区和各城市的发展战略的过程中，需要认真研究日本这种政府主

----

① 严杰夫：《"日本神话"的终结：政府主导型体制的罪与罚》，《经济观察报》2018 年 7 月 28 日。

导式的管理模式、路径和产生的正负面后果，在借鉴东京湾区发展经验的同时，结合我国国情和本地经济特点，确定正确的经济发展主攻方向。在这一过程中，我们更需要学习的是日本中央和地方政府在制定战略过程中的操作过程、精细的视角和前瞻思维。

第二，差异化定位与区域协同发展。东京发展一极化的问题带来一系列的附带问题，这些问题成为日本政府及东京湾区长期以来要解决的主要问题，让日本政府在容错和纠错的过程中耗费了大量的政府资源。日本中央政府和东京湾区地方政府出台了诸多政策，包括产业政策和相关配套服务的转移等政策，核心是促进东京湾区各县市的差异化发展和区域协同发展，也因此在地方政府层面和行业层面设立区域协调机构，从土地规划、城市功能定位、产业布局和未来战略方向等各个方面进行协调和指导，确保东京湾区各区域均衡增长。

相较于东京湾区建设初期，粤港澳大湾区面临的情况更为复杂。一是各城市之间经济发展存在着严重不平衡的问题，比如 2018 年肇庆的人均 GDP 仅为澳门人均 GDP 的 10%；二是粤港澳大湾区的经济结构同质性大于异质性，容易产生同质竞争和政策差异带来的内卷式外溢，引发区内资源异动；三是香港、澳门与内地城市在法律、政治、文化方面存在较大差异，融合存在着现实的挑战。所以，需要中央政府在统一协调的同时，借鉴东京湾区的经验，设置粤港澳大湾区地方政府间的常态化的协调机构。与此同时，还应发挥民间团体、行业组织在促进区域协调发展中的作用。

第三，规划发展路径需要前瞻思维。东京湾区在产业空间分布上表现为集群发展模式，根据周边城市功能在不同阶段的演变，不断进行产业转移和产业升级。同时，政策引领的前瞻思维也起了很大的作用，尤其是前瞻的战略对企业发展形成"反向塑造"作用，在某种意义上也起到了限制资本短视的作用，使企业发展目标和国家发展在全球的定位之间建立起有机联系。比如，2018 年 7 月 3 日，日本政府公布的"第 5 次能源基本计划"，提出了日本能源转型战略的新目标、新路径和新方向。这份面向 2030 年和 2050 年的日本能源中长期发展规划，为日本应对全球气候变化和确立未来"碳中和"的引领地位打下了基础。再比如，"社会5.0"的规划，为日本企业超越"工业4.0"发展提供了战略引导，推动日本企业在智慧社会的发展中形成新的竞争优势。

第四，坚持开放和国际化。东京湾拥有众多良港，不只在物理上提供了对外交流的门户，更重要的是开放程度更高，开放程度决定了港口城市的国际化氛围。东京湾区的开放性和国际性，不仅使整个湾区的发展能够紧扣国际经济发展趋势、把握前沿发展动态与潮流，以极强的战略敏感规划湾区的产业发展路径和领先趋势的愿景，使东京湾区建设紧跟世界潮流，甚至引领世界经济发展的潮流。东京湾区的开放性和国际性，还使其在发展过程中成为全球重要的金融中心和国际消费中心。

一个有趣的例子是，东京湾区内的一家大型企业，为了保持其国际竞争力，要求企业将工作语言改为英语。这从另一个侧面反映了企业对国际化的认识不仅限于国际化的政策环境，还敢于放弃"日本第一"的心态，把企业发展真正融入国际化的体系当中。

粤港澳大湾区需要借鉴日本及东京湾区的开放和国际化的具体政策措施和城市发展模式，实现从出口导向经济向以内生发展驱动的进出平衡转型。

第五，加强科研体系创新。粤港澳大湾区的定位之一是建设具有全球影响力的国际科创中心。对比东京湾区的发展历程和经验，粤港澳大湾区实现这一定位还有一定的距离，主要差距是创新的原生动力和企业存在的有机互促关系。东京湾区重视和鼓励政府、企业和大学进行研发投入，尊重企业基于市场规律的研发，与此同时，还通过税收优惠、行业补贴等方式鼓励科技创新企业研发，更重要的是，政府的财政政策还促进和引导符合全球发展趋势的新科技创新。

在产业集群和大学集群互动合作方面，粤港澳大湾区也有明显的短板。粤港澳大湾区在促进和加快本地科研能力建设的同时，也在试图通过吸引全国科研机构来弥补科研能力的短板。可借鉴东京湾区的 TLO 运作模式，形成科研成果市场化、产业化的机制。当然，如何利用香港金融中心的地位形成国际化的风险投资环境，也是需要探索的方向，同时需要避免创新间接融资的"风险规避"弊病。

科技创新是湾区经济发展的共同特征，也是湾区持续发展的生命线。简单的招商思维和招商优惠驱动的企业集群的形成难以产生有生命力和持久的发展模式，且可能引发发展"失速"的风险。政策指导"产学研"结合，要促进人才培养和聚集，才能形成真正的创新内生动力。围绕科技创新产业化和规模化，粤港澳大湾区还需要借鉴学习东京湾区的融资体系、资本市场运作体系以及人才政策体系。

第六，重视中小企业的发展。据有关统计，日本现有中小企业358 万个（中型企业 53 万个、小微企业 305 万个），占企业总数的99.7%[①]。1963 年，日本政府为推动中小企业发展，颁布了《中小企业基本法》，其中对什么是中小企业做出了严格的定义。《中小企业基本法》的制定，有力地推动了日本中小企业的发展。日本和东京湾区的发展事实表明，中小企业在日本经济高速增长时期起了巨大的作用。中小企业在竞争激烈的环境下，不但改善了经营管理水平，提高了专业化程度和生产技术层次，经济效益也有了明显提高，还培养出了一代具有很强进取心和市场开拓精神的企业家，很多历史悠久且有独家绝技的企业都是中小企业。日本经济产业省指定的 17项特定制造业基础技术，包括模具技术、锻造技术、动力传导技术等，几乎全都掌握在中小企业手中，而这些技术都是影响制造业竞争力的关键技术，是构成日本全球竞争力的重要因素。

粤港澳大湾区需要建立稳定的、机制化的中小企业，促进政策环境和发展引领。中小企业既有自身发展的特点，也有与大企业的供应链关系，对中小企业的支持事关粤港澳大湾区的发展基础，不容忽视。日本和东京湾区的中小企业相关政策是值得深入研究和借鉴的。例如：对中小企业的指导和扶持政策、防止不正当竞争和过度

---

① 浦文昌：《日本中小企业政策的经验与启示》，《中华工商时报》2019 年 10月 17 日。

竞争的政策、中小企业的金融与税收政策等，帮助中小企业找到了自己的发展道路，并通过完善与大企业的分工合作关系，确立了中小企业与大企业相互补充的地位，使中小企业成为湾区发展的中坚力量。

第七，科学的发展观。湾区建设是一项长期的复杂工程，规划工作的战略视角至关重要，湾区建设的现在和未来需要有规划和战略的链接，既要符合国家发展战略，也要紧跟全球发展趋势。东京湾区的发展基本上体现了这个路径。粤港澳大湾区的发展，需要遵循的原则应是科学借鉴和科学的发展观。无论是地区政策还是产业政策，都要因地制宜，并且要长远规划，注重连续性，切忌短期行为。在官方机构主导的规划和战略上要摒弃"政绩思维"，科学使用政策资源，要重视发挥第三方独立机构和智库的作用，为长期发展打下科学的基础并留出科学和可持续发展的空间。

后　记

　　《"一带一路"与粤港澳大湾区建设》是中共中央党校承担的国家社科基金特别委托项目"推进'一带一路'建设的战略布局和重大举措研究"（批准号：15@ZH017）的重要组成部分。本研究的重点不是简单地全面解读中共中央、国务院关于"一带一路"建设和《粤港澳大湾区发展规划纲要》等相关文件，而是根据这些文件精神及近期实施的经验和教训，一方面深入论证"一带一路"建设和粤港澳大湾区建设这两个国家战略之间的关系以及"一带一路"背景下粤港澳大湾区建设的战略意义、发展方向、总体布局、政策措施和国际经验借鉴等内容；另一方面重点阐述改革开放的新征程、"一国两制"的探索发展、海洋强国的角色定位、社会主义的先行示范这四个与粤港澳大湾区建设密切关联的国家重大发展战略，以突出"一带一路"和粤港澳大湾区建设的重大意义和特点，说明这四个国家战略与"一带一路"背景下粤港澳大湾区建设之间的战略关系和地位作用。而且这四个国家战略本身的发展也是粤港澳大湾区建设的题中应有之义，值得深入研究。可以说，这种研究设计和框架思路既反映了本研究的创新特色和宏观视野，也反映了承担本课题的中共中央党校研究团队的研究专长及其已有研究成果的深厚基础。

　　中共中央党校研究团队——中共中央党校超越之路课题组完成的国家海洋战略研究报告曾得到习近平总书记以及栗战书、杨洁篪、郭声琨等党和国家领导人的重视及批示。鉴于此，经中央有关领导批准，由中央党校承担国家社科基金特别委托项目"推进'一带一路'

建设的战略布局和重大举措研究"课题(中央党校超越之路课题组组长刘德喜教授为项目首席专家)。根据项目要求,决定将"'一带一路'与粤港澳大湾区建设"纳入研究范畴。

自 2020 年上半年开始,中共中央党校组织国家有关部门和相关研究机构的领导和专家参加"'一带一路'与粤港澳大湾区建设"课题研究工作。课题负责人为中共中央党校刘德喜教授。课题组主要成员有:中共中央党史和文献研究院第六研究部主任张士义研究员,中国国际贸易学会原副会长、专家委员会副主任李永研究员,中国超越之路战略中心研究员于兴卫,中央社会主义学院研究员朱宇凡,国家海洋局调研员黄任望,中国超越之路战略中心研究员汪海波、研究员关克宇以及中共中央党校博士杨珍奇、博士申瑞杰等。特别重要的是,中共中央书记处原书记、国务院副总理习仲勋当年的秘书、黑龙江省委原副秘书长曹志斌作为中央党校课题组顾问深度参与了课题调研工作。国家发改委国际合作中心学术委员、解放军战略规划部战略研究局原副局长、研究员卢守纪也参加了课题调研工作。他们为本研究工作的完成做出了重要贡献。

为做好"'一带一路'与粤港澳大湾区建设"课题研究工作,中央党校课题组还组织专家到大湾区部分地区进行深入的实地考察和调研。为此,中共广东省委常委、时任常务副省长、省政府党组副书记林克庆,省委常委、省委秘书长、时任省委宣传部部长张福海,时任省委常委、省委组织部部长兼省委党校校长张义珍等领导对中央党校课题组的调研活动给予高度重视并做出具体的工作安排。这就为本研究工作的圆满完成创造了极为重要的条件。

中央党校课题组在粤港澳大湾区考察和调研期间,广东省委党校常务副校长张广宁、教育长尹德慈,时任广东省发展改革委党组成员、省大湾区办专职副主任许宏华,时任广东省出版集团总经理杜传贵和广东经济出版社社长李鹏等省直部门的领导先后组织座谈交流会,与中央党校课题组深入研讨粤港澳大湾区发展战略。时任广东省佛山市委常委、南海区委书记闫昊波;时任中山市委书记、市人大常委会主任赖泽华,市委常委、组织部部长兼市委党校校长欧阳贵有；珠海市委常委、组织部部长兼市委党校校长吴青川；广州市委常委、南沙区委书记、南沙开发区党工委书记、管委会主任卢一先；时任东莞市委书记、市人大常委会主任梁维东，市委常委、组织部部长兼市委党校校长郑琳；深圳市委常委、组织部部长兼市委党校校长程步一；时任肇庆市委书记、市人大常委会主任范中杰，市委常委、组织部部长兼市委党校校长林飞鸣，副市长唐小兵等大湾区各相关城市党委和政府的领导，也先后组织召开专题研讨会或座谈会，向中央党校课题组介绍本市实际发展状况和取得的初步成就以及在实践中遇到的重点难点问题。值得一提的是，深圳市组织14个直属部门和地方单位的负责人以及市委党校的专家学者参加研讨交流会并安排实地考察相关重点企业；中山市组织实地考察该市东凤镇安蜜尔、格美淇和美的环境电器公司等相关企业；肇庆市组织考察大华农、玛西尔、唯品会、小鹏汽车公司等企业和粤港澳大湾区核心载体等。在这些考察和调研中所获得的第一手资料极大地丰富了本研究的广度和深度。可以说，本研究成果也是广东省委、省政府有关部门以及粤港澳大湾区相关地方党委、政府和相关企业的实践成果和发展战略思想的真实写照。

本书由主编刘德喜，副主编张士义、李永设计编写框架和指导思想并修改定稿。各章执笔人如下：绪论（刘德喜、关克宇、申瑞杰）；第一章（关克宇、张士义）；第二章（张士义、罗莹）；第三章（申瑞杰、杨珍奇）；第四章（朱宇凡）；第五章（于兴卫）；第六章（李永）。感谢各位执笔人的辛苦努力和创造性的研究工作。还要特别感谢中共中央党校办公厅主任张素峰、科研部主任林振义、老干部局党委书记侯典明以及办公厅秘书处处长闫景明和科研管理处处长彭公璞等中共中央党校有关部门领导对本课题调研工作的大力支持。感谢广东省委党校校委委员武俊斌和联络指导处处长古斌等全程陪同调研组在大湾区各城市的调研活动。感谢广东省出版集团原总经理杜传贵，广东经济出版社社长李鹏、总编辑冯常虎和副总编辑王成刚等领导对本书研究框架和研究工作的指导。感谢广东省深圳市委党校常务副校长郑秀玉、时任珠海市委党校副校长张献斌、中山市委党校常务副校长段龙飞、时任东莞市委党校常务副校长谢小薇、肇庆市委党校常务副校长黄巧真以及中山市东凤镇党委书记罗绮冬等领导和专家对课题组在大湾区调研活动的大力支持。感谢所有支持本研究工作的有识之士。